"十四五"职业教育国家规划教材

浙江省普通高校"十三五"新形态教材

新编21世纪高等职业教育精品教材

市场营销系列

渠道开发与管理

第四版

主　编／肖建玲

副主编／杨　妍　杨　英　杨　刚　查伟华

张　溯　周　茜　张　鑫　华晓晶

中国人民大学出版社

·北京·

图书在版编目（CIP）数据

渠道开发与管理 / 肖建玲主编. --4 版. --北京：中国人民大学出版社，2025.5. --（新编 21 世纪高等职业教育精品教材）. --ISBN 978-7-300-33952-8

Ⅰ. F713.50

中国国家版本馆 CIP 数据核字第 2025A2K993 号

“十四五”职业教育规划教材
浙江省普通高校“十三五”新形态教材
新编 21 世纪高等职业教育精品教材·市场营销系列
渠道开发与管理（第四版）
主　编　肖建玲
副主编　杨　妍　杨　英　杨　刚　查伟华　张　溯
　　　　周　茜　张　鑫　华晓晶
Qudao Kaifa yu Guanli

出版发行	中国人民大学出版社		
社　　址	北京中关村大街 31 号	**邮政编码**	100080
电　　话	010－62511242（总编室）		010－62511770（质管部）
	010－82501766（邮购部）		010－62514148（门市部）
	010－62511173（发行公司）		010－62515275（盗版举报）
网　　址	http://www.crup.com.cn		
经　　销	新华书店		
印　　刷	北京昌联印刷有限公司	**版　　次**	2013 年 5 月第 1 版
开　　本	787 mm×1092 mm　1/16		2025 年 5 月第 4 版
印　　张	15.5	**印　　次**	2025 年 5 月第 1 次印刷
字　　数	343 000	**定　　价**	45.00 元

前言

随着市场竞争的日益激烈，企业之间的竞争已经不再局限于技术、制造、品牌之间的竞争，越来越多的企业已经把竞争的重点转移到企业的营销渠道上。营销渠道是连接企业与市场的桥梁，它关系到企业能否成功地将产品打入市场、满足目标市场的需求、扩大产品销量、获取可持续发展的竞争优势。渠道已经成为企业赢得竞争胜利的重要武器，并日益成为企业重要的无形资产。学习渠道开发与管理的相关知识，有助于学生系统地了解现代渠道管理的理念，掌握开发、决策、管理和优化渠道的方法。

党的二十大报告指出："实践没有止境，理论创新也没有止境。不断谱写马克思主义中国化时代化新篇章，是当代中国共产党人的庄严历史责任。"如今，在新零售大环境下的渠道建设也在不断发展、创新。本书的编写结合党的二十大精神，以及新零售背景下对渠道的要求和发展，在第三版的基础上进行了内容的修改和更新。本书具有以下特点：

1. 教学内容项目化

本书按项目化方式来编写，以实际渠道开发与管理的工作任务为学习任务，将渠道开发与管理的典型工作任务进行教学化处理，并以训练学生的渠道管理能力为逻辑依据来设计，对提高学生在渠道客户选择、开发、激励、管理方面的能力有较大帮助，能切实提高学生的实际操作能力和应用能力。

2. 理论与实际相融合

本书突出对学生职业能力的训练，理论知识的选取紧紧围绕工作任务完成的实际需要来进行，同时又充分考虑到高等职业教育对理论知识学习的需要，以及营销师资格证对知识、技能的要求，把工作任务与学习任务相融合、课程实践教学与专业实践教学相融合。

3. 范例翔实丰富，与时俱进

本书是针对高等职业院校的教学要求和特点编写的，将理论与实务相结合，范例翔实丰富、与时俱进，选取了不少新零售背景下企业的渠道创新案例；同时针对每个工作任务援引范例，强调遇到实际问题时能够运用所学的理论知识进行分析，尽可能适应教师精讲、学生多练、能力本位的新型教学方式的需要。

4. 教学资源丰富

本书在浙江省高等学校在线开放课程共享平台（https://www.zjooc.cn/）建有丰富的在线教学资源，包括课件PPT、课程标准、微课、案例、习题、试题、实训项目设计手册等，并选取部分教学资源做成二维码在书中进行了标注，能有效地辅助教师的教学工作。

5. 校企合作开发，实用性强

本书编者多次与企业的相关专业人士沟通、讨论，结合现实企业渠道管理的岗位需求编写了本书，实用性强。

本书项目一由杨英、张溯编写，项目二由肖建玲、查伟华编写，项目三由杨刚、周茜编写，项目四由杨妍、张鑫、华晓晶编写。

编者在编写本书的过程中参考并查阅了大量的教材、著作、网站和文献资料，还得到了许多校企合作企业相关人员的指导和帮助，在此表示深深的感谢！

鉴于编者的能力和时间有限，加之营销环境的不断变化，书中不足之处在所难免，敬请读者批评指正。

编者

目录

项目一 选择与开发渠道成员

项目意义

任何一个想获得成功的渠道管理者，都需要深入研究和理解渠道的选择。目前，中国各行业产品同质化的现象非常严重，尤其是消费品，因此，联合渠道成员共同来进行商品分销，不但可以使制造商利用渠道成员的人力、物力、财力和知识资源获得更高的效益，而且可以让渠道成员分担商品分销的风险。此外，这种分销渠道结构通常能够影响分销成本，影响商品能否及时、准确地转移到消费者手里，也影响商品在消费者心目中的地位。渠道成员的选择与开发决定着企业渠道的后续发展实力和持久的发展耐力。

项目内容

在确立选择渠道成员的类型与标准之后，企业应该努力寻找开发渠道成员的途径和方法，以提高渠道的经营效率。本项目围绕渠道成员的选择与开发分为三个任务，即确定选择渠道成员的类型与标准、开发渠道成员的途径与策略、管理渠道成员信用，从理念到实战，介绍渠道成员选择与开发的途径和方法。

项目成果

在完成项目学习之后，学生需要提交以下项目学习成果：

(1) 一份企业选择渠道成员的类型和标准的方案。

(2) 一份企业开发渠道成员的方案。

(3) 一份渠道成员的信用调查方案。

引例

华为手机的全渠道营销

华为技术有限公司成立于1987年，是全球领先的信息与通信技术解决方案供应商。华为的业务涵盖三大核心领域：一是终端消费业务，包括华为手机、电脑、电视及其他智能电子产品；二是电信运营商业务，为全球电信运营商提供通信软硬件及解决方案，如基站、交换机、路由器等；三是企业业务，面向企业级客户提供云服务、人工智能、物联网等数字化解决方案。

华为在5G、芯片、操作系统等领域持续创新、不断突破。华为是全球5G标准的制定者之一，其5G基站设备市场份额领先，支持全球运营商实现5G网络商用。芯片研发方面，自研麒麟系列芯片，提升终端设备性能。其研发的鸿蒙系统实现跨设备无缝协同，推动全场景智能生态建设。

华为业务遍及170多个国家和地区，服务全球30多亿人口。华为坚持“以客户为中心，以奋斗者为本”的核心价值观，持续加强技术创新与生态建设，通过技术赋能推动社会可持续发展。

华为手机作为华为的重要业务板块之一，凭借其强大的技术实力、创新能力和用户体验，成为全球领先的智能手机品牌，在市场中占据重要地位。

华为手机营销渠道布局呈现出多元化、本地化、全球化、合作紧密的特点，具体如下：

一、线上营销渠道

1. 电商平台

华为与天猫、京东等主流电商平台合作，通过开设官方旗舰店或授权店铺，在这些平台上销售华为手机。电商平台拥有庞大的用户流量和成熟的电商运营体系，为华为手机提供了广阔的销售渠道。

2. 官方商城

华为建立了官方网站，提供全面的产品展示和销售服务。用户可以在网站上浏览最新款的华为手机，了解详细的产品信息、规格参数和价格。

除了官方网站，华为还自建了线上的官方商城，为用户提供更加便捷的购物体验。线上商城不仅提供了丰富的产品选择，还经常举办各种促销活动，吸引用户购买。华为官方商城还提供完善的售后服务支持，包括在线客服、售后政策查询、维修预约等功能，为用户提供了便捷的售后服务体验。

3. 社交媒体平台

华为利用微博、微信、抖音等社交媒体平台发布产品动态、互动活动和用户评价，与目标用户进行互动，提高品牌知名度和用户忠诚度。社交媒体平台通常提供广告投放、话题营销等推广方式，帮助华为手机扩大品牌影响力和销售量。

华为手机还通过内容营销和KOL（关键意见领袖）合作等方式，在社交媒体平台上进行品牌推广和产品宣传。通过与知名博主、网红等合作，华为手机能够借助他们的影响力和粉丝基础，扩大品牌知名度和市场份额。

二、线下营销渠道

1. 自营零售店与品牌体验馆

在重点城市设立自营零售店和品牌体验馆，直接与消费者接触。这些店铺不仅提供产品展示和销售服务，还注重消费者的体验和互动，让消费者能够亲身感受华为手机的功能和品质。

2. 与运营商合作

与全球各大运营商建立合作关系，通过运营商的零售门店、在线商城和合约计划等渠道销售华为手机。运营商渠道在扩大市场份额、提高品牌知名度方面发挥了重要作用。

3. 与经销商合作

与各地经销商合作，通过经销商的门店和在线平台销售华为手机。经销商渠道能够覆盖更广泛的地区和消费群体，提高产品的市场渗透率。

4. 与大型零售商合作

与家乐福、沃尔玛等大型超市以及苏宁、国美等大型电子产品零售商合作，通过其门店和在线平台销售华为手机。这些大型零售商具有广泛的销售网络和较高的品牌信誉，有助于提升华为手机的市场影响力。

三、国际市场的本地化运营

1. 设立分公司和办事处

在海外市场设立分公司和办事处，实现本地化运营和管理。这有助于华为更好地了解当地市场需求和消费者偏好，制定有针对性的营销策略。

2. 本地化产品和服务

尊重和融入当地文化，提供本地化产品和服务。例如：针对不同地区的气候、使用习惯等特点，对手机进行优化和改进；提供当地语言的用户界面和售后服务，提高消费者的满意度和忠诚度。

四、建立全球合作伙伴关系

1. 与全球合作伙伴共同开拓市场

与各渠道合作伙伴建立长期稳定的合作关系，共同开拓市场，实现共赢。华为为合作伙伴提供有竞争力的价格、促销支持等资源，提高合作伙伴的销售积极性；对各渠道合作伙伴进行统一管理，确保产品在各渠道的销售政策、价格体系一致；设定各渠道的销售目标，对完成目标的合作伙伴给予一定的奖励。

2. 积极参与国际通信展会和活动

提高品牌知名度，加强与全球合作伙伴的交流与合作。华为通过展示最新的产品和技术，吸引更多的合作伙伴和消费者。

思考题：

1. 什么是渠道成员？在生活中你了解到的渠道成员有哪些类型？不同的渠道成员对你购买商品时有何影响？

2. 线下营销渠道有哪些？互联网营销渠道有哪些？两者各有什么优缺点？

3. 华为公司采取了什么渠道布局？分析其优缺点？

任务一 确定选择渠道成员的类型与标准

学习目标

- **知识目标**

1. 了解渠道成员的类型。
2. 了解渠道成员选择的原则。
3. 熟悉渠道成员选择的标准。

- **能力目标**

1. 能够根据企业情况确定渠道成员的类型。
2. 能够确定渠道成员选择的原则。
3. 能够制定渠道成员选择的标准。
4. 能够综合分析确定渠道成员。

- **素养目标**

培养良好的人际沟通意识、团队合作意识，养成严谨细致的工作态度与工作作风，达到学会选择合适的渠道成员并与之合作共赢的目的。

基础知识

渠道是连接制造商和消费者的桥梁。为使自己的产品或服务方便、快捷、准确地送达消费者手中，制造商必须通过对通路的设计、选择和管理，选择合适的渠道成员。

渠道成员的选择，是一个双向互动的过程，是指制造商和渠道中间商双方的选择与被选择。在渠道成员的选择中，仅仅考虑提高速度、降低费用是不够的，还要考虑渠道的产品配送能力，考虑产品能不能及时地销售出去，考虑市场占有率是否足以覆盖目标市场等。消费者是企业、渠道、终端整个通路的最后一个环节。渠道作为整个环节中的连接纽带，它的选择必须遵循一定的原则和标准。

选择怎样的渠道成员作为制造商的合作伙伴直接影响制造商生产的产品能否及时、顺利地送到消费者手中，影响制造商的分销成本和服务质量，影响制造商制定的营销目标能否顺利实现，影响产品及制造商在消费者心目中的形象。但是，不少制造商发现，选择渠道成员不是一件容易的事情。渠道成员类型很多，其形象、声誉和市场影响力也有很大差别，而且具有不同的利益目标，要找到合适的渠道成员并不容易。本任务主要从制造商的角度来讨论渠道成员选择的相关问题。

一、渠道成员的类型

渠道成员是指制造商向消费者销售产品时的中间环节，是专门从事商品流通的经济组织或个人。

（一）传统渠道成员的类型

按照渠道成员在产品流通过程中所起的作用，渠道成员可分为经销商、代理商、批发商和零售商。

1. 经销商

经销商是指将购入的产品以批量销售的方式，通过自己所拥有的营销渠道向零售商、批发商或其他组织和个人销售，以获取利润的商业机构。经销商有独家经销商和特约经销商等不同形式。

2. 代理商

代理商是指为制造商进行市场开拓和产品销售，以赚取代理佣金为目的的商品流通企业或个人。代理商和经销商是两个完全不同的概念：代理商没有商品所有权，只是在买卖双方之间起到媒介作用，促成交易从而赚取佣金；而经销商拥有所销售产品的所有权。在大多数渠道系统中，经销商居多，代理商并不常见。

3. 批发商

批发商是指主要从事商品批发业务等商业活动的经营实体，其交易对象是制造商和零售商。批发商一方面向制造商购买大宗商品，另一方面按批发价向零售商销售大宗商品。

4. 零售商

这里主要指实体店零售商，它是营销渠道中最贴近消费者的群体，是通过设置实体店面来销售商品的零售商。按照经营规模、商品种类、价格、服务的不同，零售商可以划分为以下几种类型：

（1）百货商店：百货商店是指经营若干大类商品，实行统一管理、分区销售，对各类商品都进行专业化经营的零售业态，可为顾客提供种类繁多的商品和周到的服务。很多百货商店都经营日用品、化妆品、食品、服装、家电等各类产品，但品种没有专业店多。

（2）超级市场：超级市场简称超市，是指以顾客自选方式经营的大型综合性零售商场，即自助商场。超级市场主要经营食品、家庭日用品等商品，所有商品实行开架销售，品种齐全。超市通常以物美价廉、销售量大见长，很多家庭大量购买日用品时，往往会选择超市。

案例分析：

新零售的代表——盒马鲜生商业模式分析

（3）购物中心：一般来说，占地面积小于10万平方米的称为购物中心；大于这个数字且业态复合度高的称为摩尔（Mall），是指集购物、娱乐、休闲、餐饮等于一体，包括百货店、大卖场及多专业连锁零售店在内的超级商业零售业态。购物中心拥有统一的商业形象、良好的购物环境，进行统一管理，但其内部的单体商店可以独立经营产品。

案例分析：

三只松鼠的渠道创新分析

（4）专业店：专业店专门经营某一种类的商品或服务。其经营的商品类别虽少，但花色、品种比较齐全。专业店可以根据经营的商品种类划分，如花店、书店等；也可以根据服务的对象划分，如老人用品店、儿童商店等。

（5）专卖店：专卖店是指以专门经营或授权经营某一主要品牌商品（制造商品牌和中间商品牌）为主的零售业态，更强调满足消费者对品牌的选择需求。专卖店的商品以著名品牌、大众品牌为主，注重品牌名声，工作人员必须具备丰富的专业知识，并提供专业知识性服务，各连锁专卖商店的内外布局、品牌形象相统一。

微课：

线下新模式——小米之家旗舰店

（6）便利店：便利店是指一种用于满足顾客应急性、便利性需求的零售业态，通常以食品、饮料、日用易耗品为主。便利店通常位于居民住宅区、学校、加油站等附近。便利店经营的商品品种虽然有限，但是因为它具有距离的便利性、即时的便利性、时间的便利性和服务的便利性，所以具有较强的生命力。

（二）互联网渠道成员的类型

微课：

互联网营销渠道的类型

随着互联网的发展，电子商务在线销售已经摆脱早年“一店一铺打天下”的单一模式，传统业务的销售也开始走上电子商务平台，形成了全新的多渠道全网销售模式。企业多样化的渠道布局可以更大限度地占有市场份额，增加销售机会，提高企业竞争力等。根据目前电子商务的销售资源，互联网渠道成员的类型可以归纳为线上直销渠道及线上分销渠道两种。

1. 线上直销渠道

线上直销渠道包括独立商城、无线/SNS社区和直销渠道3种模式。

（1）独立商城：是指企业自建的独立电子商务官方销售网络，如卡帕（Kappa）官方商城（www.ikappa.com.cn）、来伊份官方商城（www.laiyifen.com）等。

（2）无线/SNS 社区：是指通过网民的兴趣爱好建立的网站。社交网络服务供应商针对不同的受众有不同的网站定位。商家通过在社交网站购买广告展位、推送广告信息等提高产品知名度，吸引消费者前往购买。知名的无线/SNS 社区有新浪微博、微信等网络平台。

（3）直销渠道：是指企业通过入驻直接在第三方网络平台经营、投资和管理的网络销售平台，如京东商城和淘宝网等。

案例：

沃尔玛：O2O 电商发展历程

2. 线上分销渠道

线上分销渠道包括加盟渠道、在线零售商、大型流通平台、垂直流通平台、团购平台和兑换平台 6 种模式。

（1）加盟渠道：是指企业组织将服务标章授权给加盟主，让加盟主利用该企业的形象、品牌和声誉等招揽消费者前往消费。

（2）在线零售商：是指在网络环境下将商品直接销售给最终消费者的中间商。

（3）大型流通平台：是指销售种类多样、销售类目齐全的大型在线销售网站，如当当网和亚马逊等。

（4）垂直流通平台：是指以某类目产品销售为主的专业型产品销售网站，如以化妆品销售为主的聚美优品（已关闭）、以包类产品销售为主的麦包包（已关闭）等。

（5）团购平台：是指团购的网络组织平台。团购是指网络消费者借助互联网平台聚集资金，加大与商家的谈判能力以求以最优价格购买商品。商家可以加入团购平台，将活动商品进行网络销售，如拼多多、美团网等。

（6）兑换平台：是指以积分兑换的方式使产品流通到消费者手中，往往体现为各大网站的附加平台或推广活动。如招商银行信用卡积分兑换、中国移动推出的中国移动积分商城等。

（三）无店铺零售渠道的类型

无店铺零售渠道是不设置实体店面进行经营的零售方式。近年来，无店铺零售发展较快。无店铺零售渠道主要有以下几种形式。

微课：

亚马逊无人购物店

1. 直复零售

直复零售是利用通信工具、广告媒体传递商品信息，直接与顾客联系并获得可衡量的顾客反应的一种零售方式。直复零售通常有电话购物、电视购物等形式。

2. 直接销售

直接销售是制造商生产的产品，主要依靠人与人之间的联系，或依靠这种联系所形成的网络来向顾客销售，如玫琳凯化妆品公司。直接销售的成功主要依赖于销售人员，其开支较大，主要用于支付招聘、培训、激励销售人员所产生的费用。直接销售主要有上门推销、家庭销售会等形式。

3. 自动售货

自动售货是利用自动设备进行商品销售的方式。例如，饮料公司可以利用自动售货机向顾客提供 24 小时的饮料销售服务，银行可以使用自动柜员机供顾客存取款和账户查询，电影院也可以使用自动服务机向顾客出售电影票。

（四）新媒体渠道的类型

新媒体渠道是指通过互联网平台、社交媒体、短视频、直播等新兴媒体形式，进行企业品牌宣传、产品推广、产品销售、用户互动等营销活动的新型渠道。新媒体渠道的类型主要包括以下几类。

1. 社交媒体渠道

企业可以通过微信、微博、抖音、小红书等，发布内容建立品牌形象、进行互动营销。如在博客网站或论坛发布内容，结合人们的爱好、生活体验与商品信息，吸引用户关注。

2. 搜索引擎优化渠道

企业可以通过对网站结构、内容等进行调整，以优化页面在搜索引擎中的排名。如利用百度、搜狗等搜索平台，通过 SEO 优化提升网站排名，吸引用户点击访问，进行品牌宣传和产品营销。

3. 移动应用程序渠道

企业可以通过发布 App，将品牌和产品推荐给用户，提高品牌忠诚度。

4. 其他新媒体渠道

企业可以通过资讯类平台（如今日头条）、导购类平台（如微淘）、视频平台（如优酷、爱奇艺）、音频类平台（如喜马拉雅）等，进行品牌宣传和产品营销。

范例

优衣库的全渠道营销

优衣库一直坚信实体渠道（门店）对于消费者而言有着巨大的价值，O2O 的主要作用是为线下门店提供服务，帮助线下门店提高销量，并做到推广效果可查、每笔交易可追踪。早在 2013 年 4 月，优衣库就实现了“门店＋官网＋天猫旗舰店＋手机 App”的多渠道布局，如图 1－1 所示。优衣库的 App 支持在线购物、二维码扫描、优惠券发放以及线下店铺查询，其中在线购物功能是通过跳转到手机端的天猫旗舰店来实现的，优惠券发放和线下店铺查询功能主要是为了向线下门店引流，增加用户到店消费的频次。

优衣库从 2008 年开始探索线上营销策略，并且在几次营销事件中都取得了不错的效果。

2008 年，优衣库在博客上推出 UNIQLOCK，这是一个将美女、音乐、舞蹈与优衣库当季主打服装结合起来的时钟。这个时钟遵从了网络整合营销 4I 原则中的“Interesting”（趣味）原则，并可以作为插件下载安装到博客网站上，直接建立起受众与品牌之间的连接，这种方式也让受众“爱上”了看广告。截至 2014 年 3 月，UNIQLOCK 共推出了 8 个版本，

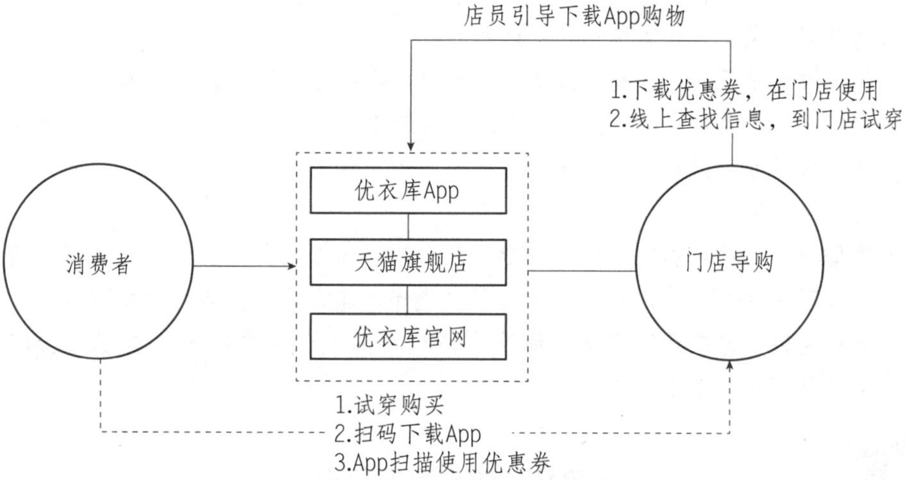

图 1-1　优衣库的多渠道布局

在全球 200 多个国家和地区已经有超过 2 亿人次的浏览量、50 万下载使其成为自己博客的一部分。

2009 年，优衣库推出日历 UNIQLO CALENDAR，这个日历将不同季节的映像、音乐和优衣库的服装画像结合起来，可以放在博客页面欣赏，消费者可以根据日历了解优衣库当月售卖的服装及配件。

2012 年，优衣库闹钟 UNIQLO WAKE UP 以 App 的形式上线，上线约 4 周，下载量就突破了 50 万次。这款能为消费者带来方便的应用，下载国家和地区达到 196 个，范围远超优衣库实体店铺所覆盖的区域。

用时钟、日历等方式进行推广，优衣库创造的是一种概念营销。这种营销方式不仅推广了优衣库自身的产品，还在消费者心中建立起了 UNIQLO 品牌的意识。

优衣库还推出过一款基于 SNS 的社交小游戏。消费者在这款游戏中可以选择自己喜欢的卡通形象，排队参加品牌促销活动，排队过程中可能还会遇到自己的 SNS 好友，彼此的中奖信息会互相推送，从而增强互动性。排队中奖的基本奖项为优衣库的打折优惠券，消费者可以拿着优惠券到优衣库的门店去消费。

这种排队抽奖的活动，如果单纯开设在线下实体店内，对于用户来说没有太大的影响力，而将其巧妙地与 SNS 结合起来，可以增强用户在网络上的互动，且更具带动性；而让用户得到优惠券的方式，则可以提升线下实体店的销售额。

2013 年，优衣库推出其官方手机应用 UNIQLO App，用户可以通过这个应用中的位置服务，查找距离自己最近的店铺、联络方式、营业时间以及销售商品范围等信息，还可以通过导航工具查找到达店铺的路线。这项应用会及时将促销信息推送给消费者，而购物环节是通过天猫打通的，消费者可直接在手机端完成一站式购物。

除了在线上推出各种吸引流量的活动外，优衣库也一直在积极探索如何提高线下实体店的体验。纽约优衣库旗舰店是全美第一家在店内引入星巴克咖啡店的服装零售商。此外，为了增加用户的停留时间，优衣库还在店内摆放了桌椅、沙发以及 iPad，这种做法还可以吸引消费者到线上进行浏览购物，增加销量。

此外，优衣库线下实体店是其线上部分很好的承接与导流者。优衣库积极以促销或优惠的形式向线下用户推荐自家 App，甚至用店内广播这种形式提醒顾客，如果使用 App 扫描指定产品二维码就可以享受打折优惠。当然，为了达到推广效果，优衣库对店内工作人员进行了大规模培训。

优衣库借助线上最火热的平台，击中消费者的兴趣点，引爆营销，在推广品牌知名度的同时，为线下带去了流量，提高了销售额。此外，优衣库还会通过大数据看哪里潜在用户多，从而决定将实体店开到哪里。线下实体店则通过优惠打折等“诱惑”推广其线上 App 等工具，实现线下为线上导流。

范例

花西子的全渠道营销

花西子品牌于 2017 年 3 月 8 日诞生于中国杭州，是一个以“东方彩妆，以花养妆”为理念的彩妆品牌，致力于将东方文化与现代美妆技术相结合，打造健康、养肤、适合东方女性使用的彩妆产品。

花西子作为国货美妆的代表性品牌，通过全渠道销售策略实现了从线上到线下、从本土到海外的全面布局，其模式融合了数字化营销、用户体验创新和文化输出，形成了独特的竞争优势。以下是花西子的全渠道销售策略。

花西子的全渠道策略涵盖线上、线下的全方位布局，并通过数字化手段实现用户深度运营，具体分析如下：

一、线上渠道

1. 电商平台

花西子在天猫、京东、苏宁等电商平台设立官方旗舰店，通过平台大促、限时折扣等活动提升销量。2025 年数据显示，花西子通过电商平台实现了销售规模的快速增长。

2. 社交媒体与内容营销

在微博、微信、抖音、小红书、B 站等平台，花西子通过头部 KOL 制造话题，腰部及素人 KOC 扩大长尾效应，通过内容共创、话题互动等方式实现短视频爆款制造和直播矩阵布局，扩大了品牌影响力。

3. 私域流量运营

（1）企业微信＋小程序闭环。

通过企业微信、小程序等渠道，花西子建立了“花小西”人格化 IP，提供一对一服务，并邀请用户注册体验官，参与产品内测。目前，花西子已累计有超 20 万名体验官，形成了“用户共创-反馈迭代”的闭环。

（2）会员体系打通。

微信公众号承担会员注册、活动品宣的功能，并与淘宝会员体系绑定，实现跨平台数据互通。

二、线下渠道

1. 高端旗舰店与体验店

花西子在全球范围内开设旗舰店，如日本东京银座的 Ginza Six 店，通过 AI 技术扫描用户脸部数据，提供个性化美妆建议，增强线下服务附加值。

2. 加盟模式

花西子采用低门槛代理机制，消费者任意消费一款产品即可成为代理，享受推广权限和奖励，加速了渠道扩张。

三、直播带货

1. 与头部主播深度合作

花西子在直播间展示品牌文化故事，而非单纯“低价促销”，打造“带品牌模式”，如空气蜜粉、雕花口红等爆款通过直播快速破圈。

2. 多平台直播矩阵

花西子在抖音、淘宝等平台布局多个官方直播账号，覆盖不同用户群体，实现 24 小时直播常态化。

四、海外市场

1. 高端定位突破

2021 年，花西子登陆日本亚马逊，同心锁口红定价超香奈儿，打破“平价出海”惯例。首日，其多款产品售罄，部分单品引发逆向代购。在欧洲市场推出 Nomadic Glam 系列，融合中国民族文化元素，贴近欧洲消费者对冒险精神的偏好。

2. 多渠道本土化营销

(1) 海外社媒矩阵：在 YouTube 上讲述品牌故事，在 Instagram 上强化时尚调性，在 TikTok 上通过短视频种草。

(2) KOL 本土化合作：与美国顶流博主、英国知名彩妆师合作，借助其影响力辐射欧美市场。

五、数据驱动与用户洞察：精细化运营核心

1. 全链路数据追踪

通过分析用户反馈、社交媒体互动和销售数据，花西子动态调整营销策略，如根据关键词搜索投放优化公域流量获取。

2. 敏捷产品迭代

以爆款带动品牌，如以空气蜜粉切入细分市场，后续拓展口红、粉底等品类。新品研发阶段邀请体验官内测，确保产品贴合需求。

总结：多渠道协同的生态闭环

花西子通过“线上引流—线下体验—私域沉淀—直播转化—海外扩张”的多渠道协同策略，构建了完整的消费生态。其成功的关键在于：

(1) 文化赋能：以“东方彩妆”为差异化标签，通过产品设计和营销内容传递品牌价

值观。

（2）用户中心：通过体验官计划、会员体系等提升用户的参与感，强化品牌忠诚度。

（3）数据驱动：依托全渠道数据追踪，实现精准营销和快速迭代。

范例

途牛：O2O颠覆传统旅游业

途牛旅游网创立于2006年10月，是南京途牛科技有限公司旗下的网站。它主要通过采集、筛选、整合旅游资源，如旅行社、航空公司、酒店、门票、签证等，为旅游者提供一站式预订、一对一管家式服务。

当时，携程、艺龙已经是行业内的佼佼者，想要通过复制它们的模式获得成功的可能性微乎其微。在这样的情况下，途牛开始寻找新的发展道路，结合垂直领域与互联网，做起了休闲旅游方向的景点介绍和旅游攻略社区。

在线旅游市场里，相比酒店、机票的预订服务，专做旅游线路预订的很少。玩的人少就意味着机遇。尽管携程、艺龙等在渠道、产品资源等方面的优势为后来者建立了强大的竞争壁垒，但途牛只做旅游路线并对这一细分市场进行精耕细作，利用互联网优势整合旅游产业链，通过呼叫中心与业务运营体系服务客户。

一、获取线上流量

途牛深刻认识到在移动互联网的O2O运营时代，“流量为王”是企业发展的不二法则，为此，途牛开始通过SEO、论坛、社区推广等各种渠道获取用户和流量。凭借不错的互联网线上技术运营手段，刚转型不到一年的途牛，已经为合作旅行社带来了1 000万元以上的预订额。

二、提升线下体验

为成功转战O2O，提升用户的线下体验，途牛将原来的平台模式改成自营模式，尝试“互联网＋呼叫中心＋落地”的业务模式。也就是说，途牛不再单纯当搬运工和旅行社的流量入口，而是采购旅行社产品，卖给消费者，消费者跟途牛签合同，游前、游中、游后的整个流程均由途牛提供服务。

途牛在业务上实现了新的突破，它设置了线下服务中心，提供7×24小时客户服务，为客户提供更加全面的线下体验。如今，途牛正慢慢向一家真正的在线旅行社发展。它有自己的品牌，可以和客户直接签单，给予客户产品和服务质量的保证。

三、保证服务质量

在服务质量的控制方面，途牛也有一套完整而有效的管理体系。途牛借鉴服务业的管理经验，在付款环节方面加以控制，如果旅行社没有按照国家相应的标准提供服务，导致用户体验下降，途牛会对旅行社进行相应的扣款；此外，途牛还像实物电商搭建点评体系一样，搭建了一套用户点评体系和信誉体系。为了保证用户的线下体验质量，体系规定如果产品的好评率低于75%，该产品将被迫下架。

途牛一直坚持以互联网的思维和方式提供旅游服务，通过线上引流获取客户，然后将线上、线下结合，打造一站式O2O服务。目前，途牛的系统已经和供应商系统实现了对接，客户在途牛网上可以实时查询供应商的产品状态、产品特色以及最新的产品价格信息，获得更多的线上体验。

对途牛来说，未来它不仅面临巨大的市场机遇，还不可避免地面对无形的挑战。它的挑战是：在全国扩张时，如何在为消费者提供更丰富的产品选择的同时，确保优质和稳定的旅游服务，并在这个过程中持续提升自己的品牌知名度。在O2O旅游行业的激烈竞争中，途牛只有打造出高识别度的品牌，才能傲视群雄。

学以致用

请通过网络或其他途径查阅三只松鼠股份有限公司和杭州娃哈哈集团有限公司的相关资料，在此基础上，请你分析：三只松鼠股份有限公司采用了哪些渠道类型销售其坚果类产品？杭州娃哈哈集团有限公司采用了哪些渠道类型销售其瓶装水产品？三只松鼠的渠道销售策略适用于娃哈哈瓶装水产品的销售吗？

二、渠道成员选择的原则

渠道成员的选择要求制造商对自身有清晰的认识，对渠道的发展变化有准确的把握，对消费者的需求有深切的感知。只有这样，制造商才能知道什么样的渠道成员是适合自己的，才能选对渠道成员，从而为今后的渠道管理打下良好的基础。

微课：

渠道成员选择的原则

要实现建立营销渠道的目标，就要正确地选择渠道成员，使所建立的营销渠道适用而且有效。于是，建立营销渠道的目标被转换成选择渠道成员的原则，成为指导渠道成员选择的纲领。一般来说，选择渠道成员应遵循的原则包括以下几个。

（一）目标市场原则

要到哪里"开矿"，就要把"路"修到哪里，这是最基本的选择渠道成员的原则。制造商建立营销渠道，就其最基本的目标来说，就是要把自己的产品打入目标市场，让那些需要本企业产品的最终用户或消费者能够就近、方便地购买。用麦当劳的话来说就是："顾客在哪里，我们就把店开到哪里。"根据这个原则，营销渠道管理人员应当注意所选择的渠道成员的影响范围、渠道成员的顾客类型以及顾客类型与制造商目标市场的吻合度等。

（二）形象匹配原则

你在行业里处于什么层次、是什么级别的制造商，就应该选择在目标市场上处于相应层次、拥有相应级别的分销商，以求对等和匹配（门当户对），便于合作和交流，切忌盲目贪大和攀高枝，以避免"大户问题"。商品营销渠道或销售地点不仅是现有商品的销售出口，也是树立企业形象、商品形象，让消费者产生购买欲望的信息载体。在一个具体的局部市场上，企业显然应当选择那些既能够代表本企业形象又能够全力销售本企业产品的渠道成员。

（三）分工合作原则

分工合作原则是指所选择的渠道成员应当在经营方向上一致和在专业能力方面互补，能够有效地承担产品的分销功能。制造商的主要职责是开发产品和推广品牌，而分销商的主要职责是将产品分销到渠道，分销给消费者，分工协作，实现双赢。对某些产品的销售需要专门的知识和丰富的经验，那些不具备相应知识和经验的分销商就不能被选为渠道成员。

（四）发挥优势原则

渠道成员的选择要以目标市场的需求、消费者的购买习惯和消费习惯为依据。选择什么样的渠道成员来承担企业产品的分销功能，要依据企业的销售目标和现有资源的状况，特别是现有中间商的状况来定，以最大限度地发挥企业现有优势为原则，进行因地制宜的选择。另外，在选择渠道成员时还要注意其未来的发展优势。

（五）效率效益原则

渠道效益是指一条营销渠道运行的投入产出比。渠道效益主要体现在实现产品销量和市场覆盖两个方面，即有效性。效率效益原则要求制造商在建立一条营销渠道时，不但要考虑该渠道对自身的产品销量和市场覆盖的贡献预期，还要考虑该渠道的费用投入预期，并能进行比较和分析。例如：一条间接营销渠道的运行效率在很大程度上取决于渠道成员的经营管理水平、对有关商品销售的努力程度以及渠道成员所处的商圈。

（六）共同发展原则

营销渠道作为一个整体，每个成员的利益来自成员之间的彼此合作和共同利益的创造活动。从这个角度来讲，联合渠道成员进行商品分销就是把彼此之间的利益捆绑在一起。只有所有成员具有共同愿望、共同抱负，具有合作精神，才有可能真正建立一条有效运转的营销渠道。因此，所选择的渠道成员要有与制造商共同发展的意愿，并能与其一起开拓渠道和管理渠道，实现共同的市场目标。

上述几个原则是从实现建立营销渠道目标的角度提出的，是体现高效率营销渠道的基本要求，它们是一个有机整体，反映了建立商品分销系统，厂商共同合作、共享繁荣的要求。按照上述原则来选择渠道成员，可以保证所建立的营销渠道成员的素质，提高营销渠道的运行效率。

三、渠道成员选择的标准

微课：

渠道成员选择的标准

制造商在明确了选择渠道成员的目标和原则之后，还要制定一系列定性和定量相结合的评估标准，以便在多个潜在渠道成员之间进行选择。对于渠道成员的评估，制造商要根据自身实现渠道目标和渠道策略的需要，综合考虑各方面的因素。一般而言，可以从渠道成员的能力、渠道成员的可控性和渠道成员的适应性三个标准进行评估。

（一）渠道成员的能力

能力标准是选择渠道成员的主要评估标准。通过对能力的具体评估，制造商可大致判断渠道成员与自己合作的可能性，具体包括营销思路、合作意愿、价值观、商业信誉、销售实力、信用及财务状况、管理能力、管理权的延续性和稳定性、产品线结构几个方面。

1. 营销思路

营销思路决定着一个渠道成员的命运：坐在家里等电话，只供大户，小订单懒得送；走出去，周期性地拜访客户，强化服务优势，铸造诚信经商的口碑，编织销售网络。这两种不同的营销思路，决定着渠道成员未来不同的出路，因此制造商应选择与自己的营销思路相一致的渠道成员。中国的市场营销环境处于快速变化时期，渠道成员的营销思路如果不能适应新的营销环境，其所积累的客户、编织的销售网络就会没有价值。了解渠道成员的营销思路，应从以下几个方面着手。

（1）市场认知度。这主要是了解渠道成员对当地市场的熟悉程度。例如：潜在的渠道成员是否了解当地市场包含多少市、县，总人口，城市人口，各县的经济差距，各县的交通状况，以及大企业和批发市场的现状等情况。如果潜在的渠道成员对上述情况比较熟悉，就说明其营销思路比较清晰。

（2）经营状况。这主要是了解渠道成员经营的手段是否落后，是否跟得上现代科学的经营方式。现今，许多渠道成员仍然处于一种原始的经营状况，例如：凭感觉进货、卖货，月底、年底盘账，无计划、无组织等。

（3）服务态度。这主要是了解渠道成员对送货、铺货的态度，对下线客户的服务程度。对铺货的重视程度、对编织网络的重视程度、对销售点的周期性拜访和对客户的服务程度等，可以直接反映渠道成员的营销思路。如果一个渠道成员清楚自己经营的各产品业绩、盈利状况，熟悉当地市场的基本特点，并且积极地拜访销售点，加强客户服务，不断拓展自己的销售网络，那么基本上可以肯定其营销思路是清晰的。

2. 合作意愿

合作意愿决定了渠道成员与制造商关系的融洽性和长久性。选择渠道成员不是为了一笔买卖，而是要长期“结亲”，因此制造商应从产品和愿望两方面评估、考察渠道成员。

（1）认同产品，重视产品。对产品的功能及市场潜力的认同，是成为渠道成员的前提。渠道成员只有认同产品并重视产品，才能去努力推销产品。制造商可以通过直接询问来了解渠道成员是否认同并重视其产品。

（2）愿望和抱负。渠道成员销售产品，不仅对制造商、消费者有利，对自身也有利。销售渠道作为一个整体，由多个渠道成员构成，每个成员的利益来自成员之间的彼此合作。只有大家都有良好的合作愿望和发展抱负，才能实现彼此的高效沟通和提高渠道管理效率。

3. 价值观

这一标准主要是看渠道成员是否有激情和进取心。部分渠道成员赚钱以后就丧失了前进的动力：有的不再亲自经营，而是把企业交给亲戚或朋友经营；有的在短缺经济时代大把赚过钱，却对过剩经济时代的微利经营丧失了兴趣。渠道成员的毅力和对事业的投入程度通常与市场的培育程度成正比。具有良好态度和企业家精神的渠道成员，具备强烈的事业观和利润观。有进取心的渠道成员会不断充实自己，主动参加各种培训，对未来充满信心。

4. 商业信誉

制造商一般不会与没有良好信誉的渠道成员建立关系。相对商业信誉而言，渠道成员的经验和能力并非首要的考虑因素。评估渠道成员的商业信誉可通过了解同行口碑和同业口碑来获得。

（1）同行口碑。同行口碑是指目标市场的其他渠道成员对该渠道成员如何评价，是否有恶意窜货、经营假冒伪劣产品、赖账等劣迹。通过其他渠道成员了解该渠道成员的经营能力、经营状况，该渠道成员与代理企业的合作信誉状况，该渠道成员如何处理与客户之间的关系，等等，这是了解渠道成员经营信誉的主要渠道。

（2）同业口碑。同业口碑是指其他制造商和上游供应商、制造商以及下游服务商对该渠道成员的评价，它也可以作为重要的参考依据，是了解渠道成员经营信誉的辅助渠道。

5. 销售实力

在选择渠道成员时，销售实力是一项很重要的评估标准。评估销售实力的方法有很多，制造商可以从资金实力、库房面积、配送能力、市场覆盖范围和市场占有率等方面加以评估。

（1）资金实力。资金实力是选择渠道成员的首要条件。制造商应选择资金雄厚、财务状况良好的渠道成员，因为这样的渠道成员能保证及时回款，还可以在财务上为制造商提供一些帮助，如分担一些销售费用、提供部分应付款、向下线客户提供赊销等，从而有助于扩大产品销路。

（2）库房面积。库房面积与销售额成正比。制造商应主动考察渠道成员的仓库，这样既可以了解其面积大小，又可以了解其经营品种以及竞争对手的产品库存情况。同时，制造商可以根据仓库产品的摆放及清洁状况来判断渠道成员的仓库管理能力。此外，制造商可以根据渠道成员现有的产品库存，推算出其大概的库存资金和流动资金。

（3）配送能力。配送能力是渠道成员实力的重要体现。未来，能够生存的渠道成员只可能是“配送中心”式的渠道成员。在美国等发达国家，除生鲜类产品存在批发市场外，其他类型产品的批发市场几乎消失殆尽，但“配送中心”式的渠道成员仍然生存得很好。

考察渠道成员的配送能力，必须注意以下四点：

第一，渠道成员必须具备配送意识，认识到只有具备配送功能才能生存；

第二，渠道成员必须组建配送机构，配备配送人员和配送工具；

第三，渠道成员必须实现低成本配送，很多渠道成员不敢或不愿意开展配送的原因是无力承担高额的配送费；

第四，在配送区域过大的情况下，渠道成员必须建立配送中心。

（4）市场覆盖范围。市场覆盖范围是从地理区域上判断渠道成员销售网络的建设情况。通过了解车辆的吨位可以判断其覆盖的范围和覆盖的终端类型：面包车主要供应短距离、市内的终端，2 吨以下的送货车主要供应中等距离的零售商或批发商，2 吨以上的送货车主要供应长距离的批发市场。要了解渠道成员的运输能力与市场覆盖范围，可以询问渠道成员有多少辆车、车的型号、司机数量等。

（5）市场占有率。市场占有率是指渠道成员所占有的市场份额的百分比。需要特别考虑的是该渠道成员的市场范围是否太大，若太大则有可能导致与其他渠道成员重叠。概而言之，制造商应坚持“最大占有，最小重合”的原则。

6. 信用及财务状况

在渠道成员的选择中，大部分制造商都会调查渠道成员的信用及财务状况。需要收集的信用及财务信息调查事项包括：注册资金、实际投入资金是否宽余，必备的经营设施（仓储、运输、营业场地等）能否承受目前的业务，向制造商付款的方式，资金周转率和利润率，银行贷款能力，税务上是否守法，欠账的程度，放账的程度，等等。

7. 管理能力

在渠道运营中，渠道管理很关键，因此在选择渠道成员时，制造商一般不会选择管理过于落后的成员。制造商的销售人员可以通过直接询问、现场观察等方法，从以下几个方面大致了解渠道成员的管理能力。

（1）物流管理水平。主要包括：有无库管，有无库房管理制度，有无出库入库手续，有无库存周报表、报损表、即期/破损/断货警示表等，断货、即期、破损、丢货现象是否严重。

（2）资金管理水平。主要包括：有无财务制度，有无会计、出纳，有无现金账，有无销售报表，是否执行收支两条线，是否有“自己的直系亲属，谁用钱谁自己从抽屉里拿”

等现象。

（3）人员管理水平。主要包括：是否有业务人员，业务人员中亲属所占比例，有无人员管理制度，业务人员是否服从管理，有无清晰的岗位职责分配，业务人员是自己去找地方卖货、拿销量提成还是按线路周期性地拜访客户、通过综合指标考评领取薪金。

8. 管理权的延续性和稳定性

任何一个制造商都希望渠道成员的管理层不要经常发生变动，且能与子承父业的渠道成员合作。

9. 产品线结构

这要求从以下四个方面考虑渠道成员经销的系列商品，即竞争对手的产品、兼容性产品、互补性产品、产品质量。

制造商应尽可能地避免选取直接经营竞争对手产品的渠道成员，可以寻找经营兼容性产品的渠道成员，因其从根本上不对自身产品构成威胁；此外，制造商可以选择经营互补性产品的渠道成员，因其可以为顾客提供更好、更全面的服务。在产品质量方面，制造商应选择经营产品质量比自己好或与自己产品质量相差无几的渠道成员，尽量不要把自己的产品同“劣质”“无品牌”的产品放在一起销售。

以上谈到的标准并非适用于所有制造商的所有情况，但它们指明了选择渠道成员时需要考虑的主要方面，因此具有较高的参考价值。每个制造商都应根据自己的目标、方针制定一系列相应的具体标准。表 1 - 1 是中兴通讯经销商资格标准。

表 1 - 1　中兴通讯经销商资格标准

项目	评估指标	具体要求
资格要求	合法性	合法有效的营业执照、银行开户许可证、法人身份证
	业内经验	具有分销产品销售经验和良好业绩，具有较强的业务理解能力和良好的服务能力，能够为最终用户提供有竞争力的解决方案
	资金	注册资金在 50 万元以上
	服务资质	具备二星级服务资质（行业标准）
	销售人员要求	具有渠道管理 2 年以上相关工作经验
	财务及经营状况	财务状况良好，无不良经营记录和债务，须提供：经过合法会计师事务所审计的上一年度的资产负债表、利润表、现金流量表
运作平台要求	支持系统	与中兴通讯商务要求相符合的基于局域网和广域网的互联网接入手段和办公设备、人员，可以妥善管理中兴通讯统一给予的商务信息，能够随时访问中兴通讯的相关网站以及通过各种手段与中兴通讯业务人员保持顺畅的沟通
	物流平台	具备仓储、授权区域范围内各地市间可互相配送的能力，具备存储记录系统，能对货物流向进行实时检索和统计

续表

项目	评估指标	具体要求
业务要求	销售目标承诺	承诺年度进货额不低于 50 万元
	订单管理	项目订单必须按中兴通讯项目订单通知单的要求，按分销价格从一级渠道进货，按照用户指导价格自行销售
	信息反馈	按中兴通讯的信息反馈制度提供分产品、分区域的销售信息及需求流动预测
渠道管理基本要求		能够按照中兴通讯的要求积极拓展经销渠道，提升中兴通讯的品牌知名度，并能够对经销渠道进行规范化管理，不得有跨区域或跨行业销售、低价扰乱市场秩序等违反中兴通讯渠道原则的行为
发展与机会		考核期为 6 个月，对不能达到要求者，降级处理并按相应代理级别进行认证

（二）渠道成员的可控性

尽管渠道成员的能力对于制造商选择渠道成员至关重要，但是制造商对于渠道成员的控制程度也是很重要的评估标准。一般而言，制造商希望对渠道成员有较高的控制程度。如果一个制造商选择了一个实力强大的渠道成员，这个渠道成员却以强凌弱，那么制造商反而会被对方控制，此时，渠道成员的经营能力强大反倒不是好事。一般来说，制造商可以从控制内容、控制程度和控制方式三个方面对渠道成员的可控性进行评估。

1. 控制内容

从控制内容上评估渠道成员的可控性，是指制造商可以从哪些方面控制某一渠道成员。例如：制造商可以控制或者影响渠道成员的哪些营销决策，可以控制或者影响渠道成员的哪些渠道功能，能否遏制渠道成员可能的投机行为等。

2. 控制程度

从控制程度上评估渠道成员的可控性，是指制造商在某一方面控制某一渠道成员可以达到的程度。例如：制造商可能实施绝对控制，即不仅控制渠道成员的数量、类型、产品，还控制渠道成员的促销政策和价格政策。此时，渠道成员类似于制造商的分支机构，要根据制造商的指令从事销售活动。又如：制造商可能对渠道成员实施较低程度的控制，常常只通过提供帮助来影响渠道成员的营销方式和营销行为。

3. 控制方式

从控制方式上评估渠道成员的可控性，是指制造商可以用什么方法、在哪些方面控制渠道成员。例如：制造商可以通过渠道治理结构的某种安排控制渠道成员的投机行为，能够利用自己所拥有的渠道权力影响渠道成员在产品价格方面的决策，可以通过良好的关系或彼此之间的高度信任而影响、控制渠道成员。

（三）渠道成员的适应性

渠道成员的适应性标准是指分析、评价渠道成员对制造商的营销渠道的适应能力，以及对环境变化的应变能力。评估方法以定性评价为主，例如：通过访谈，了解渠道成员的经营理念和发展思路，以便判断它融入制造商原有营销渠道的难易程度；通过了解渠道成员的发展历史，判断其危机处理能力和应变能力；通过实地考察，了解渠道成员的基础设施和人员素质，由此既可以看出渠道成员对制造商的适应能力，也可以看出渠道成员在环境变化时可能做出的反应。

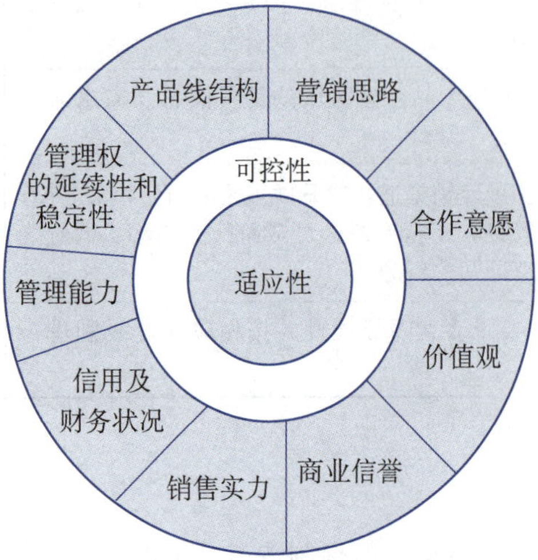

图 1-2 选择渠道成员时需要考虑的关键标准

上文从三个方面讨论了选择渠道成员的评估标准。图 1-2 进一步综合了上述几种评估标准，简明扼要地说明了选择渠道成员时需要考虑的关键标准。

学以致用

请通过网络或其他途径查阅三只松鼠股份有限公司和杭州娃哈哈集团有限公司的相关资料，在此基础上，请你思考：三只松鼠股份有限公司选择这些渠道成员的原则和标准是什么？杭州娃哈哈集团有限公司选择这些渠道成员的原则和标准又是什么？

范例

××药厂选择渠道成员的方法

××药厂是一家生产治疗骨质增生的药品——壮骨关节丸的中型企业，决定在某市选择一家零售商。经考察，××药厂确定了 A、B 两家零售商作为备选，情况如表 1-2 所示。

表 1-2 A、B 两家零售商的情况

零售商	顾客流量	日销售额	年销售额	分担的市场开拓费用	销售折让	货款结算方式
A	380 人/日	1.8 万元	648 万元	5%	6%	商业汇票
B	290 人/日	1.6 万元	576 万元	8%	5%	现金

一、分析基本信息

分析企业：××药厂是中型企业，产品是治疗骨质增生的壮骨关节丸，属于 OTC 产品，生产厂商很多，产品剂型也很多，竞争激烈。企业销售目的就是尽快在终端市场进行销售。

分析市场：如果该药厂选择的终端市场是医药公司或医院，这些市场的进药程序很复杂，就会影响资金回笼；如果选择终端铺货，就要寻找有销售潜力的渠道成员加入，这样才能顺利完成销售任务。

分析消费者：壮骨关节丸属于普通药品，消费人群是中老年人，如果产品价格合理、质量优良，应该有一定的市场。

二、确定渠道成员类型

该药厂可以利用销售人员进行目标市场调研，根据顾客的反馈资料寻找有潜力的终端渠道成员，即零售商A或零售商B。

三、制定选择渠道成员的原则

根据该药厂的销售目标，制定产品是否进驻目标市场的原则、销售效率效益原则、双方共同发展原则、合作分工原则，对所选的渠道成员进行筛选。

四、制定选择渠道成员的评估标准

从渠道成员资金实力、铺货能力、销售能力、回款能力、服务态度及企业员工工作积极性等方面，对所寻找的渠道成员进行评估。

五、确定渠道成员

根据销售量分析方法，应该选择零售商A。因为零售商A的顾客流量、日销售额、年销售额都高于零售商B，并且预计年销售额的变动呈上升趋势。

根据销售费用分析方法，应该选择零售商B。因为零售商B分担的市场开拓费用比零售商A高，销售折让比零售商A低。

选择渠道成员的方法不止一种，渠道成员的情况也复杂多变。只有在选择的时候综合考虑，才能做出取舍，从而确定合适的渠道成员。

测试题1-1：

确立渠道成员选择的原则

拓展知识

一、优质渠道成员的条件

一位资深的渠道管理专家认为，好的渠道成员（以经销商为例）应该具备以下条件：

（1）具有良好的经营信誉——经销商在行业内或区域市场内具有好的名声或口碑。

（2）市场理念一致——经销商与制造商在对行业前景、市场拓展方面的看法上不谋而合。

（3）与经销产品无竞争性——经销商现在所经销的产品与制造商的产品没有直接的竞争性。

（4）具备销售网络优势——经销商在当地市场已经建立起一个良好的销售网络。

（5）有兴趣与热情——经销商对制造商的产品和品牌很认可且具有积极的销售热情。

（6）有同类产品经验——经销商经销具有同样性质和类别的产品并已积累了一定的经验。

（7）员工队伍素质良好——经销商有一定数量的销售人员，且具有市场意识和执行能力。

（8）经营场所具备区位优势——经销商的办公及储运地点位置佳，且接近目标渠道。

（9）有资金动员能力——经销商资金充足，能够解决旺季促销的资金要求。

（10）有仓储配送优势——经销商有足够大的仓库和足够多的运输车辆。

（11）有社会影响力——经销商在当地有一定的社会地位和市场影响力。

（12）经销商本人富有个人魅力——经销商本人在专业知识、个人品德方面令人称道。

二、在线销售平台合作模式及差异对比

在线销售平台合作模式及差异对比如表 1-3 所示。

表 1-3　在线销售平台合作模式及差异对比

<table>
<tr><th>平台名称</th><th>合作方式</th><th>保证金</th><th>收费</th><th>扣点</th><th>发送方式</th><th>收货方式</th><th>结算</th></tr>
<tr><td rowspan="4">京东商城</td><td>SOP</td><td rowspan="4">1 万～10 万元</td><td rowspan="4">6 000 元（年付）</td><td rowspan="4">2%～20%</td><td>京东配送/自配送</td><td>快递上门</td><td rowspan="4">15～90 天</td></tr>
<tr><td>FBP</td><td>京东配送</td><td>快递上门/自提</td></tr>
<tr><td>LBP</td><td>京东配送/自配送</td><td>快递上门/自提</td></tr>
<tr><td>NTP</td><td>京东配送</td><td>快递上门/自提</td></tr>
<tr><td rowspan="3">天猫</td><td>旗舰店</td><td>5 万～10 万元</td><td rowspan="3">3 万～6 万元</td><td rowspan="3">2%～5%</td><td rowspan="3">商家自配送</td><td rowspan="3">快递上门</td><td rowspan="3">限时或 15 天</td></tr>
<tr><td>专卖店</td><td>5 万～10 万元</td></tr>
<tr><td>专营店</td><td>10 万～15 万元</td></tr>
<tr><td rowspan="2">当当网</td><td>入库联营</td><td rowspan="2">0.5 万～1 万元</td><td rowspan="2">6 000 元（年付）</td><td rowspan="2">5%～20%</td><td rowspan="2">当当配送</td><td rowspan="2">快递上门</td><td rowspan="2">每月至少 1 次，3C 产品可 3 次</td></tr>
<tr><td>商家直发</td></tr>
</table>

微课：

互联网营销平台入驻流程

三、线上直销平台入驻流程

下面对入驻天猫和京东商城的步骤进行介绍。

（一）入驻天猫

天猫原名淘宝商城，是淘宝网打造的 B2C 购物平台。淘宝商城自 2008 年 4 月 10 日成立以来，吸引了众多世界知名品牌的官方旗舰店入

驻，受到了消费者的热烈欢迎，2012 年 1 月 11 日正式更名为天猫。

天猫入驻流程如下：

（1）进入天猫招商页面，了解天猫招商的标准，如查询所经营类目招商的品牌、入驻所需要的材料和相关资费标准等。图 1－3 为入驻天猫所需资费对应的页面。

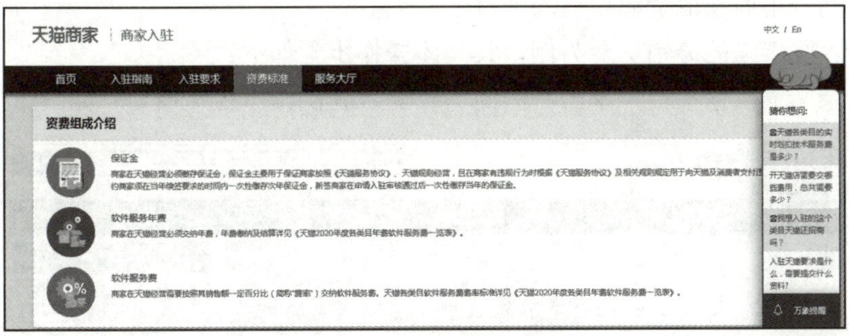

图 1－3 入驻天猫所需资费标准

（2）在天猫招商页面中单击“立即入驻”按钮，进入入驻程序操作。根据对应的步骤，需要先检测企业支付宝账号，没有注册企业支付宝账号的需要注册企业支付宝账号。注册企业支付宝账号需要一个认证的过程，在没有完成认证的情况下，企业仍然可以报名入驻天猫。

（3）填写和提交各种信息和资料，包括选择店铺的类型、类目，填写品牌信息、企业信息，填写店铺名称、域名，在线签署各种服务协议等。

（4）等待天猫的入驻资格审查，通常需要 7 个工作日；如果未能通过审核，可以在 15 个工作日内完成修改并重新提交申请。

（5）通过审核后，需要签署支付宝代扣协议，并补全商家档案，然后锁定保证金，缴纳技术服务年费，最后发布商品，店铺上线，完成入驻操作。

（二）入驻京东商城

京东商城成立于 2004 年 1 月，在线销售家电、数码通信、电脑、家居百货、服装服饰、母婴、图书和食品等商品，是中国电子商务领域最受消费者欢迎和最具影响力的电子商务网站之一。2013 年 3 月 30 日，京东商城正式将原域名中的“360buy”更换为“JD”，新更换的域名“JD”更符合中国用户的语言习惯，更加简洁、易记。同时，作为“京东”二字的拼音首字母，“JD”也更易于和京东品牌产生联想，有利于京东品牌形象的传播和提升。2013 年 5 月，京东商城推出商超在线业务，用户可以在京东上购买食品饮料等日用品。“将超市搬到线上”，意味着京东商城正式涉足食品领域。

入驻京东商城需要打开商家入驻页面，其中介绍了入驻流程。由于与入驻天猫的流程大同小异，这里不再赘述。

四、线上分销平台入驻流程

除了直销，企业还会选择通过代理的形式进行货品分销。不同于直销，分销会有一整套相对独立的招商、管理及服务流程，因此企业往往会选择以下两种方式开展分销业务。

（一）入驻分销平台

企业可以入驻由网络运营商研发提供的，用于帮助供应商搭建、管理及运作其网络销售渠道，帮助分销商获取货源渠道的平台。

这里以入驻天猫的分销平台为例，其具体操作步骤如下：

（1）登录天猫供销平台，单击右侧的“我要入驻供销平台”按钮，如图 1－4 所示。

图 1－4　天猫的供销平台

（2）进入天猫的“供销入驻”网页，根据商家需求选择不同的入驻方式。

（3）根据操作提示，填写联系人信息、供货信息，签署入驻协议和支付宝协议。

（4）在提交审核申请后，可以登录供销平台查看审核进度，审核成功后即可入驻供销平台。

（二）自建分销系统

一体化分销平台（Distribution Resource Platform，DRP）是上海商派网络科技有限公司基于自建分销系统研发的电子商务产品，为企业的业务经营及贸易合作提供了一种全新的模式。新的模式借助互联网的延伸性及便利性，使商务过程不再受时间、地点和人员的限制，企业的工作效率和业务范围都得到了很大的提高。企业可以在兼容互联网时代现有业务模式和现有基础设施的情况下，迅速构建 B2B 电子商务平台，扩展现有业务和提高销售能力，实现零风险库存，大大降低分销成本，提高周转效率，确保获得竞争优势。

自建分销系统的优势主要体现在以下 4 个方面：

（1）自建分销系统可以搭建网络分销体系，招募更多有经验的分销商帮助企业卖出商品，加快出单速度，增加出货量，快速实现品牌覆盖。

（2）在分销网络系统下，分销商会搭建自己的电商团队进行销售、运营，企业只需做到快速处理订单与商品发货，无须成立专门的团队进行管理。

（3）为了提高销量，获取更多利润，分销商会主动进行市场开拓、品牌推广，企业只需提供相应的物料支持与活动支持，这大大减少了其运营成本。

（4）借助覆盖全网的网络分销商，企业只需做到适时调整产品策略，维护好下游进货关系，即可实现持续低投入稳定运转。

自建系统分销可以分为以下 3 个主要步骤：

第一个步骤：自建分销平台。

第二个步骤：招募分销商。

第三个步骤：管理分销商。

企业可以通过制定多种销售策略对分销商进行有效管理，如制定灵活的返点策略、详尽的营销策略等。

五、第三方多渠道入驻服务的内容

虽然多渠道的收益是显而易见的，但是多渠道的入驻过程是非常耗时和费力的。而且入驻对企业来说，又基本是一次性的行为，所以很多企业并不想投入很多人力，但又想快速高效完成入驻。因此，“多渠道销售平台入驻服务”就诞生了。

多渠道销售平台入驻服务是企业进行全网销售的一站式快速开店服务。它可以为企业提供入驻店铺的咨询、分析、评估、代办、追踪和反馈等，为企业节省时间、精力，减少投入成本，使企业能够获得较高的审核通过率。

以商派的多渠道销售平台入驻服务为例，商派为企业提供了完整且专业的入驻服务。其中，基础入驻服务如表 1-4 所示。

表 1-4　商派多渠道销售平台入驻服务的基础入驻服务

服务类型	服务内容	服务详情	交付物
基础入驻服务	1V1 专家顾问式咨询	5～8 小时，专家咨询	1. 资料收集表 2. 渠道分析报告 3. 平台规则文档 4. 入驻进度表 5. 商城 VIP 贵宾通道 6. 每月两次信息报告（邮件形式）
	资料收集整理	平台入驻相关资料的收集、归档、整理	
	平台策略分析	销售平台属性对比及分析	
	渠道建设规划	企业网络多渠道销售布局建议	
	资质审核评估	企业资质专业初审，入驻评估	
	平台规则讲解	多渠道平台相应政策及规则说明	
	全程进度跟踪	实时反馈入驻审核进度	
	合同递送及签署	协助企业与平台的合同签署与配送	
	绿色入驻通道	专属 VIP 入驻审核通道	

六、第三方多渠道入驻服务的优势

借助丰富的行业资源及深厚的人脉积累，商派的多渠道入驻服务具备以下四大核心优势。

（一）高效率、低成本扩展销售版图

通过商派建立的全网渠道，企业可以轻松进行电子商务销售渠道全网布局，急速扩张销售版图。

（二）快速灵活布局电商多渠道策略

商派提供多渠道一站式服务，可以根据客户的品牌和商品进行深度剖析，规划销售渠

道策略，快速启动专属客户的销售渠道。

（三）官方入驻通道及代办服务

商派经过十余年的发展，现已拥有强大的多渠道网络体系，与多平台达成战略合作关系，并为多平台提供了官方认证绿色通道。

（四）实时监控各渠道政策变化的支持服务

商派针对多渠道入驻的客户，可以实时提供平台政策变化响应，聘请专家解析平台规则调整，帮助客户掌握最新活动资源。

任务二 开发渠道成员的途径与策略

学习目标

- **知识目标**

1. 了解开发渠道成员的策略。
2. 掌握开发渠道成员的途径。
3. 熟悉开发渠道成员的方法。

- **能力目标**

1. 能够制定开发渠道成员的策略。
2. 能够选择开发渠道成员的途径。
3. 能够选择开发渠道成员的方法。

- **素养目标**

培养开拓创新、勇于探索的精神，达到能够创新开发渠道成员途径和策略的目的。

基础知识

随着市场竞争的加剧与渠道关系的复杂化，制造商选择渠道成员的策略也在不断发生变化。单一的选择策略越来越少，更多的情况是，制造商根据市场、行业、产品及竞争特点等，采用不同的策略组合来新建、调整或重构渠道体系。掌握一定数量的渠道成员并根据标准进行分析、评估以后，制造商就可以选择合适的渠道成员了。对渠道成员的合理选择是一个复杂的综合评估过程，其中可采用的方法和策略很多，总的来说包括定量的和定性的策略和方法。

一、制定开发渠道成员的策略

企业的发展大致可以分为三个阶段：导入期、成长期和成熟期。下面我们就从企业发展的三个阶段介绍如何制定开发渠道成员的策略。

（一）导入期的开发策略

1. 分析企业的特点

处于导入期的企业，还没有能力在激烈的竞争市场上与成熟的企业抢占市场，因此可以把竞争力比较弱的小规模细分市场作为目标市场；也可以对目标市场进行区域划分，在比较小的区域范围内建立起完善的分销渠道，实施重点突破；还可以在短期内对已建成营销渠道的样板市场进行复制。

2. 开发渠道成员的步骤

（1）搜集渠道成员的信息。企业处于导入期，渠道建设难度比较大，可以通过调查问卷、工具书、消费者介绍等简单途径来获取渠道成员的信息。

（2）拟订试运行销售合同。拟订合同时要注意以下几点：第一，明确销售目标市场；第二，产品铺货试运行销售；第三，明确回款时间；第四，公司业务员协助促销和终端维护；第五，考察时间不超过一年。

（3）确定渠道成员。企业应根据渠道成员的评估标准进行筛选，与合格者签订正式合同，淘汰不合格者。

（二）成长期的开发策略

1. 分析企业的特点

企业处于成长期，其优势在于：反应迅速、灵活；决策速度快，执行能力强；运作成本比较低；人员干劲足。其劣势在于：规模小，市场占有率低；开发能力薄弱，技术装备落后；资金不足，融资困难；人才流失严重，人员素质不高；管理不完善，体系不健全；等等。

2. 开发渠道成员的步骤

（1）搜集渠道成员的信息。企业可以通过开发渠道成员的各种途径，如开招商会、广告招商、渠道成员咨询、权威数据库等，搜集渠道成员的信息。

（2）制定销售合同。制定销售合同时要注意以下几点：

第一，划分区域市场。明确渠道成员的权力范围，要求只在指定的销售区域内销售。

第二，明确责、权、利。通过签订协议的方式，约定渠道成员的责、权、利。例如：在企业渠道建立的过程中，渠道成员的职责主要是实现资金流、物流以及协助企业做好渠道管理；小型批发商的职责主要是实施产品的二次配送，做好终端维护，建立良好的客情关系；终端零售商的职责主要是做好产品陈列、直接推荐、产品促销执行等。

第三，做到三个统一。为了保证渠道能够持续进行，一定要在协议中约定统一政策、统一产品、统一价格。只有统一政策，才能让市场井然有序，不至于因政策的“不平等”而导致价格混乱，从而在稳固市场秩序的同时，让市场良性发展；只有统一产品，才能保证产品形象的统一，有助于产品及品牌形象的树立，进而更好地吸引渠道成员；只有统一价格，才能充分保障渠道各环节的合理价差和利润，杜绝低价倾销和窜货。

第四，签订销售合同，严惩违约责任方。在合同中，要强调违约方所承担的责任以及处罚措施，一旦发现违约者，除了取消经销权外，还可以根据合同进行一定的经济制裁，起到警示的作用。

（3）对建设中的渠道成员进行管理。在企业成长期的渠道成员开发中，企业应高度重视渠道管理，使企业的业务内涵更加清晰、管理更有章法，同时使企业在文化和组织结构上相得益彰；否则，企业将会在一系列渠道冲突与变革中提前走向死亡。

（三）成熟期的开发策略

1. 分析企业的特点

处于成熟期的企业，市场相对稳定，产品已经比较成熟，会出现市场饱和现象，产品销量的增长比较缓慢。因此，企业会要求渠道成员不断挖掘消费人群，提高产品的销售数量。这一时期，企业对渠道成员的要求很高。

2. 开发渠道成员的步骤

（1）搜集渠道成员的信息。企业可以通过咨询渠道成员、查询企业积累的资源库、调查消费者、召开招商会等途径来搜集信息。

（2）制定销售合同。销售合同的内容与成长期的合同一样。

（3）管理渠道成员。企业要加大对渠道成员的培训力度，与其进行良好的互动，使其更加熟悉企业文化和了解产品性能。企业要多向渠道成员介绍利润来源，从而实现互惠互利的目标，达到双赢的目的。

二、选择渠道成员的策略

渠道成员的开发从某种程度上说是双向的：对制造商而言，是在选择渠道成员；对渠道成员来讲，是在选择供应商。因此，在选择渠道成员的过程中，制造商不要忘记自身的因素也会影响渠道成员的选择，根据自身情况采用不同的策略才是现实的做法。以下是制造商在选择渠道成员时常用的策略。

（一）分两步走选择策略

对于刚进入某一行业或者某一区域市场的制造商而言，由于所面临的环境相对陌生，必然要经历一个由不适应到适应的过程。因此在渠道成员的选择上，不必恪守一步到位的原则，通常可以采取分两步走的策略。

在渠道建立初期，制造商所选择的渠道成员只要基本符合自己的选择标准或低于选择标准，就可以考虑与之合作，这样可以迅速在该行业或该区域市场建立起渠道体系，尽快启动市场。待产品在市场上逐步树立了走俏的形象，终端消费开始大面积“解冻”，自身的“招募力”增强后，制造商可再选择符合标准甚至高出标准的渠道成员，并逐渐淘汰低层次的渠道成员。

采取分两步走选择策略的好处是上手快，容易启动市场。不足之处是如果处理不当，会给人“过河拆桥”的感觉，还有可能引发渠道动荡。为此，制造商在建立渠道体系之初，就应该给予渠道成员明确的说明，并加强对渠道成员的辅导，争取让渠道成员尽快地成长起来，以符合自己的选择标准。

（二）针锋相对选择策略

针锋相对选择策略是指制造商选择同行业中的市场领先者作为渠道成员的一种策略。这种策略适用于实力较强的市场进攻者，如饮料行业中的可口可乐和百事可乐，日化行业中的宝洁和联合利华，儿童牛奶饮品行业中的伊利和蒙牛，快餐行业中的麦当劳和肯德基等。甚至有些制造商选择分销成员的原则就是：竞争者的产品出现在哪里，自己的产品就出现在哪里。这就是为什么顾客会在大多数超市里，看到左手边是可口可乐的产品、右手边是百事可乐的产品，以及为什么在肯德基的几步开外总是能看到麦当劳。

（三）逆向拉动选择策略

逆向拉动选择策略适用于那些踏踏实实耕耘市场的作为市场追随者的制造商。作为市场追随者的制造商相对于刚刚进入市场的制造商来说，对市场竞争状况更熟悉，对消费者需求有更清晰的把握。但同时，作为市场追随者的制造商又缺乏像作为市场进攻者的制造商那样紧贴作为市场领导者的制造商展开竞争的实力。因此，逆向拉动选择策略是其首选策略。

这种策略的主要方法是通过刺激消费者，由消费者拉动市场，进而拉动终端渠道与作为市场追随者的制造商合作，从而帮助其逐步建立整套渠道体系。随着渠道向扁平化方向发展，越来越多的制造商开始尝试或选择逆向拉动选择策略来构建其渠道体系。采取逆向拉动选择策略的好处是制造商对渠道成员的话语权较大，对消费者的影响较深；不足之处是制造商前期对消费者市场的培育投入较大，周期较长。

三、开发渠道成员的途径

微课：

渠道成员开发的途径

制造商大致可以通过以下几种方式寻找到合适的渠道成员。

（一）考察专业性批发市场

许多城市有小商品市场或各个行业的专业品批发市场，大部分经销商为了扩大自己的知名度，都会要求制造商为其制作“××地区总经销”“××地区总代理”等各式各样的招牌、横幅等，悬挂在店铺门口或店堂里面。

（二）发布媒体广告

制造商应当关注当地电视、报纸、广播及广告牌上的同类产品的广告。

（三）查阅工具书

制造商应当善于利用各种专业工具书，包括当地的电话号码簿、企业名录、地图册、手册、消费指南、专业杂志等，尤其是电话号码簿。一般情况下，当地比较有经验、有实力的经销商都会在当地电话号码簿上刊登自己公司的名称、经营范围，有的甚至在电话号码簿上做广告以推介自己的公司。

（四）咨询广告公司

当地的广告公司对当地各行业的市场情况及经销商分布情况比较了解，在与之进行广告代理业务洽谈时，可详细询问本地经销商的情况。

（五）刊登招商广告

制造商如果通过一般途径找不到合适的经销商，或者制造商很有实力又想趁机扩大影响，也可以刊登招商广告。这种方式见效快，一般能找到好的客户，但费用较高，不太适合小企业。

（六）参加产品展销会、订货会

各个行业每年都会举行各种各样的产品展销会、订货会，制造商云集，很多专业性经销商都会参会。这是制造商展示产品及品牌形象的地方，也是大批专业性经销商聚集的地方。制造商可以借此机会寻找到适合自己的经销商。

（七）通过顾客和中间商介绍

顾客和中间商介绍是一种寻找客户的有效方式，因为同行里信息相通，比较了解，容易获得目标市场客户信息，特别是好的客户信息。此外，朋友介绍的客户也比较值得信任。

（八）通过网上查询

制造商可以运用现代信息技术，通过互联网访问专业网站，寻找并筛选渠道成员。通过网站信息，制造商可以找到很多未来可能的合作伙伴，而且几乎不需要什么费用。但也要注意，网上信息真假难辨，需要甄别。

学以致用

选择一家你比较熟悉的中国知名家电企业，假如你是该公司派驻浙江市场的销售经理，请你根据企业的情况，确定合适的渠道类型并选择合适的途径开发渠道成员。

四、选择开发渠道成员的方法

微课：

开发渠道成员的方法

渠道成员的选择有时是主动的，有时是被动的。企业如果在产品、品牌及影响力方面处于优势，就可以主动地选择渠道成员；企业如果在产品、品牌及影响力方面处于劣势，就需要积极地争取和赢得渠道成员。企业要能够有效赢得渠道成员，必须创造以下条件：(1) 有竞争力的产品线；(2) 合理的广告和促销支持；(3) 专业化的管理支持；(4) 公平交易和友好关系。

关于开发渠道成员的具体方法，我们从定性分析法和定量分析法两个方面展开研究。

(一) 定性分析法

定性分析法是指企业主要依靠经验和判断，通过充分的沟通加强了解，通过市场的实际操作进行检验，最终确定渠道成员。

1. 定性分析法的一般步骤和特点

(1) 通过市场试运作选择经销商。通过市场试运作选择经销商是指制造商选派几个精兵强将，在当地建立办事处，自设仓库，直接拓展终端业务。制造商既可以直接向零售店铺货，也可以联系数家有意向的批发商同时向零售店铺货。如果是后者，事先要申明双方的责、权、利，明确试销的责任和义务，制造商不承诺经销权，最终选择试销优秀者为经销商。这就是所谓的“倒着做渠道”。

(2) 通过市场竞争筛选经销商。制造商向几家有意向的批发商同时铺货，往往会形成竞争和互相牵制的局面。经过市场试运作，淘汰那些渠道能力较差或终端运作能力较差的经销商。对被淘汰的经销商，制造商给予其一笔市场开拓费作为补偿。如果初选经销商都采取观望态度，那么制造商只好自己直接铺货，并且一边铺货一边考察。随着市场开拓的深入和制造商对零售终端及批发商的了解熟悉，这时再来确定合适的经销商就比较容易了。

(3) 利用市场资源支持潜在经销商。初步选好经销商，在前期铺货后再发动广告促销攻势。中小企业的广告费用有限，可以采取用“时间”换“金钱”的方法，先辅助经销商进行市场的第一轮铺货，达到40%最低铺货率之后再投放广告和促销；当广告促销攻势发动后，再进行第二轮铺货，这样可以最大限度地节约促销费用。

(4) 利用短期合同期限考察经销商。签订经销合同的期限不宜过长，最好不要超过一年。有人认为，签订长期合同有利于将经销商与制造商捆在一起，使经销商全心全意地投入市场开拓。实际上，这只是一厢情愿的想法。经销商可能会利用厂商的弱势地位，从事投机经营活动。签订短期合同，留给经销商投机的空间也会比较小。另外，短期合同也会给经销商施加随时可能被替换的压力，如果经销商真希望继续销售厂商的产品，它会加倍努力。

(5) 不轻易承诺总经销权。即使市场上只有一个经销商，也只承诺特约经销权，不要轻易承诺总经销权。因为很少有经销商能覆盖区域市场的所有二级批发商和零售商，承诺总经销权就等于放弃了补缺和纠偏的权利。另外，承诺总经销权也不利于制造商对市场的控制，容易出现“大户问题”。虽然早期经销商会有意见，但是只要制造商坚持自己的渠道原则，保障经销商已开发并管理良好的网点，就能实现与经销商的良好合作。

（6）选择具有成长性的经销商。经销商的选择，不能盲目贪大，应该更加注意成长性因素，考虑其是否与自身的条件相匹配，只有合适的才是最好的。制造商的实力有限时，不宜选择能力超强的大经销商，因为它经营的品种太多，有数个大品牌，对知名度低的新品牌不会全心投入经营，自然不会达到很好的销售效果；也不宜选择能力太弱的经销商，因为它没有能力把产品有效铺到销售终端。制造商应该选择对自己的产品、品牌感兴趣，与自己的实力相匹配，能够全力经营的具有成长性的经销商。

2. 定性分析法的主要操作方法

（1）观察筛选法。观察筛选法是指首先到目标市场寻找目标客户比较集中的地方，比如批发市场、行业集市等，通过观察，结合自身的产品特点、经营实力和品牌档次，进行判断和筛选，在初步筛选出几家意向经销商后，再进行深入的访问和洽谈，确定经销商并与之签约。

这种方法是典型的定性分析法，主要依靠业务员的经验判断。虽然这种方法操作起来比较简单，但对于业务员的行业知识、管理经验和社会阅历要求较高，有丰富经验和阅历的业务员成功率较高，但缺乏经验和阅历的业务员不宜采用。

（2）业内人士介绍法。业内人士介绍法就是尽量让在同一行业里面工作的亲戚、朋友或熟人帮忙介绍客户的方法。他们可以是从事销售工作的，也可以是从事物流配送、生产管理、产品研发工作的，甚至可以是从事人力资源、财务管理工作的。他们可以直接介绍客户，也可以通过其他同事、朋友找相关销售人员间接介绍。这是因为同行企业每年都会召开年会，同行经销商之间大多认识、知根知底，业务员之间也经常互通信息。总之，只要是在同一行业里工作的人，帮助获取某地区客户的信息是一件非常容易的事情。俗话说，“隔行如隔山”，反过来，“同行最知情”。只要找到一个同行，就能够顺势找到行业内目标市场的客户；只要找到一个地方的一个客户，就能够找到多个地方的多个客户。

这种通过同行介绍找到的客户往往比较可靠，也比较适合，增加了信任度，减少了客户风险，比较适合于新业务员开拓市场时使用。但需要在寻找亲戚、朋友或熟人过程中做一些公关工作，需要一些前期的投入。

（3）黄页（电话号码簿）、报刊检索法。黄页、报刊检索法是一种比较传统的寻找客户的方法，是指通过当地的黄页、报刊检索相关行业在当地的销售信息，特别是当地经销商的信息，包括公司名称、联系电话、所在地址、经营范围等，筛选出有用的客户信息后再进行深入的访问和洽谈。

这种方法适合于新业务员开拓新市场，在没有经销商信息的情况下可以考虑采用。这种方法虽然有些落后，但其思路还是可以借鉴的。

（4）公开招标法。企业可以通过在当地报纸、电视等媒介发布招商信息，吸引当地分销机构参与竞标，直接寻找和筛选客户。这种方式虽然操作比较简单，也能够寻找到好的客户，但是操作成本相对较高，适合于实力雄厚的企业，或者对该目标市场势在必得的企业。

（5）行业博览会法。企业可以通过参加在当地举办的行业博览会，在博览会上展示企业的产品和品牌，寻找在该地区的经销商。这种方法也比较有效，因为行业博览会是行业厂商和经销商聚会的平台，能够实现充分的沟通，有充分的比较和相互选择，往往能够找到好客户。但操作成本也比较高，同样适合于实力比较雄厚的企业。

（6）反向追踪法。反向追踪法又叫顺藤摸瓜法，属于消费品企业运用逆向思维寻找渠道客户的有效办法。具体做法是：消费品制造商的业务代表到了目标市场以后，在没有其他更好方法的情况下，可以先到当地的大卖场、连锁超市、批发市场以及其他相关的终端零售场所，观察一下和自己的产品密切相关的同类产品中，哪些产品终端陈列状况和销售状况比较好，然后根据产品上的电话信息，寻找该产品在该地区的经销商（如单位、地址、电话等），这样就能够找到同类产品在目标市场上的优质经销商了。

（二）定量分析法

定量分析法是基于对渠道成员的量化评估，经过排序得出的。例如：根据渠道成员的中间成本进行排序，选择成本最低的渠道成员。定量分析法具体包括强制评分法和销售量分析法等。

1. 强制评分法

强制评分法的主要原理是对拟选择作为合作伙伴的每个渠道成员，就商品分销的能力和条件，用打分法来加以评价并做出选择。由于各个渠道成员之间存在分销优势与劣势的差异，因此每个项目的得分会有所不同。注意到不同因素对营销渠道功能建设的重要性程度的差异后，可以分别赋予一定的重要性系数，然后计算每个渠道成员的总得分，从得分较高者中进行选择。例如：某电脑生产商决定在广州市选择独家经销商，在广州市进行考察后，选出了 3 家比较合适的候选者。该电脑生产商希望经销商有一定的经营规模，有良好的声誉和财务状况，有强大的销售实力和管理能力。各个候选者在这些方面都有一定的优势，但是没有一个是十全十美的。因此，该电脑生产商决定采用强制评分法对各个候选者进行打分评价，如表 1－5 所示。

表 1－5　用强制评分法选择渠道成员

评价因素	重要性系数	渠道成员 1		渠道成员 2		渠道成员 3	
		打分	加权分	打分	加权分	打分	加权分
1. 经营规模	0.20	85	17	70	14	80	16
2. 声誉	0.15	70	10.5	80	12	85	12.75
3. 销售实力	0.15	90	13.5	85	12.75	90	13.5
4. 管理能力	0.10	75	7.5	80	8	85	8.5
5. 合作精神	0.15	80	12	90	13.5	75	11.25

续表

评价因素	重要性系数	渠道成员 1		渠道成员 2		渠道成员 3	
		打分	加权分	打分	加权分	打分	加权分
6. 产品线	0.05	80	4	60	3	75	3.75
7. 货款结算	0.20	65	13	75	15	60	12
合计	1.00	545	77.5	540	78.25	550	77.75

从表 1-5 的第一列可以看出，各个渠道成员的优势与劣势是通过有关评价因素反映出来的。通过打分计算，从表 1-5 的“合计”栏可以看出，渠道商 2 得到了最高的加权总分，因而是最佳候选者，该电脑生产商应当考虑选择将其作为当地的独家经销商。

强制评分法主要适用于在一个较小地区的市场上，为了建立精选的营销渠道网络而选择理想的零售商，或者选择独家经销商。

在经济数据较缺乏的情况下，强制评分法为我们提供了一种选择渠道成员的很好的途径。但是这种方法仍然是在定性基础上的定量化决策方法，要求营销渠道管理人员设置多个评价因素，并且要合理估计有关因素的重要性系数。

2. 销售量分析法

销售量分析法是通过实地考察有关渠道成员的顾客流量和销售情况，对每个渠道成员的销售趋势曲线进行分析，估算可能达到的总销售量，并分析其近年来销售额情况及其变化趋势，在此基础上，对有关渠道成员实际能够承担的分销能力以及可能达到的销售量水平进行估计和评价，然后选择最佳候选者的做法。例如：某个渠道成员近两年来对某产品的销售量如表 1-6 所示。由于商品销售量与时间变动之间存在强相关性（相关系数 $R=0.969\ 1$），因此用线性回归法可列出其销售增长曲线：

$$Y_t=860+30t$$

表 1-6　某渠道成员销售记录　　单位：万件

时间	2024 年				2025 年			
	第一季度	第二季度	第三季度	第四季度	第一季度	第二季度	第三季度	第四季度
销售量	560	620	640	780	800	870	850	920

参考表 1-6 的资料，假设 2024 年第四季度对应的 t 值为 0，2025 年第一季度及以后季度对应的 t 值为自然数，如 2025 年第一季度 t 取值为 1，则对应的销售量预计达到：

$$Y_1=860+30\times1=890\text{（万件）}$$

如果进一步假设经由该渠道成员分销本企业的同类产品，产品的生命周期是 1 年，那么该渠道成员在产品生命周期内（包括四个季度）能够实现的销售总量可由下式计算：

$$\begin{aligned}Y=Y_1+Y_2+Y_3+Y_4&=(860+30\times1)+(860+30\times2)+(860+30\times3)+(860+30\times4)\\&=3\ 740\text{（万件）}\end{aligned}$$

如果存在另一个渠道成员，在同样时期内，商品销售总量可以达到 4 000 万件，那么前面的那个渠道成员就不是理想的候选者，应当放弃。这种方法适用于择优选用经销商、零售商。

范例

西安杨森制药有限公司开发渠道成员的策略

一、制定开发渠道成员的策略

1. 企业背景分析

西安杨森制药有限公司（以下简称西安杨森）生产的达克宁在1989年就进入了中国市场，是该公司的主导产品之一。保罗·杨森有句名言：我们生产的是药品，销售的是健康。西安杨森有100多名既具有专业知识又具备销售技巧的一专多能的医药代表，他们大都毕业于医科院校。为保证医药代表工作的高效性，西安杨森十分重视员工的培训工作，该公司曾经花费重金举办了一次为期10天的大规模的销售人员培训活动，培训内容包括企业文化、销售策略、客户服务等。通过严格的培训和第一线生产劳动的实践，西安杨森的销售人员都成为既懂医药知识又精于销售技巧的专家，在西安杨森的产品销售工作中发挥了巨大的作用。

2. 开发渠道成员的步骤

（1）搜集渠道成员的信息。西安杨森的医药代表通过问卷、面访、电访等方式，搜集渠道客户和顾客的信息；通过全国各大报刊、广播电台、电视台等，推出宣传公司形象及产品的广告，吸引渠道商上门洽谈；利用每年一次的医药全国订货会的良机并借助大众传媒，提高公司及产品的知名度，吸引经销商的关注。

（2）签订销售合同。（合同略）

（3）确定渠道成员。对影响达克宁销售的诸多因素，如人口、年龄、性别、心理、地理位置等进行了系统性的研究和分析，然后据此在销售活动地区选择合适的经销商。

（4）管理渠道成员。对大量经销西安杨森产品的渠道客户在价格上给予优惠，对付款及时的渠道客户则实行现金折让。在与分销商的长期业务交往中，西安杨森的销售政策不但保证了其产品销售渠道畅通无阻，而且培育了西安杨森和分销商之间互惠互利、相互依赖的新型伙伴关系，调动了经销商销售产品的主动性和积极性。此外，西安杨森还派销售人员定期到经销商处走访，定期对经销商进行药品知识和销售技巧的培训。

二、选择开发渠道成员的途径

（1）进行大量的广告宣传，其目标是"让每一个中国医生了解西安杨森"。

（2）通过召开与产品有关的各种座谈会、宣讲会、研讨会，面对面地向医务人员，特别是有处方权的中青年医生进行宣传，有效地扩大了企业产品的影响面。

（3）利用每年一次的医药全国订货会的良机，借助大众传媒在全国各大报刊、广播电台、电视台等，推出宣传公司形象和产品的广告，大大提高了公司及产品的知名度。

三、选择开发渠道成员的方法

西安杨森采用公开招标法、强制评分法、销售量分析法和销售费用分析法等，对渠道成员进行选择。

范例

某化妆品公司选择与开发渠道成员的策略

某化妆品公司想进入A、B两个市场，在对A、B两地进行大量的综合调研和仔细评估后，最终选定渠道成员A和渠道成员B分别负责A市场和B市场。

渠道成员A是一个刚刚成立一年的专职营销公司，几个年轻合伙人原来从事广告营销工作，资金比较紧张，办公营业场所和仓库都是租赁的，但是几个年轻人努力肯干，代理两个品牌的化妆品，业绩不断上升；渠道成员B是B市场最大的百货公司，由百货站几位有经验的经理承包经营，公司有专门的店面、仓储、运输车辆，财务全部实行电脑化管理，在当地有一定的名气。

A市场的专职营销公司节假日不休，送货及时，渠道成员经常协同公司的业务人员一起到现场促销，扩大销售。他们把销售公司生产的化妆品视为一次机遇，作为提升自己公司知名度的机会，企业运转几乎和化妆品公司融为一体，铺货覆盖率达95%以上。B市场的百货公司认为产品价高且市场需求量不大，因此货不能铺得太多，否则收款困难，风险大。该化妆品公司业务员与此百货公司的业务员交谈，百货公司的业务员不是要求该化妆品公司多投广告，就是说产品定价高，而且经常介绍熟人、亲戚做公司的业务员、促销员，稍有不满就闹情绪，经常送货不及时，铺货覆盖率还不到50%。

季度报告显示：A市场回款550万元，比上个季度增长6%；B市场回款120万元，比上个季度减少2%。按照公司销售部主管的估计，B市场应该比A市场好，因为无论是从人口密度、数量、经济生活水平还是从投入的广告促销费用及同类化妆品竞争状况来看，B市场都比A市场有绝对优势，可实际上A市场回款总额却比B市场高出几倍。

一、分析企业基本状况

（1）分析企业基本信息：企业规模、销售目标、产品定位、财务状况等。

（2）确定销售区域：主要根据销售目标，首选A市场和B市场进行开发，以提高市场占有率。

（3）分析目标市场的消费者：消费者数量和购买能力。

二、确定渠道成员类型

该化妆品公司想启动一个新的目标市场，可以接受一些基本符合公司选择标准甚至低于选择标准的渠道成员进行合作，这样可以迅速在目标市场建立起渠道体系，容易启动市场。

三、制定选择渠道成员的原则

该化妆品公司采取了目标市场原则、分工合作原则、发挥优势原则、效率效益原则和共同发展原则。

四、评价渠道成员

该化妆品公司明确了选择渠道成员的原则之后，制定了一系列定性和定量相结合的评价标准，以便在多个潜在渠道成员之间进行选择。从渠道成员的能力、公司对渠道成员控制的可能性和渠道成员的适应性三个方面进行评价（见表1-7）。

表 1-7　评价渠道成员的标准

评价标准	具体内容	渠道成员 A	渠道成员 B
渠道成员的能力	市场认知度	熟悉	熟悉
	经营状况	刚起步	良好
	服务态度	好	差
	合作意愿	强	随意
	销售实力	强	一般
	管理能力	强	弱
	信用及财务状况	好	差
公司对渠道成员控制的可能性	控制程度	高	低
渠道成员的适应性	危机处理能力	强	弱
	市场应变能力	强	弱

五、开发渠道成员

1. 制定选择并开发渠道成员的策略

产品和市场是企业的生命，怎样才能将产品更好地铺向市场，被消费者接受，企业就要有针对性地寻找和选择渠道成员。该化妆品公司想启动一个新的目标市场，可以接受一些基本符合公司选择标准甚至低于选择标准的渠道成员进行合作，这样可以迅速在目标市场上建立起渠道体系，容易启动市场。

2. 开发渠道成员的途径

该化妆品公司对 A、B 两个市场进行大量的调研，掌握同类产品在两地的销售网络，通过查询网络、咨询广告公司、刊登招商广告、分析当地顾客反馈意见，暂定渠道成员 A 和渠道成员 B。

3. 开发渠道成员的方法

通过定性分析法进行选择：该化妆品公司向渠道成员 A 和渠道成员 B 同时铺货，并与二者均签订了有效期为半年的经销合同，一边铺货一边观察，随着市场开拓的深入及公司对终端和渠道成员的了解、熟悉，最后确定合适的渠道成员。

通过定量分析法进行选择：从强制评分法（见表 1-8）和销售量分析法（见表 1-9）两方面进行分析。

表 1-8　强制评分法

评价因素	重要性系数	渠道成员 A		渠道成员 B	
		打分	加权分	打分	加权分
1. 经营规模	0.20	70	14	85	17
2. 声誉	0.15	80	12	70	10.5
3. 销售实力	0.15	85	12.75	90	13.5
4. 管理能力	0.10	90	9	75	7.5

续表

评价因素	重要性系数	渠道成员 A		渠道成员 B	
		打分	加权分	打分	加权分
5. 合作精神	0.15	90	13.5	80	12
6. 产品线	0.05	60	3	80	4
7. 货款结算	0.2	90	18	65	13
总分	1.00	565	82.25	545	77.5

表 1-9　销售量分析法

项目	渠道成员			
	A		B	
时间	第一季度	第二季度	第一季度	第二季度
销售量	300	550	500	120

六、确定渠道成员

该化妆品公司按照选择渠道成员的原则制定了选择标准，最终确定：由渠道成员 A 来开拓 A 市场；在 B 市场重新选择渠道成员，同时淘汰渠道成员 B。

拓展知识

一、新渠道成员管理六要点

测试题 1-2：

开发渠道成员

(1) 指定专人开发新渠道。

(2) 对潜在的渠道进行市场调查。

(3) 设定渠道开发期限。

(4) 设定渠道开发条件。

(5) 公司领导的鼎力协助。

(6) 相关部门的配合。

二、渠道成员关系的维系

提供“优质服务”就是为了做好“维系客户”的工作。维系客户主要是指市场拓展人员及客服人员与渠道成员之间的情感与信息沟通。沟通服务工作是否到位，是否做得圆满，主要看是否充分做到了优良的渠道成员关系维系工作。

（一）联络感情

（1）拜访。

（2）电话或短信联络。

（3）赠送纪念品。

（二）收集信息

（1）客户信息的收集与情况的了解。

（2）竞争对手情况的了解，包括产品、价格等。

三、开发渠道成员时的谈判技巧及礼仪规范

（一）注意外在形象

人皆有眼，人皆有貌，衣貌出众者，谁不另眼相看呢？第一印象很重要，只有在对方认同你和接受你的时候，你才能顺利进入对方的世界，并自如地与对方周旋和交往，从而把自己的事情办成、办好。

（二）注意内在素质

要想把事情办成、办好，仅有整洁、高雅的外表是不够的。要想真正学会办事，必须努力提高自己的内在素质。自卑者败，自信者胜！在谈判过程中，要不卑不亢，学会控制自己的情绪，学会忍让，不怕冷遇，不怕失败，并根据谈判对象的特点采取不同的应对措施：傲慢无礼的人多半缺乏真心实意，最好言辞简洁，不得罪对方；自私自利的人凡事都把自己的利益摆在前面，此时要顺水推舟、投其所好，在不违反公司规定、为公司争取最大利益的情况下，尽量满足他所强调的利益；做事死板的人需要我们花些时间，仔细观察，从他的言行中寻找他所关心和感兴趣的事，让他充分表达意见和看法，使之迅速和我们达成共识。

（三）讲究语言艺术

要想把事情办成、办好，就要学会说话。如果话说得好听、说得到位，对方就易于接受。如果说话不分对象、场合，不知深浅，不懂分寸，即便是一件很简单的事，也可能办砸。所以，与客户洽谈的时候要多说一些赞美的话，遇到冷场时要主动寻找新的话题，避免谈判陷入僵局。

（四）讲究进退技巧

“进”是谈判的总趋势和大方向，但只知强进却不是最佳谋划。有时，由于多方面原因，需要适当“退一步”，方可谋求更长远的“进”。进是目标，退是手段，不论做什么事都要留有余地，以便进退自如。

（五）善于平衡利益关系

谈判的过程也是利益平衡的过程，如果不能平衡利益关系，谈判就难以成功。利人才能利己，有给予才有回报。在谈判时，要站在对方的立场考虑问题，并帮助对方分析问题、解决问题。只有互惠互利、相谦相让，合作关系才会更加美好。

任务三 管理渠道成员信用

学习目标

- **知识目标**

1. 了解渠道成员信用评估的标准。
2. 熟悉渠道成员信用管理的内容。
3. 掌握渠道成员信用调查与评估方法。

- **能力目标**

1. 能够制定渠道成员的信用调查表。
2. 能够收集渠道成员的信用信息并建立信用档案。
3. 能够评估渠道成员信用。
4. 能够确定渠道成员信用管理方案。

- **素养目标**

融入敬业、诚信精神，养成遵纪守法、诚实守信的良好职业道德。

基础知识

渠道成员信用管理是指对渠道成员经营管理的全过程以及每一个关键的业务环节和部门进行综合性的风险控制，包括：以渠道成员信用调查及评估为核心的事前控制，以交易中的业务风险防范为核心的事中控制，以应收账款的专业化监控为核心的事后控制。本任务主要就渠道成员信用调查及评估与业务风险防范进行阐述。

微课：

渠道成员信用调查

一、渠道成员信用调查

信用调查是指收集和整理反映渠道成员信用状况有关资料的一项工作。它是财务主管进行应收账款日常管理的基础，是正确评价渠道成员信用的前提条件。

(一)信用调查方法

1. 直接调查法

直接调查法是指企业调查人员直接与被调查渠道成员接触以获取信用资料的一种方法。这种方法能保证所收集资料的准确性和及时性,但如果被调查渠道成员不予合作,则其调查资料就不会完整和准确。

2. 间接调查法

间接调查法是指通过对被调查单位和其他单位的有关原始记录和核算资料进行加工整理获取信用资料的一种方法。这些资料主要来源于以下几个渠道:

(1)会计报表。有关渠道成员的会计报表是信用资料的主要来源,通过会计报表分析,能基本上掌握一个企业的财务状况和盈利状况。

(2)信用评估机构。世界上许多国家都有信用评估的专门机构,这些机构会定期发布有关企业的信用等级报告。目前我国的信用评估机构有三类:一是独立的社会评估机构;二是中央银行负责组织的评估机构,一般由商业银行和各部门的专家进行评估;三是商业银行组织的评估机构。专门的信用评估机构评估方法先进,评估调查细致,可信度较高。

(3)银行。这是信用资料的一个主要来源,因为很多银行都设有信用部门,并把为客户调查商业信用作为一个服务项目。

(4)其他机构。其他机构如财税部门、市场监督管理部门、证券交易所、消费者协会以及企业的主管部门等。

(二)信用报告类型

通过不同的渠道收集到渠道成员的信息之后,业务经理或信用分析人员可以根据实际需要,编制具有不同内容的各种信用报告。下面是一些常见的信用报告类型。

1. 企业注册资料报告

通过考察企业的注册资料或商业登记资料,可以判断企业是否是合法成立的。另外,通过企业的注册资料和实际资本,可以估计企业的规模大小,并判定企业是否带有投机性质。

2. 标准报告

标准报告是包括公司概要、背景、管理人员情况、经营状况、财务状况、银行往来、公众记录、行业分析、实地调查和综合评述等内容的信用报告。标准报告提供调查对象的全面情况,适用于在一般的商业往来中对渠道成员的选择。

3. 深度报告

如果企业觉得标准报告的内容显得单薄,还可以编制一份综合信用报告,其内容包括标准报告的所有内容,并在所有环节中进一步深化,使渠道成员信息更全面、更有深度,并附有对渠道成员最近三年的财务情况进行的完整而综合的分析。此类报告适用于交易金额偏大或较为陌生的渠道成员。

4. 财务报告

如果企业与渠道成员较为熟悉，对渠道成员除财务之外的情况均很了解，那么企业可以针对渠道成员的财务信息编制财务报告，对渠道成员进行完整的财务分析，并与所在行业的平均水平进行比较分析。

5. 特殊报告

如果企业认为某一渠道成员是企业最重要的渠道成员，对企业的生存与发展有重大影响，就必须对渠道成员进行全面而深入的调查，得到更多关于渠道成员背景资料、财务数据以及市场状况分析方面的信息，并根据获得的信息编制特殊信用报告。

6. 连续服务报告

如果企业认为渠道成员需要定期调查与监控，就可以根据标准信用报告的内容连续不断地编制连续服务报告，并随着时间的推移，随时以最新的信息对信用报告的内容进行更新和补充。

微课：

纳税信用评价

除上述报告外，企业也可以根据内部需要，编制各种分类报告以满足不同的需求，比如主要管理人员背景报告、经营状况报告、历史发展报告等。

二、渠道成员信用评估

根据我国企业的现实情况，我们可以采用特征分析模型和 5C 信用评估法作为信用分析的基本出发点，实施渠道成员信用评估和信用限额计算。

（一）特征分析模型

1. 特征分析模型的概念

特征分析模型是指从渠道成员的各种特征中选出对信用分析意义最大、直接与渠道成员信用状况相联系的若干因素，把它们编为几组，进行综合分析，最后得到一个较为全面的分析结果。

2. 特征分析模型的分析指标

特征分析模型的分析指标可以分为以下三组。

（1）渠道成员自身特征指标。这类指标主要反映有关渠道成员表面的、外在的、客观的特点，包括表面印象、组织管理、产品与市场、市场竞争性、经营状况、发展前景。

（2）渠道成员优先性特征指标。这类指标主要是指企业在挑选渠道成员时需要优先考虑的因素，体现与该渠道成员交易的价值，包括交易利润率、对产品的要求、对市场吸引力的影响、对市场竞争力的影响、担保条件、可替代性、信用及财务特征。这类指标具有较强的客观性，能够直接反映渠道成员的信用状况和财务状况。

(3) 渠道成员信用及财务特征指标。这类指标包括付款记录、银行信用状况、获利能力、资产负债表评估情况、偿债能力、资本总额等。

由上述三组指标可以看出，特征分析模型涵盖了反映渠道成员经营实力和发展潜力的一切重要指标。

3. 特征分析模型的计算过程

特征分析模型的计算过程共分为四个步骤：

第一，根据预先制定的评分标准，用1～10分评分法，对上述各项指标进行评分。渠道成员的某项指标情况越好，分数就越高。在没有资料信息的情况下，则给0分。

第二，根据预先给每项指标设定的权数，用权数乘以10，计算出每一项指标的最大评分值，再将这些最大评分值相加，得到全部最大可能值。

第三，用每一项指标的评分乘以该项指标的权数，得出每一项的加权评分值，然后将这些加权评分值相加，得到全部加权评分值。

第四，将全部加权评分值与全部最大可能值相比，得出百分比，该数字即表示对该渠道成员的综合分析结果。百分比越高，表示该渠道成员的信用程度越高，越具有交易价值。

4. 对渠道成员的信用进行评级

根据上述计算过程得到的综合分析结果，我们可以将不同的百分比列入不同的信用等级，得到渠道成员的信用评级结果。我们将百分比从0至100%划分为六个等级，即CA6到CA1，分别表示渠道成员资信状况的程度，其中，CA6最差，CA1最好。我们可以按特征分析模型评估总表的要素来对渠道成员的信用进行评级，如表1-10所示。

表1-10　渠道成员信用评级

评估值（%）	等级	信用评定	建议提供的信用限额（大小与具体行业有关）
86～100	CA1	极佳：可以给予优惠的结算方式	大额
61～85	CA2	优良：可以迅速给予信用核准	较大
46～60	CA3	一般：可以正常地进行信用核定	适中
31～45	CA4	稍差：需要进行信用监控	小量，须定期核定
16～30	CA5	较差：需要适当地寻求担保	极小量或不提供信用额度
0～15	CA6	极差：不应与其交易	根本不应提供信用额度
缺少足够数据	NR	不能做出评定	对信用额度不予建议

（二）5C信用评估法

5C信用评估法是指分析影响信用的5个因素的一种方法。这5个因素是：品质（Character）、能力（Capacity）、资本（Capital）、抵押品（Collateral）和环境（Condition）。由于这5个因素的英文首字母都是C，故称为5C信用评估法。

1. 品质

品质是指渠道成员的信誉，即履行偿债义务的可能性。企业必须设法了解渠道成员过去的付款记录，看其是否具有按期如数付款的一贯做法，与其他供货企业的关系是否良好，是否愿意尽最大努力来归还贷款。这种道德因素经常被视为评价渠道成员信用的首要条件。

2. 能力

能力是指渠道成员偿还应收账款的实力。渠道成员的流动资产越多，其转换为现金支付账款的能力就越强。渠道成员流动资产的质量越高，其转换为现金支付账款的能力就越强。通过对资产负债率、流动比率、速动比率、现金净流量等指标的考察，企业可以了解对其进行投资的安全程度。通过对资本利润率、销售利润率、成本费用利润率等指标的考察，企业可以对其有一个更深入的了解。另外，如果渠道成员的财务报告资料不易直接取得，这时就可以根据该渠道成员所处的地位、经营历史和现状、福利待遇、生产设施和生产设备的更新替换等情况，从侧面进行了解。

3. 资本

资本是指顾客的财务实力和财务状况，表明渠道成员可能偿还债务的能力。

4. 抵押品

抵押品是指渠道成员拒付应收账款或无力支付款项时，能用作担保的资产。这对于新的渠道成员和陌生的渠道成员尤为重要。一旦收不到渠道成员的应收账款，企业就可以用抵押品抵补。如果这些渠道成员能够提供足够的抵押品，就可以考虑向其提供相应的信用。

5. 环境

渠道成员的经济环境是指可能影响渠道成员付款能力的经济状况，如经济不景气、渠道成员下线对渠道成员欠款等。

学以致用

经过一段时间后，中国某知名家电企业需要对之前选择的家电渠道成员的信用状况重新进行评估。请你根据5C信用评估法进行评估，以检验合作成员的信用等级是否需要重新调整，为降低或提高信用等级提供依据，减少合作风险。

三、渠道成员信用管理

渠道成员信用管理的内容包括信用额度、信用期限、现金折扣政策和可接受的支付方式等。

（一）信用额度

信用额度是指企业许可的暂不收回的应收账款余额的最高限额。企业假设超过该限额的应收账款为不可接受的风险。信用额度要根据企业所处的环境、业务经验及不同渠道的渠道成员来确定。决定信用额度的关键因素有付款历史、业务量、渠道成员的偿还能力、订货周期及潜在的发展机会。一旦确定了信用额度，该渠道成员应该有销量的增长。

根据渠道成员的不同等级确定信用额度。在评估等级方面，可以采用以下两种方法：一是采用三类九级制，即把渠道成员的信用情况分为 AAA、AA、A、BBB、BB、B、CCC、CC、C 九个等级，其中 AAA 为最优等级，C 为最差等级；二是采用三级制，即把渠道成员的信用情况分为 AAA、AA、A 三个等级，其中 AAA 为最优等级，A 为最差等级。

（二）信用期限

信用期限是企业允许渠道成员从购货到付款之间的货款滞留时间，或者说是企业给予渠道成员的付款期限。如某企业给予渠道成员的信用期限为 50 天，则渠道成员可以在购货后的 50 天内付款。信用期限过短，不足以吸引渠道成员，会使企业在竞争中的销售额下降；信用期限过长，企业所得利润会被增长的费用抵消，甚至造成利润减少。因此，企业必须制定恰当的信用期限。

对于快速消费品来说，信用期限应较短，一般为 15 天、30 天和 45 天，最长不得超过 60 天；保质期越短的产品，其信用期限应越短。对于耐用消费品、工业品、资金占用量大的产品来说，信用期限应长一些，一般为 30 天、60 天、90 天和 150 天，最长不超过半年。总之，资金周转越快的产品，其信用期限越短；资金周转越慢的产品，其信用期限越长。

（三）现金折扣政策

现金折扣是在渠道成员提前付款的情况下，企业给予渠道成员在商品价格上的优惠，其主要目的是吸引渠道成员为享受优惠而提前付款，从而缩短企业的平均收款期。现金折扣的常用表示方式为：折扣/付款期限。例如：5/10 表示在开出发票后的 10 天内付款，就可享受 5%的价格优惠；3/20 表示在开出发票后的 20 天内付款，就可享受 3%的价格优惠；N/30 表示在开出发票后的 30 天内付款，不享受价格优惠。

（四）可接受的支付方式

银行结算办法规定的各种结算方式，从应收账款回收的及时性、安全性角度来看，大致可分为两大类：一类是风险比较小的，即应收账款回收时间短、金额有保证的结算方式，主要有银行汇票、银行本票、汇兑支票和信用证等；另一类是风险比较大的，即应收账款有可能转为坏账损失的结算方式，主要有委托收款、托收承付、商业汇票等。

企业可根据渠道成员的盈利能力、偿债能力、信誉状况等选择适宜的结算方式，也就是说对盈利能力和偿债能力强的、信誉状况好的渠道成员可以选择风险较大的结算方式。虽说风险较大，但有利于购销双方建立一种相互信任的伙伴关系，有利于扩大销售网络、提高竞争能力以及长期合作。对一些没有业务往来的新渠道成员和资信度较差的老渠道成员而言，适合选择一些风险较小的结算方式，通过这种结算方式来保证应收账款的及时、足额回收。

四、业务风险的产生与控制

（一）业务风险的产生

企业的业务风险通常发生在以下 6 个环节中。

1. 从接触客户到选择客户的过程

接触客户的直接目的是选择信用良好的客户并与之进行交易。在选择客户的过程中，常见的方式有电话或信函联系、实地考察访问、对其各类文件的审查及专门的信用调查等。如果未能正确地选择客户，就有可能导致业务风险的发生。

2. 从与客户谈判到确定信用条件的过程

从最初与客户协商到双方达成一致协议，此过程中的目标是确定信用条件，包括给予信用的形式（如付款方式）、期限和金额。这方面的失误往往会直接造成严重的拖欠。

3. 从与客户签约到寻求债权保障的过程

合同是交易双方信用的根据和基础，合同中的每一项内容都有可能成为日后产生信用问题的根源。同时，合同也是解决欠款追收问题的最主要文件，因此应格外注意。此外，为确保收回货款，要使用一定的债权保障手段，如担保、保险等。

4. 发货过程中实施货款跟踪的过程

销售部门以放账的形式售出货物之后，面临的一个最直接的问题就是如何对形成的应收账款进行监控，保证及时收回货款。此时信用管理的目标是提高应收账款回收率。

5. 对到期账款实行早期催收的过程

在应收账款管理中，货款到期日往往被忽视，客户迟付几天甚至十几天，通常被认为是在合理的范围之内。事实上，货款迟付现象不仅影响企业的资金周转，而且有可能造成长期拖欠的隐患。因此，企业怎样在货款被拖欠的早期进行适度的催收，同时维护良好的客户关系，是令销售经理和财务经理较为头疼的问题。

6. 收款失效导致企业面临追账问题的过程

如果客户在一定的拖欠时间范围内没有付款，或者有逃避付款的企图，此时应视为收款失败，即发生呆账或坏账。这时，企业必须面对追账问题。

加强对上述 6 个业务环节的管理和控制，是企业防范信用风险、减少呆账或坏账损失的关键。

（二）客户信用风险控制

企业要有效地实施对客户的信用风险控制，必须根据本企业的信用政策制定一套全面的风险控制方案。有效的风险控制方案能够最大限度地减少客户可能给企业带来的损失。下面介绍几种典型的风险控制方法。

1. 监督和检查客户群

监督是指对正在进行交易的客户进行适时的监控，密切注意其一切行动，尤其是付款行为，对于高风险客户或特别重要的客户还要给予多方面的监控。检查是指不断查看与更新客户原有的信用信息。

2. 审核信用额度

信用管理人员应对授予信用额度的客户适时定期审核，一般情况下一年审核一次，对正在进行交易的客户和重要客户的信用额度最好能半年审核一次。每一次审核都要严格地按照程序进行，信息收集工作尽量做到全面、及时、可靠，不能因为是老客户就放松警惕，或者习惯性地凭借经验分析其信用状况。审核结果要及时通报给销售业务人员。

3. 控制发货

信用部门应始终监控运输单据的制作与货物的发运过程，在下列两种情况下，信用部门应命令有关人员停止发货：

（1）付款迟缓，超过规定期限。当客户拖延付款时，信用部门可以通过信函、电话等方式提醒客户。如客户仍拖欠不还，一旦超过规定的贸易暂停期限，就应停止发货。各企业对于贸易暂停期限应有明确规定，一般来讲，信用期限越长，贸易暂停期限越短。

（2）交易金额超过信用额度。信用额度是依据客户的财务状况和信用等级综合评定出来的。交易金额超过信用额度会给企业自身带来坏账风险，尤其在信用额度是由于客户延期支付而被突破的情况下，控制发货措施就很必要。

4. 暂停贸易

当发现客户有不良征兆时，首先考虑的措施就是暂停贸易，停止发货或者收回刚发出的货物，只有这样才能避免进一步的损失。

5. 巡访客户

在危机发生时，销售部门与信用部门都应各自与客户进行会谈，以收集客户的信息。第一次接触一般都会听到客户信心十足的答复：困难只是暂时性的，没有想象中那么严重。但这可能是破产的前兆。在条件许可的情况下，销售部门与信用部门应该联合巡访客户，巡访要达到三个目标：评估客户的生存能力，就付款安排达成协议，确定以后的交易额度。巡访过程中应注意不要被客户的假象迷惑。对客户的巡访应及时进行，最好在付款迟缓或引起纠纷而未达到危机之时便去会谈，这样可以最大限度地减少损失。

6. 置留所有权

置留所有权是指企业在商品售出后保留它的所有权，直到客户偿付货款为止。理论上讲，这是一项无任何额外成本又能有效避免风险的措施，它使得企业在得不到偿付时可以恢复其对商品的所有权。但在实际操作中，它并不能完全规避信用风险，因为商品的所有权虽然掌握在企业手里，但是鉴于企业未实际占有或使用货物，也就不能进行有效控制。

7. 坚持额外担保

如果客户处于危机中但仍有回旋余地，客户可能会要求继续进行交易以维持运转，此时便应坚持额外担保。最低限度的担保是开立商业票据，一旦不能兑现便可立即停止交易。最高程度的担保是预付货款（如果用支票付款，应注意发货前将支票兑现）。

范例

某公司的客户信用管理制度

第一条 信息管理基础工作的建立由业务部门完成，公司业务部门在信息收集整理的基础上建立客户信息档案。客户信息档案一式两份，由业务经理复核签字后，一份保存于公司总经理办公室，一份保存于公司业务部，业务经理为该档案的最终责任人。客户信息档案包括：

（1）客户基础资料，即有关客户最基本的原始资料，包括客户名称、地址、电话、所有者、经营管理者、法人代表以及客户的个人性格、兴趣、爱好、家庭、学历、年龄、能力、经历背景、与本公司合作的时间、业务种类等。这些资料是客户管理的起点和基础，是由负责市场产品销售的业务员通过对客户的访问搜集得到的。

（2）客户特征，包括市场区域、销售能力、发展潜力、经营理念、经营方向、经营政策、经营特点等。

（3）业务状况，包括客户的销售业绩、市场份额、市场竞争力、市场定位、与竞争者的关系、与本公司的业务关系和合作情况等。

（4）交易现状，包括客户的销售活动现状、存在的问题、战略、未来的发展愿景及客户的市场形象、声誉、财务状况、信用状况等。

第二条 客户的基础信息资料由负责各区域的业务员收集，凡与本公司的合作交易次数在两次以上，且单次交易额达到一万元人民币的客户，均为资料收集的范围。

业务员应在达到上述交易额第二次交易后的一个月内完成资料收集工作，并交业务经理汇总建档。

第三条 客户的信息资料为公司的重要档案，所有经管人员必须妥善保管，确保不遗失。当公司部分岗位有人员调整或离职时，若该资料的移交是工作交接的主要部分，则凡是资料交接不清的人员，公司不予办理离岗、离职手续。

第四条 业务员应根据与相关客户交往时所了解的情况，对客户的信息资料随时进行汇总整理，并交给业务经理定期更新或补充。

第五条 实行对客户信用额度的定期确定制，在总经理或主管市场的副总的主持下，成立由负责各市场区域的业务主管、业务经理、财务经理组成的市场管理委员会，按季度对客户的信用额度、信用期限进行审定。

第六条 在业务员跟踪调查、记录相关信息资料的基础上，市场管理委员会对市场客户的信用状况和销售能力进行分析、研究，确定每个客户可以享有的信用额度和信用期限，建立信用额度、信用期限表，由业务部门和财务部门各留存一份。

第七条 对初期信用额度的确定，企业应遵循保守原则，综合考虑企业过去与该客户的交往合作情况（是否按期回款）、该客户的净资产情况（经济实力如何），以及该客户有没有对外提供担保或者与其他企业之间有没有法律上的债务关系（潜在或有负债）等因素。凡初次赊销的新客户，其信用额度通常确定为正常信用额度和信用期限的50%。如果新客户确实信用状况良好，可以提高信用额度和延长信用期限，则企业必须经过市场管理委员会形成一致意见，并报请总经理批准后方可实行。

第八条 客户的信用额度和信用期限，原则上每季度进行一次复核和调整，市场管理委员会应根据反馈的有关客户的经营状况和付款情况，随时跟踪调整。

拓展知识

一、如何制定渠道成员的信用标准

（1）收集渠道成员信用信息并建立渠道成员信用档案。渠道成员的信用信息包括渠道成员的基本资料、渠道成员的特征、渠道成员的业务状况以及渠道成员的交易现状。

（2）对渠道成员进行评价。企业可采用特征分析模型或5C信用评估法对渠道成员进行评价。

（3）制定渠道成员的信用标准。企业可以根据评价等级制定相应的信用标准。

测试题 1-3：

管理渠道成员信用

二、判断渠道成员的信用水平

判断渠道成员的信用水平有三个依据：

（1）根据企业对渠道成员进行的基本调查判断。

（2）根据专业机构对渠道成员的鉴定结果判断。

（3）根据银行等金融机构提供的数据判断。

三、制定渠道成员信用调查表

渠道成员信用调查表如表1-11所示。

表 1-11　渠道成员信用调查表

客户性质	新（ ）；老（ ）	填表日期			
客户名称		负责人		____年____月生	
地址		电话/传真			
所处行业		资本额	____万元	结算月	
成立时间	____年____月	上市时间	____年____月	从业人员	
年盈利	往来银行	银行 1		账号	
		银行 2		账号	
组织方式	独资（ ）；合资（ ）；合伙（ ）；股份公司（ ）				
经营状况		经营地点	市场（ ）；住宅（ ）；郊外（ ）		
营业项目		竞争力	自主研发产品（ ）；OEM（ ）；加工贸易（ ）		
主要产品					
经营风格	积极（ ）；保守（ ）；踏实（ ）；不定（ ）；投机（ ）				
业务状况	兴隆（ ）；成长（ ）；稳定（ ）；衰退（ ）；不定（ ）				
行业地位	领导者（ ）；有影响力（ ）；追随者（ ）；补缺者（ ）				
地产	估计金额________	性质	借（ ）；租（ ）；企业所有（ ）；个人所有（ ）		
资产状况：建筑物	估计金额________	性质	借（ ）；租（ ）；企业所有（ ）；个人所有（ ）		
资产状况：设备	估计金额________	性质	借（ ）；租（ ）；企业所有（ ）；个人所有（ ）		
资产状况：无形资产		类型	专利（ ）；知识产权（ ）；商业秘密（ ）		
资产状况：其他					
认识该客户的时间	最近（ ）；不到一年（ ）；有几年了（ ）				
提供的信用销售期限	30 天（ ）；60 天（ ）；90 天（ ）；更长（ ）				
月销售额	10 000 元以下（ ）；50 000 元以下（ ）；50 000 元以上（ ）				
该客户付款情况	及时（ ）；延迟不到 30 天（ ）；延迟不到 60 天（ ）				
收款联系人姓名					
其他备用信息					
企业负责人：性格	温柔（ ）；兴奋（ ）；开朗（ ）；古怪（ ）；自大（ ）				
企业负责人：兴趣					
企业负责人：婚姻状况	未婚（ ）；已婚（ ）；离异（ ）；绯闻（ ）				
企业负责人：学历					
企业负责人：行业经验					
企业负责人：爱好					
企业负责人：思想	稳健（ ）；保守（ ）；激进（ ）				
企业负责人：阅历					
企业负责人：特长					
企业负责人：长处					
企业负责人：短处					
综合评价		销售员			

巩固练习

一、名词解释

渠道成员　经销商　批发商　零售商　独立商城　直销渠道　加盟渠道　在线零售商　团购平台　目标市场原则　分工合作原则　逆向拉动选择策略　定性分析法　定量分析法　强制评分法　信用调查　5C 信用评估法　信用额度　信用期限

二、单项选择题

1. 传统的渠道成员类型不包括（　　）。

A. 代理商　B. 批发商　C. 微商　D. 零售商

2. 下列不属于线上直销的是（　　）。

A. 独立商城　B. 在线零售商　C. 无线/SNS 社区　D. 直销渠道

3. 下列不属于线上分销的是（　　）。

A. 加盟渠道　B. 独立商城　C. 在线零售商　D. 大型流通平台

4.（　　）是指以某类目产品销售为主的专业型产品销售网站。

A. 垂直流通平台　B. 团购平台　C. 兑换平台　D. 大型流通平台

5. 选择渠道成员时，评价渠道成员的销售实力时不包括（　　）。

A. 资金实力　B. 经营信誉　C. 库房面积　D. 配送能力

6. 开发渠道成员的途径有很多，某红酒厂家应优先选择的是（　　）。

A. 产品推介会　B. 发布媒体广告

C. 咨询广告公司　D. 刊登招商广告

7. 企业要能够赢得渠道成员，要具备哪些条件？（　　）

A. 有竞争力的产品线　B. 广告力度大

C. 经济实力　D. 专业的营销团队

8. 正确评价渠道成员信用的前提条件是（　　）。

A. 应收账款　B. 信用调查　C. 会计报表　D. 消费者协会

9. 对于快速消费品来说，信用期限应较短，一般为 15 天、30 天和 45 天，最长不得超过（　　）天。

A. 30 天　B. 60 天　C. 120 天　D. 150 天

三、多项选择题

1. 下列属于线上直销的是（　　）。

A. 独立商城　B. 在线零售商　C. 无线/SNS 社区　D. 加盟渠道

2. 下列属于线上分销的是（　　）。

A. 加盟渠道　B. 垂直流通平台　C. 在线零售商　D. 大型流通平台

3. 下列属于垂直流通平台的是（　　）。

A. 亚马逊　　B. 聚美优品　　C. 麦包包　　D. 糯米网

4. 选择渠道成员的原则有（　　）。

A. 目标市场原则　　B. 形象匹配原则　　C. 分工合作原则　　D. 共同发展原则

5. 制定选择渠道成员的评估标准有（　　）。

A. 资金实力　　B. 价值观　　C. 回款能力　　D. 服务态度

6. 定性分析法的主要操作方法有（　　）。

A. 观察筛选法　　B. 业内人士介绍法　　C. 公开招标法　　D. 反向追踪法

7. 信用报告类型为（　　）。

A. 企业注册资料报告　　B. 连续服务报告

C. 深度报告　　D. 财务报告

8. 银行结算办法规定的各种结算方式，从应收账款回收的及时性、安全性角度来看，风险比较大的结算方式主要有（　　）。

A. 委托收款　　B. 托收承付　　C. 商业汇票　　D. 银行本票

9. 5C 信用评估法中的 5C 包括（　　）。

A. 品质（Character）　　B. 能力（Capacity）

C. 资本（Capital）　　D. 环境（Condition）

E. 抵押品（Collateral）

四、简答题

1. 简述强制评分法的原理和方法。

2. 简述开发渠道成员的步骤。

3. 评价渠道成员信用的标准有哪些？

4. 渠道成员的类型主要有哪些？

5. 线上直销的种类有哪些？

6. 线上分销的种类有哪些？

7. 优质的渠道成员应具备哪些条件？

8. 产品处于导入期时，选择渠道成员要考虑哪些因素？

五、论述题

1. 试论述定性分析法的一般步骤和特点。

2. 试论述成熟期的产品应如何开发渠道成员。

六、分析题

由于肩周炎、颈椎病、腰椎病、腰肌劳损、风湿性关节炎等陈年腰腿病症引起的疼痛越来越多，市场上出现了很多膏药，如桂林华润天和药业的骨通贴膏，重庆陪都药业的复方追风膏、万通筋骨贴、奇正消痛贴膏等。老倪骨痛贴是一家百年老牌子，被当地人亲切地称为“象山特产”，游客在游览了象山美丽的风景后，都会把老倪骨痛贴作为象山特产带回家孝敬父母、馈赠亲朋好友，因而享誉全国。老倪膏药有句古训：“药治百病，不治百人。”因为个人体质不同，所以效果也有差异，但老倪一直秉承“医者仁心”，做到了3帖内无效全额退款，不让患者吃亏。膏药的规格是10帖/盒，全国统一零售价为150元/盒。假如你是老倪骨痛贴在浙江省的代理商，希望把老倪骨痛贴发扬光大，解除患者病痛，以浙江市场为目标市场进行销售，你将如何选择和开发渠道成员？

问题：

(1) 选择渠道成员的原则是什么？

(2) 开发渠道成员的方法有哪些？

(3) 试论述渠道成员的信用评估。

七、案例讨论

百草味的两次华丽转型

零食类电商的竞争异常激烈。前有传统品牌转型线上，后有互联网品牌异军突起。百草味以“霸占”下沙大学城的零食店发展为线上零食电商巨头，成为成功转型的佼佼者。

1. 立足产业，商业模式再升级

2003年至今，百草味经历了从线下转型线上，又回归线下的历程。2010年转型线上之前的8年里，百草味一直用线下连锁经营的模式开拓市场，连锁店也一度风靡全国各大城市。到2006年，百草味的线下门店已达140多家，全年销售额达到1.5亿元。但是线下的成本越来越高，效益却难有提升。

到了2010年，“不电商，无商业”。据官方数据统计，2010年中国网上零售市场交易规模为5 131亿元。2010年12月，“百草味旗舰店”正式入驻天猫挂牌营业，当年销售额为2 600万元。于是百草味砍掉线下所有门店，全面转型线上。转型线上的几年间，百草味品牌发生了根本的转变和提升。百草味从一个单纯的渠道零售商变成一个能够自主研发和生产产品的综合性休闲食品品牌。据了解，百草味自2010年底入驻天猫，就开启了互联网商务新纪元，年销售额已超过20亿元。

在取得互联网成功转型后，百草味再次进行商业模式升级，开拓线下渠道。从线下到线上，再度重回线下，百草味并非一时兴起。2016年12月，新零售的概念被提出，似乎也佐证了互联网红利到了末期，渠道红利渐显。百草味再次以“行业模式探索者”的角色，准备抓住线下红利。百草味线下销售部总监对此表示：首先，市场容量决定产品的渠道拓展，零食品类近九成的消费在线下渠道完成，面对电商的竞争白热化和线上市场的饱和程度，开辟线下渠道势在必得；其次，线上、线下融合更有利于品牌打造，单纯的线上销售容易让消费者思想局限，将百草味理解为一个知名“网店”或电商品牌，而百草味真正要做的是一个零食产业，这需要线下市场的补充；最后，拓展线下店是百草味公司的中长期战略规划，未来要将“趣味零食探索家”的概念贯穿整个零食行业，并不断扩大品类。

2. 线下2.0升级版正式开启

2015年6月，百草味正式推出针对线下渠道的产品，并专门成立线下运营团队，与线上销售一起，共同形成强有力的O2O运营模式。

3. 区域规划

仅3个月时间，百草味就在北京、上海、杭州、南京、成都等全国20多个一二线城市开发了40多家经销商，线下铺设店面达到10 000家。据透露，百草味已将重点市场放在华东、华北、西南等区域，最终完成全国化拓展。

4. 渠道规划

如今，百草味已经与多家全国或区域性龙头终端系统达成了战略合作。比如华东欧尚系统、物美系统、可的便利连锁，福建、重庆永辉系统，成都伊藤洋华堂、全家便利、WOWO便利等都推进了百草味产品的上架。据百草味创始人介绍，百草味的目标是全渠道，并希望渠道能够下沉到电商尚未覆盖的区域。

5. 产品升级

目前百草味线下销售以天然水果干、健康坚果领军，后期会将线上更多的时尚潮流食品引入线下，带领线下时尚零食的品质升级。为了不受到线上产品的冲击，百草味对线下产品进行区别化包装。

第一，考虑到线下消费的及时性，百草味在克重上适当减少，推出小包装产品；第二，包装品质升级，为了满足商超、卖场的终端陈列属性，百草味对线下产品进行包装升级，提升档次；第三，部分产品的口味升级，比如芒果干的原料配比改造，此项改造升级是在刺激消费者味蕾的基础上强化消费者对产品的体验感受。

6. 突破电商瓶颈，线上、线下双轨并行

国内的电商热逐渐趋于理性，消费者对于电商企业的要求也越来越高。因此电商企业不仅要通过线上的渠道满足消费者方便快捷的购物需求，也要通过线下实体店满足他们对于实体产品体验的渴望。据了解，2017年百草味全渠道零售规模突破40亿元。

百草味的产品版图将不局限于休闲食品，其会打造完整的食品产业链，包括进口食品、粮油等。百草味从线下起家，又经历了电商的洗礼，但其并不以“电商品牌”来定义自己，“我们是一家食品企业，让更多的人吃上健康的食品是我们的追求”。

2019年6月，百草味落地新零售门店首家标准店——杭州湖滨银泰in77“百草味·零食优选”。此后，百草味针对商圈人群、写字楼人群、地铁人群、高端社区人群等分别落地了“百草味·零食优选”标准店和网红体验店，在杭州东南西北中“以点带面”开启了大本营之地的全面探索之路。

随着2019年12月网红体验店——西溪龙湖店的落地开业，百草味2019年探索模式的新零售之年也完成了它的初步计划——开设10家不同模式的直营店。

回归线下，并不是一种倒退的举措，而是战略转型、品牌升级的必经之路和重要拐点。

问题：

（1）百草味两次转型分别是什么？这两次转型的渠道布局分别是什么？

（2）为何百草味在2010年会全面放弃线下门店，入驻线上电商平台？

（3）百草味网上销售额高达数十亿元，为什么还要开拓线下渠道？

项目实训

1. 实训目的

本实训是对选择与开发渠道成员的知识应用，通过对某企业进行渠道设计的研究，了解营销渠道的类型及原则，掌握选择渠道成员的标准和策略。

2. 实训内容

经济全球化和现代科技的日新月异，渠道结构的不断创新，对企业构建营销渠道系统提出了严峻的挑战。某企业为了把产品销售到不同消费领域，亟须选择并开发渠道成员进行合作。请你根据该企业产品的情况，为其制定某区域市场开发渠道成员的策略。

要求：

（1）为该企业进行市场分析。

（2）确定渠道成员选择原则、标准。

（3）根据实际情况，确定合适的渠道成员类型。

（4）制定出渠道开发策略。

项目二 制定渠道激励策略和推广策略

项目意义

在当今“渠道为王，决胜终端”的大趋势下，渠道激励对做好渠道管理非常重要。目前，中国各行业产品同质化的现象很严重，尤其是消费品，因此，维持企业业绩主要依靠的是企业之间的渠道竞争。能否利用渠道激励策略开发和维护更多的客户，构建以企业为主导的营销价值链，是决定企业能否脱颖而出的核心利器。在利润日渐稀薄的市场上，企业根据自身特点和竞争对手的渠道激励政策，制定相应的激励对策，对渠道畅通大有帮助。

项目内容

在渠道成员选择确定后，企业应加强对日常工作的监督和激励，努力培养和提倡渠道成员之间建立良好的合作关系，以提高渠道成员的经营效率，及时消除渠道中的冲突和矛盾。本项目围绕如何制定行之有效的激励措施，分为四个任务，即编写渠道激励方案、制定销售型渠道激励策略、制定营销型渠道激励策略、制定互联网营销推广方案，从理念到实战介绍了渠道激励的方法和模式。

项目成果

在完成项目学习之后，学生需要提交以下项目学习成果：

(1) 一份企业渠道激励方案，主要包括以下内容：背景分析，激励目标，激励对象，激励策略。

(2) 一份企业返利计划书。

(3) 一份企业销售竞赛计划书。

(4) 一份企业互联网营销推广方案。

引例

华为公司的和谐共赢渠道激励策略

从2011年正式成立到现在，华为公司BG（Business Group）在短短时间内取得了令人叹服的成绩：2014年中国区收入同比增长达40%，渠道贡献收入达80%以上，中国区合作伙伴超过4 000家。其中，业绩超过6 000万元的合作伙伴达到了20家，金银牌商家总数超过了600家，国内Top 10的集成商100%与华为实现合作，华为服务也实现了50%以上的工程服务由合作伙伴承接，良好的渠道生态体系已初步构建完成。

华为公司BG这一系列惊人数字背后的秘诀是：通过构建阳光、和谐、开放、共赢的渠道生态体系，充分发挥渠道的力量，与合作伙伴共同推动业务飞速增长。

华为公司BG是如何激励渠道的？让我们来看看华为渠道激励措施的全景。

首先，从公司BG的发展战略上充分强调渠道的重要性，明确华为与渠道合作伙伴共同成长、合作共赢的方向，结合市场发展趋势及华为对发展公司业务的前瞻性思考，引导合作伙伴实现战略转型。此为华为渠道激励之道。

众所周知，华为是从做运营商业务起家的，以客户为中心、快速响应客户需求是其发展运营商业务的法宝，业务形式基本以直销为主。华为公司将坚持“聚焦”和“被集成”作为其发展战略。所谓“被集成”，就是华为要坚定地站在渠道合作伙伴身后，充分发挥其一站式ICT基础设施供应商的长产品线优势，支持合作伙伴在其自身的解决方案中集成华为产品与服务，去攻城略地，实现合作伙伴与华为的共赢。这无疑为合作伙伴吃了一颗定心丸。在这样的战略指引下，合作伙伴能毫无后顾之忧地与华为形成紧密联盟，发挥双方最大的潜力，实现业绩的稳步增长。可以说，华为“被集成”战略的提出，是对渠道合作伙伴最大的激励，是与合作伙伴实现共赢的根本保障。

其次，设置完善的合作伙伴利益分享机制，在遵守渠道秩序的前提下，帮助合作伙伴“多产粮”，让“多产粮”的合作伙伴享受到更多的回报。此为华为渠道激励之术。

创造价值、获得收益是商业的本质，华为也充分认识到了这一点，为了让合作伙伴在与华为合作过程中享受到实实在在的利益，华为制定了全面而多元的基于渠道业绩的激励政策。

作为华为公司业务渠道管理政策的重要部分，华为每年都会慎重审视其激励政策并及时向渠道成员发布。这些具体的激励既有基于渠道合作伙伴季度、年度业绩而常规发布执行的，也有依据市场发展情况而随时推出的短期即时激励。无论常规激励还是短期激励，都是紧扣业务发展目标，意在引导合作伙伴“多产粮”“产好粮”。具体来说，根据种类和授权产品的不同，合作伙伴可以享受如下主要的激励：

（1）总代进销差价。

（2）现金支付货款折扣。

（3）基于业绩的销售返点。

（4）特定产品销售返点。

（5）主力产品销售返点。

（6）季度 MBO 返点。

除此之外，各业务部门还会根据各自业务需要设计并推出相应的激励政策，这些项目从不同的维度对合作伙伴的具体业务活动做出了方向性指引，从而打造了一支灵活且富有战斗力的渠道合作伙伴队伍。

不仅如此，华为还为合作伙伴设置了市场发展费用以及培训支持基金，引导并激励合作伙伴进行更多、更精准的市场营销活动，发掘更多商机，实现业务可持续增长；同时鼓励合作伙伴重视自身技术、销售和管理能力的提高，充分利用华为丰富的培训资源不断对员工进行赋能，提高公司软实力，增强竞争力。

思考题：

1. 什么是激励？你生活中受到的激励有哪些？这些激励对你有何意义？
2. 华为公司的渠道激励目标是什么？
3. 华为公司的激励策略具体有哪些？分别起到了什么作用？

任务一　编写渠道激励方案

学习目标

- **知识目标**

1. 了解渠道激励的概念和作用。
2. 掌握编制渠道激励方案的方法。

- **能力目标**

策划一份简单的渠道激励方案：

（1）能够收集背景分析的各种原始资料，进行背景分析。

（2）能够确定渠道激励方案的激励目标。

（3）能够选择渠道激励方案的激励对象。

（4）能够确定渠道激励方案的激励策略（或激励方法）。

（5）能够制定完善的活动程序与进度安排。

（6）能够进行投入产出分析。

- **素养目标**

培养公平公正的职业品德以及正确的价值观。

基础知识

一、渠道激励的概念

渠道激励是指制造商通过持续的激励措施，来刺激渠道成员，以激发其销售热情、提高销售效率的行为。

渠道是企业获取核心竞争优势的重要因素之一，渠道激励贯穿于渠道管理的整个链条，对渠道各个环节都具有重要的影响。

微课：

认知渠道激励

二、渠道激励的作用

渠道激励是渠道管理的重要内容之一，是企业与渠道成员之间良好合作的“润滑剂”。企业只有充分、准确地认识渠道激励的重要性，才能制订出科学的、可执行的渠道激励计划。

渠道激励的作用主要体现在以下几方面。

（一）稳定销售业绩，完成销售目标

企业销售目标的达成不仅需要依靠自身销售团队的努力，还需要渠道成员的努力。因此，企业对渠道成员进行及时、有效的物质激励和精神激励，能够激发和保持渠道成员的产品销售热情，从而协助企业稳定销售业绩、完成销售目标。

（二）推动新产品上市，树立企业形象

渠道成员的紧密配合，对企业新产品顺利上市、成功大卖起着至关重要的作用。企业与渠道成员在各方面都需要密切配合，大到经销商购进新产品，小到新产品终端陈列，只有这样才能使其市场效益最大化，企业品牌形象才能逐渐在市场中树立起来。因此，企业如果制定合理的渠道激励措施，在某种程度上能确保新产品的成功上市以及品牌形象的树立。

（三）建立分销渠道，获取渠道优势

目前我国商品市场已逐渐进入“渠道为王”的时代，尤其是快速消费品行业和家电行业，商品供应相对过剩，企业实际可选择的渠道成员与渠道利用空间有限。因此，合理的渠道激励计划与方式有利于企业占领和巩固有限的渠道资源，对竞争对手形成渠道壁垒，从而帮助企业建立分销渠道的排他性，获取渠道竞争优势。

（四）减少窜货现象，稳定商品价格

一些渠道成员在经济利益的驱使下，往往会以低于市场价格的不合理价格侵占其他区

域市场，从而使得企业产品价格系统和渠道网络系统趋于混乱，严重损害合法渠道成员以及企业的经济利益。企业对渠道成员展开合理、科学的激励，努力平衡各方利益，有助于遏制和减少窜货现象的发生，保持商品价格系统的稳定。

（五）收集市场信息，了解消费者新需求

随着社会经济的发展和人们生活水平的提高，消费者对商品的需求日益丰富化与个性化，而且这种需求变化的速度越来越快。渠道成员（尤其是大型零售商）拥有的终端市场最接近消费者，有能力收集、分析消费者购买行为的相关信息并能把握这种市场变化趋势。因此，企业如果制订相应的渠道激励计划，及时获取相关市场信息，把握消费者的新需求，并调动一切资源去满足这种新需求，就可以获得竞争优势。

（六）加快渠道回款，优化资本利用

目前，渠道资源竞争激烈，某些大渠道商（大型零售商）凭借渠道优势，有意延长回款时间。此类渠道成员占用企业巨额资金，其回款质量与速度影响企业的资本利用率。而那些实力不强的渠道成员，则面临无力还款的破产风险。因此，企业对渠道成员采取有效的回款激励措施，有助于加快渠道成员回款速度并提高其资本利用率。

（七）提高铺货速度，加大铺货密度

新产品若想尽快成功传递到消费者手中，先于竞争对手抢占市场制高点，需要渠道成员在铺货速度与铺货密度上的充分配合。市场终端执行力的强弱会影响企业是否能够迅速适应市场变化以抓住市场机会。企业制定相关的激励措施，有助于渠道成员提高终端铺货速度，并在条件成熟时加大商品铺货密度，从而帮助企业获取更多的市场机会。

（八）应对企业危机，减少不利影响

企业危机（如由产品质量问题引发的舆论危机等）会损害企业形象利益和经济利益，而处于市场终端前沿渠道成员的反应态度与行为则直接影响企业危机处理效果。企业的相关渠道激励计划有助于渠道成员在企业面临危机时，能够在市场终端迅速做出反应，降低危机产生的消极影响，维护企业原有的正面社会形象。

总之，企业制订并及时实施合理的渠道激励计划，能够激励、规范渠道成员的合作行为，提高企业产品销量以及扩大品牌知名度，在某种程度上还能够降低双方之间的沟通成本，减少经济与情感消耗，确保双方维持良好的长期合作关系。

三、策划渠道激励活动

策划渠道激励活动需要回答 6 个方面的问题（5W1H），即做什么（What)、为什么（Why)、时间（When)、在哪里（Where)、负责人/团队（Who)、如何完成（How)。

（一）做什么

渠道激励的方法多种多样，没有固定的方法。不过，渠道激励最根本的方法是具体情况具体分析，一般促销的方法均是由目的决定的。

（二）为什么

策划何种渠道激励活动，基于促销目的。但更深层次的原因则是企业在当地市场面临的主要困难、区域市场特性和客户特性。渠道激励活动的策划一般基于以下 4 个项目：

（1）完成阶段性（如月度、季度、年度）销售目标；

（2）新产品上市实现良性库存、合理展示、最终销售；

（3）消化老产品、滞销品库存，优化库存结构；

（4）健康网络，实现市场良性、稳定发展。

（三）时间

渠道激励活动时间跨度以 1～3 个月为宜；渠道激励活动的返利额度与任务完成进度挂钩，合理避开发货高峰期；未雨绸缪，在时机上将问题消灭在萌芽状态。

（四）在哪里

（1）哪类产品？

（2）哪类市场？

（3）哪类渠道？

（4）哪类客户？

（5）哪类目标消费群？

（五）负责人/团队

（1）执行人是谁？

（2）协助人是谁？

（3）跟进人是谁？

（六）如何完成

确定渠道激励活动的具体策略、达成的方法、有效的保障措施、奖惩措施、投入预算等。

四、编制渠道激励方案

渠道激励方案没有固定的格式，但有一个大体的思维框架。具体激励方案框架如下。

微课：

渠道激励方案的编制

（一）背景分析

背景分析是制定促销策略的依据，主要从以下几方面考虑：

（1）从市场层面寻找问题点和机会点。

（2）从客户层面选择是全部客户还是部分客户，代理商还是分销商，核心客户还是普通客户，客户的库存问题还是客户的信心问题。

（3）从产品层面判断是新产品上市问题、老产品滞销问题还是产品结构问题。

（4）从渠道层面分析是渠道秩序问题、渠道结构问题还是渠道运营（盈利率、产出率、终端绩效、导购、渠道质量）问题。

（5）分析竞争对手的干扰，有哪些竞争品牌及产品会对企业造成影响以及造成何种影响。

（6）根据上述分析，综合分析自己的优劣势。

（二）激励目标

不同的激励策略与激励方法，对应的可衡量的目标不一样。目标一定是具体的、量化的、可衡量的，便于进行投入产出分析和评估促销效果。渠道激励最常见的目标包括：销售完成率、同比增长率、市场占有率、库存结构、零售完成率、投入产出比、经销商盈利率等。一个促销方案可以有一个目标，或者一个主要目标与若干个次要目标。

（三）激励对象

激励要确定激励对象，比如是哪类产品、哪类渠道、哪类客户（代理、直供、分销，核心客户、普通客户）、哪类市场。激励对象也可以是最终消费者，通过节假日、店庆日、开业等促销活动，将激励措施落实到消费者。

（四）激励策略

激励策略是解决问题、达成目标的方法，是对激励方法的概括。制定激励策略要确定主题。主题一般是一句能够概括激励策略的话。如果是针对消费者的激励活动，那么这句话就是传播的焦点，应当体现在所有的传播手段中。

（五）激励方法

激励不主张有固定的方法，但大致可以划分为销售型激励与营销型激励两种。一般来说，销售型激励以完成销售额为唯一目的，以奖励返点为唯一手段，以增加经销商库存为最终结果，短期效果明显。而营销型激励以完成销售额为最终目的（不是唯一目的），以市场的管理工作、市场基础投入、培训导购、终端建设、卖场活性化、现场促销、市场研究等为手段，以市场的和睦健康发展为结果，长期效果显著。

1. 销售型激励的主要类型

销售型激励主要包括以下几种：

（1）台阶返利：企业根据经销商实力，在分析经销商可能完成任务的基础上，合理安排渠道奖励额度的梯级。一般来说，台阶返利要求营销人员对每个经销商的经营状况相当熟悉，这样设置的台阶才有吸引力，才不会使经销商轻松易得或难以达成。

（2）限期发货奖励：无论什么行业，经销商都喜欢在月末最后几天打款发货。企业可以设置限期发货奖励，比如月度任务完成得越早，奖励额度越高，如果是月末完成则没有奖励。

（3）销售竞赛：企业把经销商分成不同的层级或阵营，针对不同层级或阵营设置不同的奖励方式。

（4）福利奖励：与任务完成率或销售增长率挂钩，优胜者可享受企业组织的培训、旅游等福利。

（5）实物返利：在经销商进货时，企业按一定比例赠送实物。不过，在经销商参与实物返利的促销时，企业最好设置不同的台阶，因为不同的经销商实力差距较大。

（6）模糊返利：在经销商进货时，企业承诺给予现金或实物返利，但事先并不明确返利的具体形式和比例，到规定的期限后才公布，通常以季度或年度为期。由于未规定具体的返利比例，经销商不敢靠预先降价的方式来冲量，从而降低了窜货及扰乱市场的可能性；同时，有奖励的刺激可以促使经销商将重点放在做好市场基础工作和配合厂商推广上面，从而调动了其促销的积极性。

（7）滞货配额：当某产品滞销时，企业要求经销商在进畅销货时，必须同时进一定比例的滞销货，以维持企业的整体业绩。此方式只可在旺季使用，且时间要短、配额要小。

（8）新货配额：当有新产品上市时，企业要求经销商在经销老产品的同时，必须按规定的量进新产品，以促进新产品迅速上市。此方式的使用时机也应当是在老产品的销售旺季。

（9）阶段奖励（季度、年度奖励）：企业对完成年度销售目标的经销商给予现金或实物返利，最好不明确规定返利的具体比例；对表现出色的经销商提供现金、家电、汽车等重奖，在奖励的同时宣传成功经销商的业绩和推广模式，以刺激其他经销商。

案例：

某企业渠道激励政策

2. 营销型激励的主要类型

营销型激励主要包括以下几种：

（1）市场支持奖励金：将渠道奖励转变成给经销商的终端建设投入、区域广告投入或推广活动投入。

（2）终端建设及后期维护投入：终端活性化评比、终端建设质量评比、终端后期维护评比、导购激励等。

针对消费者的促销（企业将渠道费用投资于消费者）主要包括礼品促销、抽奖促销、以旧换新促销、会员促销、游戏促销、试用促销、积点促销、联合促销、降价促销、限期抢购促销等。

（六）进度安排

在选定了激励方式之后，下一步就要完善活动程序与进度安排，包括活动所需物品、礼品、宣传品等物件的准备时间、活动期限等。

如果是单纯的销售型渠道激励，则准备工作的环节较少，只要“定事、定人、定时、定考核”即可。如果是终端促销或渠道与终端联动的促销，还要包括促销备货、促销用品的样品展示、对重点商品进行重点展示调整、装饰品及POP安置、促销人员熟记促销政策、宣传措施等。

（七）投入产出分析

激励活动要对费用进行预算，即统计所有可预见的费用的总和，包括礼品费用、折扣费用、促销人员工资、宣传费用、活动费用等。

激励活动要对效果进行预测，比如短期的效果如何，长期的效果如何。

激励活动要对投入产出进行可行性分析。活动结束后，还要进行效果评估，例如：本次促销活动是否达到了预期的效果？达到（或未达到）的原因是什么？本次促销活动的经验和不足是什么？

范例

限期提货奖励与台阶返利捆绑

一、市场背景

9月，市场旺季态势初步形成，办事处销售任务较上月增长20%，能否顺利地完成销售任务，对经销商及业务团队在年底销售冲刺的信心将产生重大影响；8月进货时段的奖励政策对渠道良好进货习惯的形成有一定积极作用，但对客户超额完成任务基本无激励作用。

二、促销目的

巩固8月的激励效果，促进渠道成员养成良好的进货习惯；给予渠道成员进一步激励，加强对经销商资金向竞争产品分散的防御，保障办事处任务目标的达成。

三、促销对象

××办事处所属区域直供家居建材（或家电等）客户、家居产品代理商及代理商下线客户（代理商下线客户返利由代理商依此返利政策执行并与办事处同期兑现）。

四、促销时间

9月1日—9月30日。

五、促销主题

9月家居产品“进货时段奖励＋销量达成梯度返利”组合促销方案。

六、促销方式

1. 家居产品“进货时段奖励”（见表2-1）

表 2-1　进货时段奖励表

返利计算时间	任务完成率（x）	返利点数
9 月 1 日—9 月 15 日	$x \geqslant 50\%$	2%
9 月 16 日—9 月 25 日	$x \geqslant 90\%$	1%
9 月 26 日—9 月 30 日	$x \geqslant 100\%$	0.5%

说明：9 月 15 日、25 日、30 日为返利计算日，每次返利仅计算该时段销量，不可累加。

2. 家居产品“销量达成梯度返利”（见表 2-2）

表 2-2　销量达成梯度返利表

序号	返利梯度（家居产品销售额为 x）	返利点数
1	$x \geqslant 20$ 万元	2.5%
2	10 万元$\leqslant x <$20 万元	2.0%
3	5 万元$\leqslant x <$10 万元	1.5%
4	3 万元$\leqslant x <$5 万元	1.0%

3. 销售完成进度奖

在当月 20 日前月度任务完成率≥60%、月度完成率≥100%的情况下，追加月实际销售额的 1%作为返利。

七、活动费用预算和效果预测

预计销售额如表 2-3 所示。

表 2-3　预计销售额

时段	返利点数	预计销售额（万元）	占办事处销售比重	预计返利费用（万元）
9 月 1 日—9 月 15 日	2%	384.5	50%	7.69
9 月 16 日—9 月 25 日	1%	307.6	40%	3.08
9 月 26 日—9 月 30 日	0.5%	76.9	10%	0.38
合计		769		11.15

资料来源：盛斌子，吴小林，冯海．渠道激励：中国企业营销制胜的核心利器［M］．北京：企业管理出版社，2010.

五、渠道激励常用表格

范例

渠道激励申请表

填表日期：　　年　月　日

一、市场背景分析

1. 行业及竞争对手分析

2. 自身产品 SWOT 分析

二、激励目的

结合市场背景，预测此次活动要达到的效果。

续表

三、激励对象

例如：区域内的所有二代，或区域内的重点客户，或普通直营经销商。

四、激励时间

五、激励主题

六、激励方式

对于此次活动的具体操作方式，要求详细描述（也可以附单独的方案说明），说明要做什么、用什么策略、达到什么目的。

七、激励费用预算和销售预测

八、费用支出

九、现在是否有促销方案在执行

十、备注

资料来源：盛斌子，吴小林，冯海．渠道激励：中国企业营销制胜的核心利器［M］．北京：企业管理出版社，2010.

学以致用

请你为一家企业或一款产品编写渠道激励申请表。（选择你感兴趣的行业，如家电、手机、食品、饮料、服装、汽车、日化品、农产品等。）

拓展知识

一、渠道激励典型问题分析

（一）针对性不强

测试题 2－1：

编写渠道激励方案

企业在进行渠道激励的时候，最容易犯的错误就是针对性不强。企业往往单纯地陷入发多少货、给多少返点奖励的传统思维当中，而不是在深入了解经销商的基本状况甚至每一个经销商的特性的基础上给出针对性强、目的明确的渠道激励措施。其实，渠道激励的本质还是为了解决销售当中存在的阶段性问题（促销是短期的、战术性工具，不可能解决企业销售中的所有问题）。比如，经销商要完成销售任务可能面临各种不同的问题：库存较多、老产品过多、新产品出样较差、终端陈列较差、零售绩效较差、终端价格混乱、经销商积极性低，还有某些品类的促销模式未结合该产品的流通特性等。总之，一定时间内在诸多问题中一定会存在一个或两个主要矛盾，渠道激励的目的就是要有针对性地去解决这些主要矛盾，主要矛盾解决了，次要矛盾也会慢慢解决的。

（二）方法欠缺

渠道激励的最终目的一定是达成销售，这是毋庸置疑的。但是达成这个目的的手段可以丰富多样。当然，丰富多样不是渠道激励追求的根本，而是面对具体问题具体分析，针对不同的问题，提出不同的改进建议。手段单一与方法多样之间本无优劣之分，促销活动也是一样，真正的促销应当根据具体情况与面临的具体问题，提出具体的渠道激励方法。

很多经销商不用促销也可以完成销售任务（促销未起作用），或者即使做促销（促销方式方法不当），对经销商意义也不大。促销的丰富多样是建立在所要解决的主要问题的基础上的。比如，针对库存较多、老产品过多、新产品出样较差、终端陈列较差、零售绩效较差、终端价格混乱、经销商积极性低、经销商观念落后等情况，均有不同的解决方法与手段。

（三）可操作性较差

虽然发现了市场或渠道上面临的问题，也提出了有针对性的解决办法，但很多时候，渠道激励方案可操作性一般，比如规则过于复杂（经销商理解不了，或理解了不易执行），或促销对象之间本身处于信息不透明状态（参赛选手不在同一赛场，不知道对手的进度），或返利轻松易得，或返利不管如何努力都达不到，或游戏规则不公平，或规则的可信度较差等。这就要求企业在制定渠道激励方案、设计台阶返利时，详细了解区域内每一个经销商的经营现状，根据经销商的经营现状，包括库存、过往销售业绩等，确定台阶返利的额度、比例与每一级销售台阶的标准值，使经销商努力之后有希望兑现奖励，而不是有些轻松易得，有些费尽心力也拿不到。

（四）经销商抵触

制造商在制定渠道激励方案时，较为普遍的现象是经销商对渠道激励政策并不认可，抵触情绪较为严重。造成这种现象的原因是多方面的，终极原因或许与经销商和制造商之间既存在合作关系又存在竞争关系有关。因为制造商与经销商之间虽然有合作，但也有竞争的因素存在。制造商与经销商都面对共同的消费者，都希望从消费者身上获取最大化利益。制造商希望经销商薄利多销，经销商希望自己每次交易利润最大化；制造商希望增加经销商的库存，以便转移自己的库存风险与资金风险，经销商则反之。由于存在彼此在利益上的冲突，制造商在设计渠道激励方案的时候会不自觉地为自己考虑，缺乏双赢的思维，因此，渠道激励政策一出台，就不可避免地遭到经销商的抵制。

不可否认的是，在这个“渠道为王，终端制胜”的时代，渠道也是制造商宝贵的资源。因此，制造商在设计渠道激励方案时，别忘了与经销商之间应该是双赢的关系。所以，在前期筹划渠道激励方案的时候，制造商应收集经销商与业务员的建议，发现市场上亟待解决的主要问题，然后制定有针对性的促销方案。促销方案通过后，制造商应及时做好与经销商的沟通与协调工作。

（五）周期过长或频率过快

一般来讲，无论何种形式的促销，均有两个明显的特征：一是时效性，即周期限制，一般以 3 个月为限（特殊情况例外），企业有些渠道激励方案会做成跨度半年甚至全年的，因此时效性不明显；二是战术性，即注重的是具体的对象、具体的内容、具体的时间、具体的责任人、具体的执行步骤，而不是停留在策略层面、理念层面。

渠道激励的周期过长，就会失去促销的灵活性，就不能适应不断变化的市场，不能抵御竞争对手的偷袭。同时，经销商也会觉得促销来日方长，难以有积极性。反之，有些制造商的渠道激励过于频繁，令经销商眼花缭乱，容易让经销商失去积极性与敏感度，对促销的热情下降。同时，过多的促销会让经销商认为渠道激励的政策本身是属于经销商的，一旦不做促销了，销售也就停止了。因此很多业务员常说的一句话就是“促销促销，不促不销，有促有销”，一语道出了渠道激励的优势与局限。

（六）渠道激励集中在发货高峰期

很多行业的一个普遍现象是：经销商进货喜欢安排在月末的最后 5 天，制造商最后 5 天的发货量往往占到其整月发货量的 40%～70%。这就导致了以下现象：经销商由于月底进货，暂时无法完成销售任务，或者勉强为了完成进货任务而听信制造商的话拿些滞销品，造成不良库存；在销售旺季，因经销商之间争抢主销产品而造成制造商产能供应不上。因此，制造商的渠道激励方案最好能结合发货周期，合理避开发货高峰期，避免将经销商进货的高峰期放在月底。这样，经销商进货时，不仅能满足自己进货的品类要求，也便于制造商安排生产。

二、渠道激励的三个方向

渠道激励应把握好以下三个方向。

（一）销售型激励与营销型激励有机结合

真正的营销高手总是根据市场的实际情况活用二者。在市场良性发展的情况下，当以完成任务、增大经销商库存为主要目的时，制造商一般会倾向于选择销售型激励。而当市场基础较差，任务压力不大，经销商库存又较大时，制造商一般会选择营销型激励。但商场如战场，变化与不可测因素较多，制造商对营销人员的要求往往是既要完成任务，又要市场良性发展。所以真正的营销高手在设计渠道激励方案时往往是将销售型激励与营销型激励捆绑在一起。至于二者之间谁主谁次、孰轻孰重，那就看当时的市场环境了，没有一定的量化指标。

（二）结合新产品推广进行促销

在新产品推广的过程中，渠道激励作为一种有效的工具，对新产品的上市推广起着关键的作用。新产品上市可能在渠道上面临以下两个典型问题。

第一，经销商不愿进货，因为销售新产品是有风险的，一不小心就会滞销，占用经销商的资金与库存。因此，制造商新产品上市的第一个环节就是对经销商的说服教育工作。要使经销商进货，无非晓之以理、诱之以利。这个时候进行新产品推广，制造商往往会采取经销商新产品推荐会加销售返利的联动策略。

第二，新产品上市面临着有效的出样率与有效的网点覆盖率两个问题。有效的出样率能够保障单店绩效，有效的网点覆盖率能够保障新产品与目标消费者的接触率。因此，新产品渠道激励的政策可以从两方面入手，即通过政策激励分销商在终端网点的有效出样率及出样位置，通过政策激励代理商（批发商）保障新产品的网点覆盖率。

一般来说，制造商最主要的相对利润还是来源于新产品（特别是明星产品），不管是经销商还是制造商，经营新产品的利润总是远远高于经营老产品的利润。在新产品投放市场后，制造商可以制定相应的渠道奖励政策以打通渠道与终端的各个环节。例如：制定经销商或导购员新产品销售提成、竞赛、台阶返利、新产品销售贡献奖等；或者赠送畅销产品，即在经销商进货时，按一定比例赠送畅销产品，此目的在于利用经销商对一定时期内市面上畅销产品的关注，来带动新产品的销售，也使经销商能得到意外的收获。

（三）结合库存结构对老产品、滞销品进行促销

一般而言，制造商的新产品销售占比越高，制造商的相对利润空间越大，但制造商不可避免地都会有老产品与滞销品的存在。有老产品并不可怕，只要老产品还是畅销品就行。但滞销品的存在却占用制造商与经销商的资金与库存，削弱了制造商与经销商的竞争力。

以渠道激励消化老产品、滞销品而采取降价补差的方法是制造商常用的手段。其优点是能加速老产品、滞销品的消化，及时完成资金回笼，加速库存周转。但如果促销方案不合理，终端无法形成最终销售，无形中会增加经销商的库存，占用经销商的资金。

任务二　制定销售型渠道激励策略

学习目标

- **知识目标**

1. 了解销售型渠道激励的各种基本方法。
2. 掌握返利、销售竞赛等激励方法的理论知识和实践知识。
3. 能够为企业制定销售型渠道激励方案。

- **能力目标**

1. 能够设计一份企业返利计划书。

2. 能够拟定一份企业销售竞赛计划书。

● **素养目标**

培养良好的团队合作意识，养成遵纪守法、公平公正的职业品德。

基础知识

一、销售型渠道激励的方法

微课：

销售型渠道激励的基本方法

企业为了拉动渠道销售、获取更多的市场份额，常常会采取销售型渠道激励策略。一般来说，销售型渠道激励以完成销售额为唯一目的，以奖励返点为唯一手段，以增加经销商库存为最终结果，短期效果明显。

销售型渠道激励的方法主要有台阶返利、库存补差、销售竞赛、提货返点、限期提货奖励、实物促销、福利促销、会议促销等。

（一）台阶返利

台阶返利是指企业为达成销售目标，鼓励经销商进货，针对所在区域市场的经销商采取奖励额度随完成量增加而加速增加的激励形式。一般而言，累计提货额度越高，返利率越高。台阶返利促销可单独使用，也可与其他渠道激励方法结合使用，还可与渠道终端联动。

1. 台阶返利的时间选择

台阶返利一般选择在以下时间进行：元旦，春节，“3·15”消费者权益保护日，五一劳动节，中秋节，周六、周日，开业、试营业，周年庆、厂庆，全年（或半年）任务冲刺时，月末最后几天任务冲刺时，行业的销售旺季，新产品推广时。

2. 台阶返利的对象选择

台阶返利的对象以企业的代理商或核心经销商为主。

3. 台阶返利的典型组合方式

台阶返利的典型组合方式有：

（1）台阶返利与特价品（或老产品、滞销品）捆绑：企业把经销商将享受到的台阶返利用特价品（或老产品、滞销品）冲抵。这样既让经销商享受到了返点，也消化了企业的老产品、滞销品。

（2）台阶返利与畅销产品捆绑：企业把经销商将享受到的台阶返利用畅销产品冲抵。

（3）台阶返利与利润产品捆绑：企业把经销商将享受到的台阶返利用利润产品冲抵。

（4）台阶返利与实物捆绑：企业把经销商将享受到的台阶返利用实物冲抵。实物可根据不同经销商的需求而不同，小至广告物料、传真机，大至笔记本电脑、轿车等。

（5）台阶返利与福利促销捆绑：企业把经销商将享受到的台阶返利用福利促销的形式冲抵，如旅游、出国考察、培训、学习等。

（6）台阶返利与终端促销捆绑：企业把经销商将享受到的台阶返利用对应等级的终端促销的形式冲抵，使渠道资源变成市场资源。终端促销的方式多种多样，如新产品推广、终端标准化、导购员奖励金、区域广告投入、联合促销推广等。

4. 台阶返利的优缺点

台阶返利的优点：短期内能快速达成销售额目标。一般而言，经销商提货的积极性会随着返利率（返利率＝返利额÷提货额）的升高而提高。在经销商库存压力不大、多品牌经营的情况下，台阶返利能快速占用经销商库存，使其主推本企业品牌。

台阶返利的缺点：单纯的台阶返利对市场的长治久安不利。若经销商库存较大，则台阶返利对其吸引力不强。频繁的促销易引起经销商疲惫，造成不促不销、有促也未必销的局面。

5. 台阶返利的适用条件

台阶返利适合在短期内销售压力大、经销商库存吸纳能力强，且经销商对返利很看重的情况下使用，如在销售旺季鼓励经销商进货时，老产品或滞销品清仓时，提高明星产品销售占比时，等等。

学以致用

某公司针对经销商制定了双重返利机制：每月有返利，每年还有返利。返利政策如下：

一、月返利

1. 当月订货额达 1 万元，返月订货额的 2%；
2. 当月订货额达 2 万元，返月订货额的 3%；
3. 当月订货额达 5 万元，返月订货额的 10%。

二、年返利

1. 当年订货额累计达到 20 万元，返年度订货总额的 2%；
2. 当年订货额累计达到 50 万元，返年度订货总额的 5%。

请对以上政策进行利弊分析，并针对弊端给出相应的解决方法。

（二）库存补差

案例：

格兰仕开展全国“盘库补差”行动

库存补差是指企业为达成销售目标，优化库存结构，消化老产品或滞销品库存，针对经销商库存产品采取的渠道激励措施。

1. 库存补差的形式

一般来说，库存补差主要有两种形式：

一是政策补差，也就是说企业在相距很近的时间内，如果出现产品降价的政策，使得先进货的经销商比较吃亏，则将两次返利之间的差额补足给先进货的经销商。此形式主要用于推出新产品或快速消化库存产品，但要做好对经销商的说服和解释工作，获得其理解和支持，否则容易引起经销商的不满，影响后期工作的开展。

二是消库补差，也就是为了尽快消化库存，要求经销商对库存产品采取返利政策，库存产品消化以后再向经销商补足返利的差额。实施时要协助经销商制定促销政策，并督促其执行。

2. 库存补差的典型组合方式

库存补差的典型组合方式有：

（1）库存补差与特价品（或老产品、滞销品）捆绑。

（2）库存补差与畅销产品捆绑。

（3）库存补差与利润产品捆绑。

（4）库存补差与终端促销捆绑。

有时，企业出于各种目的，综合评估各种要素，会将台阶返利与上述几种组合方式混合运用。

3. 库存补差的优缺点

库存补差的优点：短期内能加速优化库存结构，为新产品上市扫清障碍。

库存补差的缺点：容易导致经销商虚报库存，而核实经销商老产品的数量与金额是一件很困难的事情，因为一般企业是无法完全掌握每个经销商的每个品类的进销存数据的。现今，虽然有些企业对经销商的产品有进销存的管理，但是缺乏科学有效的管理工具与持之以恒的执行力，所以效果并不理想。

4. 库存补差的适用条件

企业要了解市场与客户的库存现状，掌握经销商的库存数据，可以考虑以终端出货数据与进货数据作为补差的依据，明确参与促销的产品范围，注意总量与单品的协调关系。另外，企业要将信息及时发布给参与促销的经销商，做好经销商的宣导工作；促销活动结束后，及时整理资料，做好经销商的核销工作；对促销期间所进货物，除质量因素外，不允许经销商以滞销品名义退货；注意经销商为获取返利而采取的低价抛售及窜货行为。

（三）销售竞赛

销售竞赛是指企业为达成销售目标，鼓励经销商进货，根据市场的实际情况，将经销商分为不同的层级，针对不同的层级设定不同名次的奖励标准与奖励额度。

1. 销售竞赛的典型组合方式

销售竞赛的典型组合方式有：

（1）销售竞赛与特价品（或老产品、滞销品）捆绑。

（2）销售竞赛与畅销产品捆绑。

（3）销售竞赛与利润产品捆绑。
（4）销售竞赛与实物捆绑。
（5）销售竞赛与福利促销捆绑。
（6）销售竞赛与终端促销捆绑。

2. 销售竞赛的优缺点

销售竞赛的优点：短期内对于销售目标的达成有很大的益处，在经销商库存压力不大、多品牌经营的情况下，通过销售竞赛，能快速占用经销商库存，使之主推本企业品牌；此外，还能刺激经销商之间相互竞争。

销售竞赛的缺点：在经销商之间的销售信息不透明的情况下，参赛对象对获奖结果无法预知，故参与度不是很高；单纯的销售竞赛对市场的长期稳定发展不利；经销商若库存较多，则对其吸引力不强。

3. 销售竞赛的适用条件

销售竞赛适合在短期内销售压力大、经销商库存吸纳能力强，且经销商对返利很看重的情况下使用。

（四）提货返点

提货返点是指企业为达成销售目标，鼓励经销商进货，针对经销商采取的即提即返的渠道激励方式。

1. 提货返点的典型组合方式

提货返点的典型组合方式有：
（1）提货返点与特价产品（或老产品、滞销品）捆绑。
（2）提货返点与畅销产品捆绑。
（3）提货返点与利润产品捆绑。
（4）提货返点与实物捆绑。

2. 提货返点的优缺点

提货返点的优点：短期内对于销售目标的达成有益处，能使经销商感受到即时兑现的承诺。

提货返点的缺点：易造成经销商把返利资源转化成低价抛售行为，从而扰乱市场秩序。

3. 提货返点的适用条件

提货返点适合在短期内销售压力大、经销商库存吸纳能力强，且经销商对即时兑现返利很看重的情况下，以及市场基础较差，企业在经销商心中诚信度较弱（企业的返利机制使得返利兑现周期过长）的情况下使用。

（五）限期提货奖励

限期提货奖励是指企业为达成销售目标，合理避开月末（或年末）发货高峰期，减轻企业排产压力，针对经销商采取的奖励方式，即完成进度越快，奖励越多。

1. 限期提货奖励的典型组合方式

限期提货奖励的典型组合方式有：

（1）限期提货奖励与特价产品（或老产品、滞销品）捆绑。

（2）限期提货奖励与畅销产品捆绑。

（3）限期提货奖励与利润产品捆绑。

（4）限期提货奖励与实物捆绑。

（5）限期提货奖励与福利促销捆绑。

（6）限期提货奖励与终端促销捆绑。

2. 限期提货奖励的优缺点

限期提货奖励的优点：能提高经销商提前进货的积极性，合理避开发货的高峰期，减轻企业排产的压力。

限期提货奖励的缺点：若管理不当，易造成经销商为获取奖励而低价窜货；此外，如果经销商月初资金紧张与库存压力较大，则促销效果不明显。

3. 限期提货奖励的适用条件

限期提货奖励适合在旺季货源（尤其是畅销产品）紧张、企业产能不足、经销商缺货严重，以及月末（或年末）货源紧张的情况下使用。

（六）实物促销

实物促销是指企业为达成销售目标，针对经销商而采取的以实物奖励为主的促销方式。

1. 实物促销的典型组合方式

实物促销的典型组合方式有：

（1）实物促销与特价品（或老产品、滞销品）捆绑。

（2）实物促销与终端促销捆绑。

（3）实物促销采取台阶返利的形式。

2. 实物促销的优缺点

实物促销的优点：好的礼品能引起促销对象的兴趣，使之积极参与企业设计的促销活动。

实物促销的缺点：礼品的监控与管理难度较大，漏洞较多；有时促销礼品很难满足所有促销对象的需求；促销结束后，销售业绩一般会下滑。因此要注意，终端礼品最好能与产品特性联系起来，从而对产品的推广与品牌的塑造起到正面作用。促销礼品用于渠道激励前一定要做好经销商的意见征询工作，确保物有所值、物有所用。

（七）福利促销

福利促销是指企业为鼓舞经销商士气而采取的以福利激励为主的促销方式。

1. 福利促销的方式

福利促销的方式主要有旅游、培训、拓展等。

2. 福利促销的优缺点

福利促销的优点：鼓舞经销商士气，提升经销商的凝聚力与战斗力；寓教于乐的促销可以提升经销商的专业能力。

福利促销的缺点：短期内对销售提升的效果并不明显；单纯的娱乐对经销商能力提升的帮助不是很大；监控管理活动的难度大。

3. 福利促销的适用条件

福利促销适合在经销商士气低迷、人心涣散，经销商对企业的政策及理念理解不到位的情况下使用。

（八）会议促销

会议促销是指企业为贯彻自身的营销政策或思路、解决市场问题而采取的以集中讨论、讲座为主要手段的促销形式，包含培训、拓展等。

1. 会议促销的方式

会议促销的方式主要有抽奖战术、团购促销、促销礼包、现场抽奖等。

2. 会议促销的优缺点

会议促销的优点：有利于问题的集中反映、归纳、整理、解决，有利于企业营销政策或思路的有效传达，有利于团队凝聚力的提升。

会议促销的缺点：易流于形式，效果与预期不符。

3. 会议促销的适用条件

会议促销适合在企业集中传达自己的营销政策或思路，并对市场上遇到的一些问题或客户提出的建议进行归纳、整理，以及提升团队士气或能力的情况下使用。

二、返利政策的设计

微课：

返利政策的制定

企业常常会面临许多问题，例如：如何提升产品的竞争力，如何提高经销商的销量，如何促进经销商完成销售计划，如何提高新产品的销量，如何加速回款，如何让经销商转为专销商以提升其忠诚度，如何让经销商遵守市场秩序，等等。实践中，企业多采用返利形式奖励经销商来解决这些问题。因为企业和经销商的关系最重要的就是利益关系，对经销商来说，自身的利益是第一位的。在企业高返利的诱导下，经销商会尽一切努力把销量冲上去，争取拿下高的返利。企业如果把经销商的返利体系做好了，就会大大减轻销售的压力，并达到轻轻松松迅速提高销售额的目的。

（一）确定返利目的

1. 提高产品的竞争力

返利设置方法：使自己返利比率高于竞争对手的返利比率。

2. 提高经销商的销量

返利设置方法：依据销量的大小返利，销量越大，返利越高。这种方法在企业及其产品知名度不高、经销商分布密度不高时采用，可以促进经销商追求高销售额。但是，这种方法容易制造大户经销商，也容易产生窜货、大户吃小户的现象。

3. 促进经销商完成销售计划

返利设置方法：依据经销商完成销售计划的百分比进行返利。如某企业返利政策如下：经销商完成80%以下，无返利；完成80%～100%，返利5%；完成100%以上，返利7%。为使经销商每个月都有销售压力和动力，提高经销商的销量，企业必须给经销商制订月度销售计划，以便确定月度返利额度。

4. 培养新产品

返利设置方法：提高新产品的返利额度。如某企业返利政策如下：正常产品的返利为5%，新产品的返利为10%（新产品的定义为产品从上市当月起的连续6个月内）。另外，如果企业有一些利润高但销量不大的产品，以及库存积压品，也可以采用这种方法。

5. 加速经销商回款

返利设置方法：主要是鼓励经销商现款现货。如某企业返利政策如下：现款现货，返利5%；10天内付款，返利3%；30天内付款，返利1%；超过30天付款，无返利。

6. 引导经销商专销和专营

返利设置方法：鼓励经销商全心全意做一家企业的经销商。如某企业返利政策如下：一般经销商，返利3%；专营商，返利5%；专销商，返利7%。为尊重经销商的选择，企业要在合同上给予经销商选择经销类型的机会，由经销商自己决定是采用专销方式还是专营方式。

（二）确定返利时间

返利通常是滞后兑现的，故从兑现的时间来分，有以下几种：

1. 月返利

月返利是指企业根据经销商月度完成的销售情况，每个月给经销商兑现返利。月返利有利于对经销商进行及时激励，让经销商随时可以看到返利的诱惑。月返利也有一些不利因素，例如：对企业财务核算有比较高的要求；如果月返利金额较小，则对经销商的吸引力不会很大；有时还会导致市场出现大起大落、销售不稳的现象。

2. 季返利

季返利是指企业根据经销商季度完成的销售情况，每个季度给经销商兑现返利。季返利一般是在每一季度结束后的两个月内，由企业选择一定的奖励形式予以兑现。

3. 年返利

年返利是指企业根据经销商年度完成的销售情况，每年给经销商兑现返利。这种返利方法是对经销商完成当年销售任务的肯定和奖励。其兑现时间一般是在次年的第一季度内，由企业选择一定的奖励形式予以兑现。

4. 实时返利

实时返利是指企业根据经销商单次的提货金额，现场给经销商兑现返利。其优点是计算方便，缺点是影响市场价格。

（三）确定返利兑现方式

1. 明返利

明返利是指企业明确告知经销商在某个时间段内累计提货量对应的返点数量，对调动经销商的积极性有较大的作用。其缺点是，由于各经销商事前知道返利的额度，因此如果企业稍微控制不力，原来制定的价格体系很可能就会因此而瓦解。

2. 暗返利

暗返利是指企业不明确告知经销商，而是按照与经销商签订的合同条款，对经销商的回款给予不定额奖励。暗返利不公开、不透明，在实施过程中可以向那些诚信、优秀的经销商倾斜和侧重，比较公平。但是，经销商会根据上年自己和其他经销商的模糊奖励的额度，估计自己在下一个销售年度内的返利额度。

（四）确定返利奖励形式

1. 销量返利

这是指经销商在销售时段内（月、季、年）完成企业规定的销售额，按规定比例及时享受企业支付的返点。

2. 过程返利

为科学地设计返利系统，企业应根据过程管理的需要，综合考虑返利标准，既要重视销量激励，又要重视过程管理。这样既能帮助经销商提高销量，又能防止经销商的不规范运作。奖励范围可以涉及铺货率、售点活性化、全品项进货、安全库存、遵守区域销售、专销、积极配送和守约付款等。

（五）确定返利内容

1. 产品返利

产品返利应包含主销产品、辅销产品、新产品等不同的产品系列返利。企业通过对不同的产品线实现不同的返利标准，可以鼓励经销商积极销售非畅销产品，实现企业产品的均衡发展。如某企业设置的产品返利标准如下：珍品返利为2%，精品返利为1.5%，佳品返利为1%。

2. 物流配送补助

对于“物流配送商”型的经销商来说，产品的运输费用是经销商的主要费用开支，这些开支包括车辆折旧费、燃油费、过桥费、司机工资等。如果这些费用不能从产品返利中得到补偿，就会影响经销商销售这些产品的积极性，产品的销量就会下滑。因此，在返利系统中，设置“物流配送补助”项目，有利于经销商积极开展产品的铺市和分销工作。

3. 终端销售补助

终端销售补助主要是指对适合终端销售的产品的补助。终端销售环节主要是指需要进场费、陈列费、堆头费、DM费等各种名目费用的连锁超市、商场等。因此，应设置“终端销售补助”项目是为了将这些费用折合成返利给经销商，以补偿其所需要支付的费用。

4. 人员费用补贴

为支持经销商在当地开展工作，有些企业会为经销商在当地聘请销售人员。为了充分发挥企业对经销商在人员上的支持，经过经销商的申请和企业的审核，企业每月给予经销商所核定的人员工资作为人员支持的费用。

5. 地区差别补偿

由于产品在不同区域的市场基础不一样，产品知名度、美誉度也就不一样。有的区域市场基础好，产品销量自然高；有的区域市场基础差，产品销量自然低。同样的返利标准，显然对市场基础差的经销商是不公平的。公平起见，企业应设置“地区差别补偿”项目，以提高市场基础差的经销商的积极性。

6. 经销商团队福利

为把一定区域内如一盘散沙般的经销商组织起来，企业应组织经销商成立经销商行会、团队或互利会，并给予会员一定的返利作为会员福利，如给予经销商销售额的1%作为加入行会、团队或互利会的福利。

7. 专销或专营奖励

专销或专营奖励是经销商在合同期内，专门销售本企业的产品，不销售其他企业的产品；在合同结束后，企业根据经销商销量、市场占有情况及合作情况给予的奖励。在合同执行过程中，企业将检查经销商是否履行了专销或专营约定。专销或专营约定由经销商自愿确定，并以文字形式反映在合同中。

（六）确定返利兑现形式

返利不仅是一种激励手段，而且是一种控制工具，因为返利奖励常常不是当场兑现，而是滞后兑现的。换言之，经销商的部分利润是掌握在企业手中的。如果企业返利方法用得好，就可使返利成为一种管理、控制经销商的工具。

返利兑现的形式包括现金、产品和折扣。企业可根据自身情况选择兑现形式，以起到激励和控制的作用。

范例

月度渠道激励——进××吸顶大灯享受对应返利

一、市场背景

××办事处××××年3月—4月都没有进行相应的渠道激励，终端进货显得有些疲软。该办事处现有终端客户都在同时经营多个品牌，××吸顶大灯在终端没有成为绝对的主推。

通过市场调查及与区域主管的深入沟通，对××吸顶大灯进行如下促销，可以达到提高终端客户库存量、终端客户对××吸顶大灯进行主推的目的；同时，在经过两个月的无促销期后，本次渠道激励也会给终端客户的进货与销售增加活力。

二、促销目的

(1) 打破终端客户现有的库存结构，提高终端客户库存量；

(2) 提高终端客户对××吸顶大灯的销售积极性，促进××灯具的整套销售。

三、促销对象

××办事处所属区域内的所有专卖店、专卖区及普通终端。

四、促销时间

××××年×月×日—××××年×月×日。

五、促销主题

月度渠道激励——进××吸顶大灯享受对应返利。

六、促销方式

1. 对经销商的促销方式

对经销商的促销方式如表2-4所示。

表2-4　对经销商的促销方式

当月××吸顶大灯（功率大于66W，含66W）销售任务完成情况（设为A）	当月返利点数
1万元≤A<2万元	3%
2万元≤A<3万元	4%
3万元≤A<4万元	5%
4万元≤A<6万元	6%
6万元≤A	8%

2. 对代理商的促销方式

对代理商的促销方式如表2-5所示。

表2-5　对代理商的促销方式

当月××吸顶大灯（功率大于66W，含66W）销售任务完成情况（设为A）	当月返利点数
5万元≤A<10万元	3%
10万元≤A<30万元	5%
30万元≤A	6%

本活动只考核当月终端客户××吸顶大灯（功率大于66W，含66W）的进货量，不再考核单品；返利以货抵的形式在下月提货中兑现。

资料来源：盛斌子，吴小林，冯海．渠道激励：中国企业营销制胜的核心利器［M］．北京：企业管理出版社，2010.

范例

金科公司经销商返利系统设计

一、返利销量要求

由于不同市场的规模不一样，因此在制定返利销量要求时，对市场进行了分类，分为县、县级市、地级市及省会城市四类市场，并对不同的市场确定了返利销量要求，如县要求5 000元/月，县级市要求7 000元/月，地级市要求10 000元/月，省会城市要求30 000元/月。

二、返利时间设置

返利时间与销售目标要匹配，为了让经销商完成月度销售目标，就必须给予经销商完成目标的动力或压力，所以设计月返利和年返利时，以月返利为主，引导经销商关注每月的销售计划完成情况。

三、返利内容和方式

返利内容：佣金。

返利方式：将每月佣金划入各经销商的银行账户。

四、返利标准

返利标准要根据企业不同的产品系列来设计，因为不同的产品带给企业的利润不一样。利润高的产品返利要高些，利润低的产品返利要低些。另外，为了鼓励经销商一心一意地销售产品，还要设计专销奖励；为了便于经销商团队开展活动，还设置了行会费用。返利标准如表2-6所示。

表2-6 返利标准

项目	产品类型	流通产品		终端产品
	产品品类	2系	其他产品	牙刷
月返利	销量返利	2.0%	1.0%	3.0%
	专销返利	—	1.0%	1.0%
	人员支持	—	1.0%	1.0%
	行会费用	—	1.5%	1.5%
	月返利合计	2.0%	4.5%	6.5%
年返利	年返利合计	—	0.5%	2.5%
合计总返利		2.0%	5.0%	9.0%

五、返利说明

（1）本返利标准参考了行业竞品的返利标准。2010年保持与2009年总返利水平相当。

（2）专销奖励：指对只做本企业产品而不经销其他企业产品的经销商额外给予的奖励。

（3）人员支持：指企业给予一定的费用，用于经销商在当地招聘销售人员，以帮助经销商完成销售任务。

(4) 行会费用：指按照区域（如以省会为单位）组成经销商团队或行会，自选行会会长，这部分费用交给行会会长使用，用于组织活动、开会、旅游、处理经销商之间的窜货等事宜。

资料来源：梅明平．经销商管理［M］．2版．北京：电子工业出版社，2010.

学以致用

为了拉动渠道销量、获取更多的市场份额，请你任选一家你所熟悉的企业或一款你所熟悉的产品，为其制定一份返利激励策略的初步方案。

三、销售竞赛的设计

经销商与销售人员一样，同样需要定期获得达到某一目标的动力。在短期的销售竞赛中，获胜给予的奖励和认可能够提供直接的动力。

经销商销售竞赛的设计分为六大步骤：第一步，确定销售竞赛目标；第二步，确定优胜者奖励形式；第三步，制定销售竞赛规则；第四步，确定销售竞赛主题；第五步，制定销售竞赛费用预算；第六步，召开经销商动员和总结会议。

（一）确定销售竞赛目标

销售竞赛的目的是激励经销商完成具体的、短期的目标，还要与当前的市场环境和企业需求相协调。销售竞赛要求额外的、超乎寻常的努力，但持续时间不宜过长。

企业不应该无限制地期望经销商做出这种努力。在设计目标时，最重要的一点是禁止经销商的以下行为：在销售期间集中兜售从而影响赛前和赛后的销售额，存货过多、窜货、低价销售，等等。

下面介绍经销商常采用的销售竞赛目标及奖励达标者的办法，如表2-7所示：

表2-7　销售竞赛目标及奖励办法

销售竞赛目标	奖励办法
1. 增加销售额	a. 对销售额（或销售百分比）比过去（同期或上期）有所增加的经销商给予奖励 b. 附带奖品的两个定额：如果经销商达到第一个定额，将获得奖励；如果经销商达到第二个定额，其配偶将获得奖励（如旅游） c. 表现最好的经销商将获得最昂贵的奖品，表现略逊一筹的经销商得到的奖品也就略差一些
2. 增加淡季销售额	对在淡季期间达到销售定额者给予奖励。两个定额：第一个给经销商，第二个给其配偶（如旅游）
3. 促进滞销品的销售	对在销售滞销品方面得分最高的经销商给予奖励

续表

销售竞赛目标	奖励办法
4. 全品项销售	对在一定时期内保持所有产品销售最均衡纪录的经销商给予奖励
5. 销售新产品	a. 对在新产品销售中保持最佳纪录的经销商给予奖励 b. 对购买新产品的顾客达到定额的经销商给予奖励
6. 提高单位销售量	为单位销售量（以过去单位销售量为基础）之上的数量设置分值，对分值最高的经销商给予奖励
7. 刺激获得更多的订单	为每份订单设置分值，对分值最高的经销商给予奖励
8. 提高销售订单	a. 对达到要求的拜访（访问）和产品演示定额的经销商给予奖励 b. 对完成拜访（访问）最多或做产品演示最多的经销商给予奖励 c. 对达到另一定额的经销商给予附加奖励
9. 增加新客户（分销网点）	a. 对达到增加新客户定额的经销商给予奖励 b. 对增加新客户最多的经销商给予奖励 c. 为每位新增客户设定分值，对分值最高的经销商给予奖励
10. 获得潜在客户	为每一个新增的潜在客户设定奖励值，同时为在规定时期内每位成为真实客户的潜在客户设定附加分值
11. 激活没有联系的客户	a. 对重新激活最多老客户的经销商给予奖励 b. 对在从很少有联系的客户中产生最大销售量的经销商给予奖励
12. 使客户转向自己的品牌	对使以前采用竞争者产品的客户转而采用自己品牌产品的经销商给予奖励
13. 增加展示或拜访	对达到展示或拜访定额的经销商给予奖励
14. 鼓励经销商配合	对完全配合企业（政策制定者）的广告计划的经销商给予奖励
15. 强化培训	对培训结束后考核分数最高的经销商给予奖励

（二）确定优胜者奖励形式

尽管奖励形式有很多种，但是大体上可以分为五类：奖品、现金、赠券、商品和旅游。不管选择什么样的奖励，都要记住以下三点。第一，改变奖励形式。每个人不可能总是被同一件事情激励，不同奖励形式在不同的时间对不同的人有不同的效果。第二，选择让获胜者感觉自己像赢家的奖励。第三，别具一格的奖励通常具有强有力的激励效果。

（1）奖品。销售竞赛的奖品并不一定很昂贵，也可以是一些普通的物品，如奖状、锦旗、卡片等。

（2）现金。尽管人们普遍认为现金并不是竞技获胜的最好奖励，但是也有近一半的企业在销售竞赛中采用现金奖励。对收入不多的经销商而言，现金尤其受欢迎。

（3）赠券。赠券的优点在于能够让获胜者自由选择，其缺点在于很难起到激励作用。

（4）商品。同现金和旅游相比，商品奖励具有独特的魅力。每次获胜者看着该商品就会回忆起当初赢得该商品的情形，就会有一种成就感。

（5）旅游。旅游奖励具有特别的激励效用，因为从某种意义上说，这是从枯燥的工作中得以摆脱的最佳方式之一。旅游包括海外游、国内游、省内游、市内游，企业可根据经济实力和通过销售竞赛所获得的奖品的价值高低来确定旅游形式。

（三）制定销售竞赛规则

（1）确定销售竞赛的起止日期。一般而言，销售竞赛持续 2～6 周最有效。销售竞赛时间越长，相应的奖励也应越多。

（2）确定参赛对象、资格或条件。

（3）确定奖励标准。

（4）确定汇报和证实销售业绩的方式。

（5）确定奖品的颁发形式和时间。如果包括旅游，则需要确定旅游日期。

（四）确定销售竞赛主题

确定销售竞赛的主题非常重要，因为销售竞赛的主题决定了销售竞赛的气氛。具有良好气氛的销售竞赛主题应该符合以下条件：智慧的、激发想象力的、具有挑战性的、富有戏剧性的、能吸引注意力的、轻松活泼的、与销售目标相关的。

销售竞赛主题举例：罗马假日、神秘周末、伊甸园的向往等。

（五）制定销售竞赛费用预算

在为经销商销售竞赛制定预算的过程中，企业应明确以下问题：

（1）通过经销商竞赛想实现什么目标？

（2）从额外销量中应该产生多少正常利润？

（3）利润的百分之几用于销售竞赛？

（4）开展销售竞赛将会产生哪些费用？

（5）为了获得奖励，经销商是否应该达到指定的销售定额？如果是，实际上有多少经销商达到了销售定额？

（6）每位胜利者可以得到多少预期奖励？

（六）召开经销商动员和总结会议

（1）销售竞赛动员大会。经销商进行销售竞赛的准备工作做好之后，企业就可以召开经销商销售竞赛动员大会了，然后就是公布经销商目标完成情况。

（2）颁奖大会。销售竞赛结束后，企业应尽快举办庆功宴，宣布销售竞赛结束，颁发奖品。如果有旅游，还应安排饯行。

销售竞赛有助于激励经销商实现短期销售目标，激发其实现长期销售目标的热情。研究表明，销售竞赛平均能使总目标销售额提高 10％以上。最重要的是，大多数销售竞赛能够使经销商产生被认同感。

但是，销售竞赛也有缺点，其最大的缺点在于薄弱的管理。销售竞赛能够激励参与者尽自己最大的努力夺取胜利，如果有必要甚至不惜采用欺骗手段或违规手段，通过大量窜货和低价抛售等手段以达成目标。因此，在销售竞赛过程中，实施严密的监管和制定严格的获胜条件是必不可少的。

范例

岁末“锦上添花”渠道销售竞赛

一、渠道激励目标

(1) 提升旺季市场销量，圆满完成年度任务，为明年开局奠定良好的基础。

(2) 鼓舞经销商士气，创造良好的竞赛氛围。

(3) 按照二八原理，全国现有专卖店 1 100 家，其中 20%的专卖店销量将占到全部专卖店销量的 80%，其中二代与直供客户又是完成此次任务的中流砥柱。预计全国多数办事处年度任务完成率在 90%以上，因此针对其中前 200 家重要客户（二代与直供客户）的渠道激励，将对年终销量的提升具有锦上添花的作用。

二、竞赛时间

××××年 10 月 1 日至 12 月 31 日。

三、奖励方案

奖励方案一如表 2－8 所示：

表 2－8 奖励方案一

级别	数量	奖项	金额（万元）	小计（万元）
至尊奖	5	汽车＋电脑＋专题培训＋奖牌及获奖证书	10	50
钻石奖	15	汽车＋电脑＋专题培训＋奖牌及获奖证书	6	90
白金奖	30	（ ）＋专题培训＋奖牌及获奖证书	4	120
翡翠奖	50	（ ）＋专题培训＋奖牌及获奖证书	2.5	125
优秀奖	100	（ ）＋专题培训＋奖牌及获奖证书	0.5	50

奖励方案二如表 2－9 所示：

表 2－9 奖励方案二

培训课程	主讲	课时
××建材（或家电等）未来三年的经营战略	×总经理	半天
经销商的经营管理技巧	待定	一天

四、评奖办法

(1) 评奖指标：两个月销售额绝对值排名（权重为 50%），两个月任务完成率排名（权重为 30%），两个月销售额同比增长率排名（权重为 20%）。

(2) 评奖流程如表 2－10 所示。

表 2-10　评奖流程

流程	内容	推进时间	责任部门
1. 计划	总部将《“锦上添花”渠道激励方案》审批、签发至各大区总监处	9月18日	大区总监
2. 执行	大区总监将总部《“锦上添花”渠道激励方案》通知至具有参赛资格的各经销商	9月28日	大区总监
3. 申报	(1) 大区总监根据总部分配的各奖项数据，填写《“锦上添花”综合排名表》并发送至渠道管理部 (2) 随即上报上述经销商的年度业绩及任务完成情况，保证渠道管理部核查数据的真实性	1月10日	大区总监
4. 评估	(1) 渠道管理部汇总各地数据，核实各地数据的真实性与准确性，并将结果报呈营销中心总经理/总监 (2) 明确奖品品类、领奖办法及时间	次年1月15日	营销中心总经理/总监
5. 通知	将评估结果通知各省经销商	次年1月16日	渠道管理部
6. 颁奖	颁奖大会及年终总结大会	次年2月10日	渠道管理部
7. 总结	本次“锦上添花”活动总结报告	次年2月15日	渠道管理部

五、参赛条件

(1) 各大区获奖数量不得超过本大区分配的各奖项数量。

(2) 各省A类经销商，以及月销量不少于5万元的二代与直供客户。

(3) 年度总任务完成，10月至12月单月任务完成；各项单品完成率高于95%。

(4) 经销商销售数据统计时间为××××年10月1日至12月31日。

(5) 必须同时经营吸顶灯、节能灯、筒射灯、支架、浴霸、镜前灯六大系列产品且有产品标准展示。

(6) 活动期间发生乱价、窜货等行为的，取消参加活动资格并根据相关条款进行处罚。

(7) 活动期间不得有重大违法乱纪行为。

(8) 活动期间不得以滞销品名义申请退货。

(9) 各办事处不得以任何理由虚报、瞒报经销商销售数据，一经核实，从严处理。

资料来源：盛斌子，吴小林，冯海．渠道激励：中国企业营销制胜的核心利器 [M]．北京：企业管理出版社，2010.

学以致用

为了拉动渠道销售、获取更多的市场份额，企业也常常会采取销售竞赛的激励方式。请选择一家你熟悉的企业或一款你熟悉的产品，为其制订一份完整的企业销售竞赛计划书。

测试题 2－2：

制定销售型渠道激励

拓展知识

销售总监掌握一些小技巧，有利于制定的返利政策更加科学、合理。下面是销售总监应掌握的一些返利小技巧。

一、市场秩序越乱，返利间隔应越长

如果市场窜货严重，价格混乱，则可以通过滞后返利的方式让经销商有所顾忌。例如：对经销商 2 月的返利可以推迟到 5 月，以便确认经销商在 2 月是否有违规行为，如果有违规行为，则根据处罚规定，扣除 2 月的全部或部分返利。或者采用月结季返制，即按月度计算经销商的返利，但按季度发放经销商的返利。

二、返利周期越短，经销商压力越大

如果按月度计算返利，则经销商每月都有压力，每年就会有 12 次压力；而如果只按年度进行返利，则经销商每年才有 1 次压力。另外，如果经销商没有月度销售计划，如何按月度考核销售人员的业绩呢？销售人员应如何给经销商压力或动力呢？这些都是销售总监需要深思熟虑来解决的。

三、适当延长返利兑现时间

返利兑现时间越短，市场秩序越难控制。企业如果每个月都兑现返利，则会失去管控、制约经销商的手段，经销商没有了自律的基础，会逐渐导致市场价格混乱，窜货横行。

四、比竞争对手返利越高，经销商就越忠心

当经销商进行横向比较时，若发现所经销产品的企业的返利比率比其他的企业要高，则经销商会安心经营该企业的产品，以获得更多的返利。

任务三 制定营销型渠道激励策略

学习目标

- **知识目标**

1. 了解营销型渠道激励的各种基本方法。

2. 掌握新产品推广促销等激励形式的理论知识和实践知识。

3. 能够为企业制定营销型渠道激励方案。

● **能力目标**

能够设计一份新产品推广促销计划书，包括：

(1) 说明新产品推广渠道促销缘由。

(2) 确定新产品推广渠道促销目标。

(3) 选择新产品推广渠道促销产品。

(4) 确定新产品推广渠道促销时间。

(5) 确定新产品推广渠道促销主题。

(6) 确定新产品推广渠道促销策略。

(7) 确定促销进度以及任务分工。

(8) 编制新产品推广渠道促销费用预算。

● **素养目标**

培养良好的人际沟通、团队合作意识，融入创新精神，树立正确的价值观。

基础知识

微课：

营销型渠道激励的基本方法

一、营销型渠道激励的方法

在拉动渠道销售、提高市场份额的同时，营销型渠道激励更重要的是塑造品牌、提升品牌知名度。

营销型渠道激励主要有新产品推广促销、终端建设及后期维护奖励、市场支持奖励金、导购激励、小区推广、节假日及店庆促销、数据库促销等形式。

（一）新产品推广促销

新产品推广促销是指企业为提高市场竞争力、树立品牌形象、提高经营利润、达成销售目标，不断开发新产品上市而进行的各类推广促销活动。

1. 新产品推广促销的典型组合方式

(1) 新产品推广促销与台阶返利捆绑。

(2) 新产品推广促销与提货返点捆绑。

(3) 新产品推广促销与导购激励捆绑。

(4) 新产品推广促销与实物促销捆绑。

(5) 新产品推广促销与终端促销捆绑，包括终端标准化、导购员奖励金、区域广告投入、小区推广、联合促销推广、设计师奖励、现场秀等。

2. 新产品推广促销的优缺点

新产品推广促销的优点：能够提高新产品的市场竞争力，加快新产品上市的速度，快速完成资金回笼，提升品牌形象，增加企业利润。

新产品推广促销的缺点：涉及的部门较多，管理的流程较长，不易操作。

3. 新产品推广促销的适用条件

新产品推广促销的适用条件包括：新产品上市的时候，企业需要注意的是要明确新产品的上市时间安排，新产品上市的市场、渠道计划；新产品上市的招商会或订货会；新产品上市内部动员大会；小规模试销；新产品推广的主要卖点、推广策略；新产品推广手段组合（广告投入、物料制作、终端推广、现场促销、展示手段、导购培训、导购激励、新产品发布会、经销商会议、设计师推广、行业展会）。

另外，还应明确新产品上市推广的责任分工、新产品推广的保障体系、新产品上市的信息报表；关注新产品的排产与供应、新产品的进销存管理、新产品上市的后期管理、老产品的退市等问题。

（二）终端建设及后期维护奖励

终端建设及后期维护奖励是指企业采取一定的激励措施以保障终端建设质量，维护终端后期形象，促进终端的标准化与活性化，使终端成为企业形象输出的有效窗口，最终达成良好的销售业绩。终端奖励没有固定的方法，返利、实物、现金和通报表扬均可。奖励的对象可以是渠道客户、营销人员或导购员，但奖励的标准只能是终端建设与维护的好坏。

1. 终端建设及后期维护奖励的时间选择

终端建设及后期维护奖励的时间选择以市场淡季为主、旺季为辅。

2. 终端建设及后期维护奖励的典型组合方式

（1）终端建设及后期维护奖励金与台阶返利捆绑。

（2）终端建设及后期维护奖励金与销售竞赛捆绑。

（3）终端建设及后期维护奖励金与市场支持奖励金捆绑。

（4）终端建设及后期维护奖励金与新产品推广促销捆绑。

（5）终端建设及后期维护奖励金与导购激励捆绑等。

3. 终端建设及后期维护奖励的优缺点

终端建设及后期维护奖励的优点：能够保障终端建设质量，维护终端后期形象，促进终端的标准化与活性化。

终端建设及后期维护奖励的缺点：易造成企业的短期行为。

4. 终端建设及后期维护奖励的适用条件

终端建设及后期维护奖励的适用条件包括：企业的销售通过终端最终实现；终端建设质量对企业的零售业绩影响较大；企业终端工作的建设与维护效果不佳；企业一线销售人员对终端工作理解不深。

当然还需注意，企业事先要有标准化的终端建设图纸和终端活性化的标准，要有稳定的科学管理制度及流程，要有持续的培训、检查、评估、评比等活动。

案例：

三星笔记本电脑渠道拓展激励计划

（三）市场支持奖励金

为最终完成销售目标，保持市场持续、稳定、健康发展，企业可根据不同市场、不同经销商的特性，将渠道返利以市场支持奖励金的形式体现。市场支持奖励金是指以市场推广为主体、以市场基础工作为奖励方向的奖励方式，如广告赞助、推广赞助、导购赞助、终端费用赞助、培训赞助等。

1. 市场支持奖励金的典型组合方式

（1）市场支持奖励金与台阶返利捆绑，将获取的台阶返利用于市场方面的投入。

（2）市场支持奖励金与提货返点捆绑，将获取的台阶返利用于市场方面的投入。

（3）市场支持奖励金与限期提货返点捆绑，将获取的台阶返利用于市场方面的投入。

（4）市场支持奖励金与销售竞赛捆绑，将获取的台阶返利用于市场方面的投入。

2. 市场支持奖励金的优缺点

市场支持奖励金几乎可以与任何一种市场提升方式进行组合。其优点是能保持市场良性、健康发展；缺点是市场效果有时较为缓慢，短期内无法产生销售。

3. 市场支持奖励金的适用条件

市场支持奖励金的适用条件包括：市场竞争激烈，经销商库存较多，行业由销售导向转化为市场导向；企业短期内销售压力不大；企业的经营思路是保持市场的长治久安、健康持续发展。

需要注意的是，企业要了解市场的需求与经销商的需求，根据不同市场与经销商的特性，制订合理的区域市场推广计划。计划可分为短期（一年）计划与长期（三年）计划，最好多种形式组合使用，如广告赞助、推广赞助、导购赞助等。为保护经销商的积极性，市场推广赞助最好与经销商的销售完成率、重点工作执行情况挂钩。

（四）导购激励

导购激励是指企业通过奖励导购员的方式，以达成销售目标、提升销售业绩。

1. 导购激励的方式

导购激励的方式有销售提成、销售竞赛、团体活动、培训、业务拓展、通报表扬等。

2. 导购激励的优缺点

导购激励的优点：能最大限度地提升终端销售业绩，为企业终端管理、后期运营的标准化带来帮助。

导购激励的缺点：容易导致导购员离心离德，甚至因为竞争彼此间产生矛盾。

3. 导购激励的适用条件

导购激励的适用条件包括：经销商业绩不理想，库存较多，以至于终端销售也不理想；经销商主推品牌较多，导致终端销售无重点；行业终端竞争较为激烈；导购员能力一般，士气低迷。

需要注意的是，要做好导购员的日常管理工作，主要包括以下几方面：导购员的销售提成可以分产品进行派发，新产品、主推产品提成高，老产品、非主推产品提成低；导购员激励可分为基本工资、考核工资、奖金、提成、竞赛奖励、福利奖励几部分；注意精神奖励对导购员的激励作用；要有持续的导购培训；给导购员制定职业生涯规划。

（五）小区推广

小区推广是指针对新建商住楼盘的一系列策划、宣传，通过激励提升经销商的促销活动。一切能够吸引小区业主注意力从而达成购买行为的方式均可纳入小区推广范畴，如电梯广告、派送单页、DM 直邮、横幅或巨幅悬挂广告、交楼庆典秀、现场咨询、家饰课堂、免费设计、免费铺贴、有奖让利、买赠活动等。

小区推广能使企业与准消费者零距离接触，对于推广品牌、达成销售目标有直接的促进作用。但随着小区推广竞争的日趋激烈，小区推广的成本越来越高，并且小区业主委员会、物业管理人员、售楼处人员所设置的门槛也越来越高。

另外，业主对小区推广也日趋反感：一方面是业主对小区推广习以为常，被眼花缭乱的推广弄得“视觉疲劳”；另一方面是很多小区推广方式中存在不正当行为，侵犯了业主的隐私权，干扰了业主的正常生活，比如过多的单页入户、过多的虚假承诺、过多的电话骚扰等。

小区准住户是重要的潜在消费者，他们在拿房后开始关注建材（或家电等）产品，会广泛搜集相关信息，寻求亲朋好友及左邻右舍的意见。经销商此时在小区开展宣传促销，正好满足了目标消费者的需求，再配合以人性化的促销手段，更容易得到消费者的青睐。这种方式投入少、回报高，事半功倍，可以推广。

（六）节假日及店庆促销

节假日及店庆促销是指企业为提升终端销售业绩，由企业主导，在节假日销售旺季或店庆时机开展的针对经销商或消费者的促销活动。

1. 节假日及店庆促销的典型组合方式

（1）节假日及店庆促销与新产品推广相结合。

（2）节假日及店庆促销与老产品、特价品促销相结合。

（3）节假日及店庆促销与其他终端促销形式相结合。

（4）节假日及店庆促销与销售型渠道激励相结合。

2. 节假日及店庆促销的优缺点

节假日及店庆促销一般放在销售旺季，此时容易提升销售业绩。但节假日及店庆促销的适用条件较窄，持续时间有限。

（七）数据库促销

数据库促销是指企业通过消费者数据库资料的积累，开展各种促销活动，充分发挥消费者的口碑效应，建立产品的美誉度，进而拉动销售。

1. 数据库促销的优缺点

数据库促销能利用老顾客的口碑效应免费传播，达成销售行为，且老顾客回头率也高，推荐购买成交率高。但是，维系顾客关系需要持之以恒，失去老顾客却易如反掌。

2. 数据库促销的适用条件

数据库促销的适用条件是所有购买产品的顾客，特别是老顾客。

3. 数据库促销的注意事项

数据库促销的注意事项包括：建立老顾客的详细档案；进行持之以恒的沟通；及时做好老顾客的支持与服务工作；及时解决老顾客的产品投诉；必要时采取物质方式激励老顾客，如会员卡、积分、小礼品、贺卡、老顾客联谊会等；由导购员做好老顾客登记工作。

二、制定促销方案

为了提高销售额、增强竞争力，经销商必须开展促销活动，以适应本区域市场的要求。然而，经销商的素质参差不齐，促销能力差别很大，为了使经销商积极有效地开展促销活动，企业必须加以协助。尤其是新产品促销能力，是经销商必须具备的能力。因此，帮助经销商开展新产品促销，让经销商学会推广新产品，是企业的主要工作之一。

微课：

制定促进新产品销售的激励策略

好的促销政策可以促进销售，差的促销政策会使销售量下降，所以在制定促销政策时一定要考虑好以下几个方面。

（一）促销目的

很多人认为促销就是提高销售额，这种观点比较笼统且失之偏颇，不便于企业执行、考核。因此企业在制定促销政策时必须明确促销的目的：此次促销能够提高多少销售额，增加多少批发商，渗透多少终端售点，等等。

（二）促销力度

设计促销力度要考虑四点：第一，要考虑促销能否引起经销商的兴趣，只有能够吸引经销商参与，促销才有意义；第二，要考虑促销结束之后经销商的态度，是不是不促销就不进货；第三，要考虑该力度是否会引起窜货现象，可参照流通到周边的平均运输成本比重；

第四，要考虑成本的承受能力以及产品的利润水平，比如食品行业促销，一般将力度控制在5%以内，以防止窜货，而家电类资金密集型行业比重则更低一些，1%都是不小的力度。

（三）促销内容

促销内容要新颖，能够吸引人，可以是赠品、折扣、联合促销、累计奖励、刮刮卡、换购、抽奖等。渠道促销以数量折扣、价格折扣、赠品促销为主，目的是提高销量。

（四）促销时间

什么时间开始、什么时间结束要计划好，并让所有的客户知道。每个行业都有销售高峰期（旺季）和淡旺季规律，只有把握行业规律，才能在该促销时就促销，达到提高销量的目的。

（五）促销活动管理

促销活动在正常营销工作中占有很重要的位置，无论是企业统一组织、统一实施，还是分区组织、分区实施，从提交方案到审批、实施、考评、总结，都应当有一个程序，从而确保促销活动的过程控制，保证促销活动的执行效果。如果管理执行不到位，容易虎头蛇尾，影响活动效果，浪费促销资源。

（六）促销激励措施

企业对中间商的促销激励措施名目繁多，各不相同，但大致可以分为以下三类。

1. 对经销商进行的促销激励

对经销商进行的促销激励主要有以下几种形式：

（1）长期年度销售目标奖励。企业可以设定一个销售目标，如果经销商在规定的期限内达到了这个目标，就按约定的奖励给予兑现；也可设定多个等级的销售目标，其奖励额度也逐级递增，激励经销商向更高销售目标冲刺。经销商的奖励最好不要以现金或货物等方式出现，以避免出现低价倾销或窜货等扰乱市场的行为。

（2）短期阶段性促销奖励。这是指企业为提高某一阶段的销量或实现其他营销目标而开展的一些阶段性促销奖励。相对于长期目标奖励，短期促销更有诱惑力，更能激发经销商的积极性。例如：百事可乐公司经常开展此类促销活动，如“即日起到月末经销商进货25件赠1件”等。

（3）非销量目标促销奖励。除具有针对性的销量促销奖励外，开展如“产品专项经营奖励”“铺货奖励”“陈列竞赛”等一些营销目标奖励活动也是十分必要的。例如：华润啤酒公司、百事可乐公司的产品专项经营奖励，在一定程度上将竞争产品排挤在经销商的大门之外。

对经销商的促销必须注意两点：一是经销商为达到目标、取得额外利益，会采取低价倾销的方式，因此奖励额度不宜过大，同时避免奖励现金或同类产品；二是促销期间经销商大量囤货，一旦无力快速出货，待促销结束就会闲置一段时间才能进货，会出现销售休克现象。

2. 对二级批发商进行的促销激励

有实力的企业除了对一级批发商设计促销奖励外，还会对二级批发商进行短期的阶段性促销奖励，以提高产品的流通速度和分销能力。

3. 对终端售点进行的促销激励

除了鼓励批发商的经销积极性外，企业还应该激励零售商，提高其进货、销货的积极性，如提供一定的产品进场费、货架费、堆箱陈列费、POP张贴费、人员促销费、店庆赞助和年终返利等。为了吸引消费者的注意，还应借助售点服务人员、营业员的主动推荐和推销，以实现消费者购买的目的并扩大消费者的购买数量。

范例

××企业新产品推广促销计划书

一、促销缘由

(1) 2008年奥运会对我国来说是百年盛事，对企业来说是难得的商机。利用奥运会商机进行促销是2008年最有效、最直接、最经济的方法之一。如何利用奥运会商机进行渠道与终端的促销是摆在我们面前较为切实的问题。

(2) 目前，××品牌500元以上A类吸顶大灯的销量同比增长17％（公司家居产品同期平均增长率为32.4％），因此，此次针对500元以上A类吸顶大灯的促销，第一是提高销量，第二是带动××品牌全线产品的销售。

(3) 竞争品牌的举措：一些建材（或家电等）企业已开展了有影响力的推广或促销活动。竞争品牌已开始发力，部分产品终端成交价下调幅度在30％～50％。

(4) 半年任务冲刺需要强势渠道与终端拉动。

结论：结合2008年奥运会的主题与竞争品牌的行为，建议在渠道与终端开展“实物促销＋滞销品（小灯）赠送＋终端推广”的方式，通过诉求服务、产品性能、材质等提升产品的附加值，提高产品的性价比。

二、促销目标

(1) 家居吸顶灯品类100％完成任务，实现同比增长32.4％的销售目标。

(2) 参与促销的500元以上A类吸顶大灯销售同比增长25％。

三、促销产品

500元以上A类吸顶大灯。

说明：由于500元以上A类吸顶大灯在各地区的畅销程度不一样，因此在实际促销时，允许终端有一定程度的价格浮动（必须报公司备案）。

四、促销时间

渠道激励时间：4月7日—6月15日。

终端促销时间：4月20日—6月30日。

五、促销主题

奥运来，好运来，好礼来！

六、促销方式

1. 渠道激励方式

（1）方式一：参与促销的经销商购进指定型号促销吸顶大灯，按1∶1的比例配发电工箱。经销商、直供零售商由总部配送，从经销商提货的零售商则由经销商直接配送，办事处负责监督。

（2）方式二：办事处拿出2%～3%的返利针对上述型号灯具作为渠道激励（区域自愿原则，不做强制要求），以弥补经销商进行终端特价产品促销的损失。

（3）注意事项：

1）获得赠品的终端客户必须100%执行终端促销方案。

2）赠品不能用于指定型号之外的赠送，严禁人为截流资源、挪用礼品送人或占为己有的行为。

3）各办事处对客户获得赠品的数量要进行登记。

4）终端礼品发放要做好登记，以备公司抽查，并作为公司资料核销、评估办事处促销效果的依据之一。

5）促销活动期间不得以滞销品名义退货。

6）促销活动期间禁止有扰乱市场秩序的行为。

2. 终端促销方式

（1）惊喜一：单次购买促销吸顶大灯一款＋任意××品牌产品满800元至1 199元，送价值98.8元的电工箱一个＋价值50元的镜前灯一个。全国统一促销，必须执行（镜前灯费用由经销商承担）。

（2）惊喜二：单次购买促销吸顶大灯一款＋任意××品牌产品满1 200元至1 799元，送价值98.8元的电工箱一个＋价值218元的豪华护眼灯一个。全国统一促销，必须执行（护眼灯费用由经销商承担）。

（3）惊喜三：单次购买两款促销吸顶大灯＋××品牌其他产品满1 800元以上者，可同时享受惊喜一和惊喜二。注意：如果消费者所购金额在1 800元以上，但仅购买了促销吸顶大灯一款＋××品牌其他产品，则仅限享受惊喜二。全国统一促销，必须执行（加送产品费用由经销商承担）。

（4）注意事项：

1）终端促销活动必须参加，如果办事处有异议，必须以充分理由说明并拿出区域可行的终端促销方案。

2）及时做好对各级经销商、业务人员与终端导购人员的培训工作，使其及时领会促销的精神。

3）本促销方案适用于家庭用户零售购买，项目销售不享受终端促销的奖励。

4）活动期间必须执行统一的零售价格。

5）做好顾客姓名、电话、地址的登记，公司将抽查礼品的赠送情况。

6）做好终端促销的信息发布，除终端布置外，建议户外推广、小区推广也做好促销信息的发布。新的楼盘可以考虑促销单张入户。

7）××公司拥有对本次促销活动的最终解释权。

3. 终端包装

终端包装情况如表 2-11 所示。

表 2-11　终端包装情况

物料	布置位置	提供方法
专用海报	店门口最醒目处并排张贴 3 张	总部
促销标贴	促销产品包装	总部
单张	资料架或货架	总部
横幅	终端入口处，户外推广现场	办事处按总部设计稿制作
堆头	店内产品堆头	办事处根据实际情况提供

注意事项：

(1) 海报原则上每店最少张贴三张，同时在办事处自身的终端推广或户外推广中至少张贴两张。

(2) 所有参与促销的产品都必须贴上促销标签。

(3) 促销单张数量较多，可充分保障本次试点促销的供应，内含产品信息、企业信息、促销信息。办事处务必结合自身区域的实际情况，在新楼盘交付、现场演出等时机大量派发。

(4) 保障参与活动的每个终端至少悬挂一条横幅，有条件的办事处在户外推广、蓝海行动或小区推广中也可悬挂横幅。

(5) 促销堆头呈金字塔形，由总部提供照片，经销商务必按公司要求将之堆放于店内显眼位置，便于消费者及时知晓促销信息。

(6) 终端执行力与执行效果是评估各省促销效果的重要参考指标。

4. 户外推广

(1) 为了营造良好的促销氛围，办事处应结合区域的实际情况，开展多层次的户外推广活动。

(2) 在所有的户外推广（蓝海行动）中须融入本次终端促销信息（海报、单张、横幅、说辞）。

(3) 每个办事处每月开展的户外推广活动不得少于 25 场。

七、促销进度以及任务分工

此部分内容略。

八、预算

(1) 费用合计（略）。

(2) 费用来源：办事处 2008 年渠道激励费用。

资料来源：盛斌子，吴小林，冯海．渠道激励：中国企业营销制胜的核心利器［M］．北京：企业管理出版社，2010.

学以致用

张先生是一家饮料公司的销售经理，近一段时间以来，很多经销商纷纷向公司提出返利要求。因为公司之前担心给经销商返利可能会导致市场乱价等不良后果，所以没有给过经销商任何返利。如今，公司老总经过多方考虑，愿意给经销商提供一定的返利，并要求张经理近期内制定出相应的返利政策。假设你是张经理，请你针对公司的情况，结合销售型和营销型渠道激励策略，制定出合适的返利政策。

拓展知识

一、渠道促销实施的战略行为

测试题 2-3：

制定营销型渠道激励

实施高水平的促销活动可以帮助企业实现一系列战略销售行为，例如：消化企业库存积压品、推广新产品、控制产品销售结构、阻击竞争产品、开发新市场，等等。

（一）消化企业库存积压品的促销

企业可以通过设计促销大礼包，巧妙地把库存积压品包含进去；或者将库存积压品进行特价销售，但只有优秀的经销商才有资格获得这些特价产品；或者限量分配，将这些库存积压品按照一定的标准分配给经销商等。

（二）推广新产品的促销

推广新产品是一项非常重要的促销活动，需要高度重视。企业可以制定新产品促销的战略规划，分阶段实施。例如：初期可以将新产品样品与企业目前的畅销产品捆绑在一起，让消费者有机会试用，企业在派发新产品样品的阶段不要销售新产品；在销售新产品的起步阶段，可以采用混合包装的形式，即将新产品与畅销产品装在一个包装箱内，并用较优惠的价格吸引经销商订购；当市场上有少量的新产品销售并获得了良好的反馈后，再对新产品进行促销。通过以上循序渐进的组合促销活动，企业可以有效地实现新产品销售额的突破。

（三）控制产品销售结构的促销

控制产品销售结构是保证企业实现盈利目标的主要方法。不同产品的盈利水平不一样，而经销商总喜欢销售那些对企业而言利润微薄的产品。为了控制这种局面，实现销售利润目标，企业需要设计产品混合包装箱、产品促销大礼包等，强制性地让经销商实现全品项销售。另外，企业可结合不同产品的不同返利标准，引导经销商销售对企业而言利润高的产品。

（四）阻击竞争产品的促销

为了达到阻击竞争产品的效果，企业需要及时了解竞争产品的促销情况，并能做到快速反应，否则会失去阻击的意义。促销方法是让本企业产品的促销力度超过竞争产品的促销力度。

（五）开发新市场的促销

为了开发新市场，企业可以设计铺市促销计划，其重点是将本区域内其他品牌的畅销产品与本企业的产品捆绑，以销售给新区域市场的用户。通过这种方式，企业可以达到快速地开发新市场的目的。

二、企业提升经销商积极性的 8 个方法

（1）引导经销商获得最大的返利。
（2）每次拜访经销商必须为其培训一个专题。
（3）每季度与经销商核实一次账目。
（4）每月汇总本区域的销售经验并与经销商分享。
（5）每季度帮助经销商进行一次促销。
（6）反馈的问题在 48 小时内必须有结果。
（7）特殊节日必须问候经销商。
（8）对于表现优秀的经销商必须在 24 小时内给予奖励。

任务四　制定互联网营销推广方案

学习目标

● **知识目标**

1. 掌握活动推广的概念和类型。
2. 理解软文推广的概念和类型。
3. 理解 SEO 推广的概念。

● **能力目标**

1. 能够设计企业软文推广方案。
2. 能够设计互联网营销推广方案。

案例：

冰淇淋小众品牌逆袭之路

● **素养目标**

培养互联网创新思维，提高创新能力，弘扬时代精神。

基础知识

一、网络推广和网络营销的概念

微课：

网络推广的概念

网络推广是指基于互联网采取各种手段、方式进行宣传推广等活动，以达到提高品牌知名度的效果。

网络营销也称作网上营销或者电子营销，是指以现代营销理论为基础，借助网络、通信和数字媒体技术等实现营销目标的商务活动。

网络推广和网络营销都可以看作电子商务公司整体运营战略的组成部分，是建立在互联网基础上、借助互联网特性来实现一定运营目的的一种运营手段。二者之间既有联系又有区别，其区别如下：

（1）从目的来说：网络推广重在“推广”，主要是利用各种推广的方式、方法，让尽可能多的人了解产品信息；而重在“营销”的网络营销则更关注推广后产生的经济效益。

（2）从投入来说：网络推广相对投入少，较少的人力就能操作，如微博推广，推广人员只要将微博内容发布到相关微博上就可以了；而网络营销的投入比较大，通常需要团队合作来共同完成某项营销活动。

（3）从考核来说：网络推广主要考核具体的工作量，如微博推广需要考核微博的发布完成情况；而网络营销一般考核的是转换率或收益率，如在微博营销中，微博发布数量不是重点，重点是这些微博带来的实际经济效益。

（4）从执行来说：网络推广成功的关键是执行力；而网络营销则主要依靠创意和策略。

微课：

互联网营销推广的方式

二、互联网营销推广的方式

（一）活动推广

活动推广是指通过宣传策划和组织各种活动吸引用户关注，以达到宣传推广的目的。推广活动规模和投入可大可小，适用性强，对企业和个人皆适用。活动推广的效果和作用明显，可以提升用户满意度、增强用户黏性，带动业绩与品牌美誉度的增长。

策划组织推广活动，依托互联网可以省去很多烦琐的环节，活动可控性强。策划活动时要注意：活动回报率要高、活动门槛要低、活动趣味性要强、活动要具有可持续性，多邀请拥有渠道和影响力的合作单位。

活动推广形式多样，根据活动形式，可分为以下几种类型。

1. 评比类

此类活动在 IT 网站及媒体比较常见，如十佳软件、十佳媒体等。对企业而言，此类活动既能增加荣誉感，又能提升产品说服力；对媒体而言，此类活动既能提升品牌影响力和权威性，又能创造经济效益。

案例分析：

靠一只吉祥物卖了 1.6 个亿，它是怎么做到的？

2. 征集类

通过征集企业或产品名称、宣传语、Logo 设计等活动，扩大品牌和企业的知名度和影响力。

3. 游戏类

充满娱乐与趣味性的游戏本身就很吸引人，游戏类的活动同样能增加用户流量。

4. 公益类

公益类活动最大的效果在于树立企业的正面形象，增加美誉度，如网络募捐、公益培训和公益拍卖等。

5. 注册类

注册类活动最主要的目的就是增加用户注册量，搜集销售线索。用户注册后可参与丰厚大奖的抽奖活动，注册送积分、提高等级等；还有注册送礼活动，如成功介绍朋友注册，即送积分或代金券等。

6. 试用类

试用类活动特别适合产品的推广，特别是新产品的推广。在具体操作上，一般与相关网站等合作，因为这些网站通常都有专门的试用中心，可以借助该网站的人气和渠道来宣传产品。消费者对试用类活动比较关注，参与的积极性也比较高。图 2－1 为天猫美妆试用中心的页面。

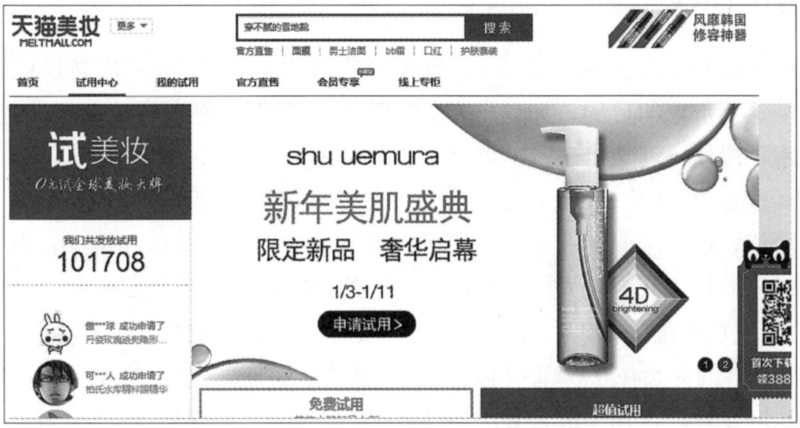

图 2－1　天猫美妆试用中心

7. 团购类

很多消费者喜欢网购的原因在于便宜，团购正是这一方式的体现。团购活动对商家来说能够增加知名度、提升销售业绩；对网站来说既能增加平台对用户的黏性，又能创收；对消费者来说可以尽享实惠。

8. 线下交流

除了上述的线上推广活动，还有传统的线下活动，它是互联网真正落地的体现。例如：聚餐、交流沙龙等活动方式，都可以增加用户之间的了解，拉近用户与商家的距离，增强用户黏性。

（二）软文推广

软文是相对于硬性广告而言的，是指由企业的市场策划人员或广告公司的文案人员负责撰写的“文字广告”。与硬性广告相比，软文的精妙之处就在于一个“软”字，好似绵里藏针，藏而不露，克敌于无形。等到你发现这是一篇软文的时候，你已经掉入了别人精心设计的“陷阱”。它追求的是一种春风化雨、润物无声的传播效果。

软文推广是一种很重要的营销推广方式，不仅因为其效果良好，更重要的是，它是微博营销、微信营销和论坛营销等众多营销手段的基础。

撰写软文时要注意以下几点：

（1）标题要有吸引力。让人眼前一亮的标题能快速吸引眼球，让人有兴趣点击进入查看。标题是软文营销成功的基础，但切忌“标题党”。

（2）以热门事件和流行词为话题，抓住时事要点构成内容框架。

（3）排版清晰，内容层次明显，利用小标题突出重点。

（4）广告内容自然融入，切勿生搬硬套，以免令人心生反感。

（5）通过关键词、加粗、链接或锚记指向内容。

（6）要持之以恒。软文的投放要持之以恒才能见效果，切勿“三天打鱼，两天晒网”。

（三）SEO（搜索引擎优化）

SEO（Search Engine Optimization，搜索引擎优化），是指通过提高目标网站在搜索引擎的排名来达到推广的目的。如一个美食类网站，当用户搜索与美食相关的关键词时，可以通过技术手段使该网站出现在结果页的前几名中。

介绍 SEO 还需要涉及 SEM（Search Engine Marketing，搜索引擎营销），它是一种新的网络销售形式，可以全面、有效地利用搜索引擎来进行网络营销和推广，有较高的性价比，能通过较小的投入获得较大的来自搜索引擎的访问量，并产生商业价值。

SEM 的 4 种手段包括 SEO、竞价排名、百度底层营销和站外优化。

SEM 与 SEO 的区别在于，SEO 包含于 SEM 中。由于 SEO 的性价比较高，效果立竿见影，因此认同度较高，几乎成为必用的网络推广手段之一。在了解搜索引擎规则前，我们先介绍搜索引擎追求的目标。搜索引擎是商业产品，目的是抢占市场，让用户使用企业的产品、认可企业的产品，爱上并习惯企业的产品，最终使企业实现盈利的目的。

让用户爱上搜索引擎的方式就是为他们提供良好的搜索体验，即为用户提供最精准的优质内容。围绕这一核心思想来设计搜索引擎规则和算法，即使不同搜索引擎的规则和算法有差异，核心理念也是相似的。搜索引擎规则和算法就是通过一系列的技术手段，模拟真实用户的评判标准来判断网站内容是否优质。

了解搜索引擎的商业本质和目的后，企业的网站就应该围绕“为用户提供最精准的优质内容”这一核心思想进行优化，围绕用户的感受和需求去建设。那些抱怨搜索引擎不稳定、网站收入下降、排名下降的网站一般都是为了优化而优化，甚至该网站纯粹是建给搜索引擎看的，一切优化调整都是根据搜索引擎的规则而设计的。这类网站一般没有有价值的内容，质量也较差，偶尔更新的文章还是“伪原创”。这类网站一般容易道听途说，听说搜索引擎对关键词密度有要求，就挖空心思研究网站的关键词密度；听说关键词外链能提升排名，就不停地增加外链。以这种心态和思想做出来的网站，用户会将其归为垃圾。搜索引擎为防止用户流失，一般不会推荐这种网站，因此企业不能用这种方式做 SEO。

(四) 新媒体营销

新媒体平台作为近年来快速崛起的行业之一，有时效强、涉及广、影响大的特点。新媒体营销推广平台主要有微博平台、微信平台、直播平台、视频平台、音频平台、问答平台、自媒体平台、论坛平台等类型。

下面对微博营销和微信营销分别进行介绍。

1. 微博营销

微博是一个基于用户关系信息分享、传播以及获取的平台，用户可以通过 Web、Wap 等各种客户端组建个人社区，以简短的文字更新信息，并实现即时分享。

微博营销推广是指个人或企业通过微博平台，为扩大影响、创造价值而实施的一种营销推广方式。

以新浪微博为例，微博营销可分为企业微博营销、名人微博营销、政府组织微博营销和微博专职营销等。

《2024 年微博用户发展报告》显示，截至 2024 年底，微博月活跃用户数达到 5.9 亿，日活跃用户数达到 2.6 亿。年轻用户群体（特别是 Z 世代和千禧一代）成为微博增长的主要动力。

（1）微博营销的特点。

1）立体化。企业可以通过多媒体技术手段，利用文字、图像和视频等形式对产品和服务进行描述，使潜在消费者能全方位直观地了解信息。

2）速度快。互联网传播的最大特点就是速度快，微博更甚。高热度微博在微博平台发布后短时间内通过转发、置顶等方式能迅速到达微博世界的各个角落。

3）便捷性。传统的推广传播需要通过严格的审批，时间、费用消耗较大，微博营销在这方面优于传统推广。企业发布文字和图片，通过微博小秘书审查即可发布。

4）广泛性。通过增加粉丝、@等形式进行广泛传播，若能使名人参与传播，则名人效应能使发布的内容呈几何级数传播。

5）互动性强。企业发布微博后，粉丝在微博下留言、私信或@等，企业能与粉丝即时沟通，及时获得粉丝的意见等反馈信息。

（2）服务商平台。

以新浪微博为例，2012年12月，新浪微博推出企业服务商平台，企业可以以微博为营销平台，定期更新微博内容，向受众（或粉丝）等潜在对象传播企业和产品、服务信息，树立良好的形象。

新浪微博企业版的服务商平台分为官方微博运营、活动营销、应用定制、数据分析、培训与咨询五部分。

1）微博运营。官方微博运营服务为企业提供全方位的服务，包括根据企业微博营销目的确定官方微博定位，制定微博营销策略、内容策略、形象策略和互动策略，为企业微博进行形象设计，页面装修，日常内容发布、更新，以及客户关系维护等。对企业官方微博的运营可以提升品牌知名度、品牌形象，传播企业的促销信息以及配合企业的市场活动等。

案例分析：

百草味“抱抱果”上市推广项目

2）活动营销。企业微博活动策划、执行及推广，为企业量身定制微博活动，加速实现营销目标。活动营销主要包括线上产品促销、体验，发起主题活动，激发网友关注、参与并转发等互动。活动营销方案的内容包含推广目的、推广方式、推广背景以及推广流程和推广结束后的效果展示。

3）应用定制。应用定制是指为企业量身开发定制个性化App（应用程序，现在一般指手机软件），满足微博企业客户的更多个性化需求。以App形式呈现，基于社交平台（Web端或移动终端），可调用好友资源等个人社交信息的应用程序及互动游戏，抓住了用户的兴趣点，使用户在自己的社交圈内传播，可以帮助企业实现营销目标。

4）数据分析。数据分析可以为企业提供专业的定制化研究报告、行业研究报告和微博运营数据分析服务，使企业更好地了解账号运营状况，评估运营效果，为企业微博的日常运营、话题传播、阶段性活动传播以及竞品分析等提供充足的数据支持及多角度分析，使企业的后续传播有据可依。

5）培训与咨询。专业的服务商为企业提供个性化的咨询服务，企业可以全面了解并参与微博运营训练课程。微博咨询包括定位策略、内容策略、互动策略、组织策略和危机策略五大方面。

以李宁体育用品有限公司（简称李宁公司）为例，李宁公司在新浪上推出了官方微博（见图2-2），以热爱运动的年轻人为主要受众，在官方微博的页面装修设计上以当前季节特性为主，彰显运动的不畏严寒，体现“练就更强的自己”这一营销主题。中间的头像是李宁公司的商标，微博背景图片是李宁公司当季的新款运动鞋和宣传海报。日常更新、发布的内容无论是结合时事的文字，还是诙谐幽默的图片，都紧紧围绕这一主题。李宁公司官方新浪微博的运营，对提升其品牌知名度、品牌形象，传播企业的信息起到了积极的作用。

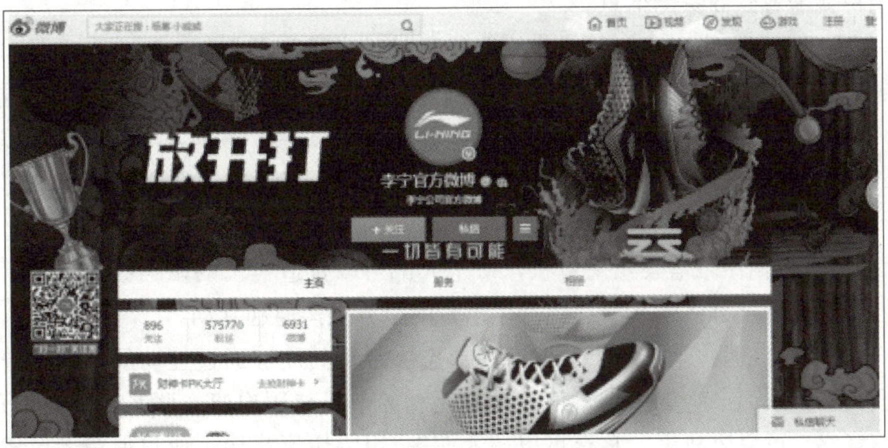

图 2－2　李宁公司官方微博界面

李宁公司在新媒体推广方面取得了显著成功，主要归功于以下策略：

- 社交媒体平台运用：李宁公司在微博、微信、抖音等平台开设官方账号，发布新品、活动等信息，扩大品牌影响力。
- 网红与明星代言：李宁公司与多位网红和明星合作，推出联名款运动鞋，成功打入特定市场。
- 短视频与直播营销：李宁公司利用短视频和直播平台进行产品展示，如“挑战 100 天穿李宁”活动，吸引消费者关注和购买。

用户互动与社群营销：李宁公司建立品牌社群，与消费者互动交流，了解需求，调整营销策略，鼓励用户分享穿搭体验，扩大影响力。

2. 微信营销

微课：

菲仕乐钻石锅“双 11”营销推广案例

微信是腾讯公司推出的提供免费即时通信服务的聊天软件，用户可以通过手机、平板电脑快速发送语音、视频、图片和文字。微信提供公众平台、朋友圈和消息推送等功能，用户可以通过多种方式添加好友和关注公众平台，还可以将内容分享给好友或将看到的精彩内容分享到朋友圈。

微信营销是网络经济时代企业或个人营销模式的一种。用户注册微信后，可与周围同样注册的人形成一种联系，用户订阅自己所需的信息，商家通过提供用户需要的信息，推广自己的产品，从而实现点对点的营销。

（1）微信营销的特点。

1）点对点精准营销：微信拥有庞大的用户群，借助移动终端、天然的社交和位置定位等优势，每个信息都是可以推送的，能够让每个个体都有机会接收到这个信息，继而帮助商家实现点对点精准营销。

2）位置签名：商家可以利用“用户签名档”这个免费的广告位为自己做宣传，附近的微信用户就能看到商家的信息。

3）二维码：用户可以通过扫描识别二维码身份来添加朋友、关注企业账号；企业则可以设定自己品牌的二维码，用折扣和优惠来吸引用户关注，开拓O2O的营销模式。

4）开放平台：通过微信开放平台，应用开发者可以接入第三方应用，还可以将应用的Logo放入微信附件栏，使用户可以方便地在会话中调用第三方应用进行内容选择与分享。

5）公众平台：在微信公众平台上，每个人都可以打造自己的微信公众账号，并在微信平台上实现和特定群体的文字、图片、语音的全方位沟通和互动。

6）强关系的机遇：微信的点对点产品形态决定了其能够通过互动的形式将普通关系发展成强关系，从而产生更大的价值。通过互动的形式与用户建立联系，互动就是聊天，可以解答疑惑、可以讲故事，甚至可以“卖萌”，用一切形式让企业与消费者形成朋友的关系，你不会相信陌生人，但是会信任你的朋友。

注意：微信营销所基于的强关系网络，如果不顾用户的感受，强行推送各种广告信息，会引来用户的反感。企业应该将微信作为品牌的根据地，要吸引更多人成为关注你的普通粉丝，再通过内容和沟通将普通粉丝转化为忠实粉丝，当粉丝认可了品牌后，他自然会成为你的顾客。

（2）微信公众平台。

微信公众平台是腾讯公司在微信的基础上新增的功能模块，通过这一平台，个人和企业都可以打造微信公众号，并实现和特定群体的文字、图片、语音的全方位沟通、互动。微信公众平台主要有素材管理、实时交流和消息发送。用户对自己的粉丝分组管理、实时交流都可以在该界面完成。

微信公众号主要使用者为名人、政府、媒体和企业等。企业注册微信公众号后，可以根据自己的定位，建立知识库，把某个定向领域的信息通过专业的知识管理手段整合起来，建成一个大家使用方便的知识检索库，同时将知识与最新的社会热点相结合，提供给目标客户，变成对目标客户的增值服务内容，提高目标客户的满意度和关注度。通过一对一的关注和推送，公众平台方可以向“粉丝”推送包括新闻资讯、产品消息、最新活动等消息，甚至能够完成包括咨询、客服等功能，将品牌及品牌信息推广给微信用户，既能减少宣传成本、提高品牌知名度，又能打造影响力和品牌形象。

以京东的微信公众号为例，京东商城中的闪购和团购等功能在京东的微信公众号中都可以找到，消费者无须打开电脑，只需进入京东微信公众号就可以进行购物。除此之外，京东微信公众号还会定期向消费者推送各种优惠活动（见图2-3）。

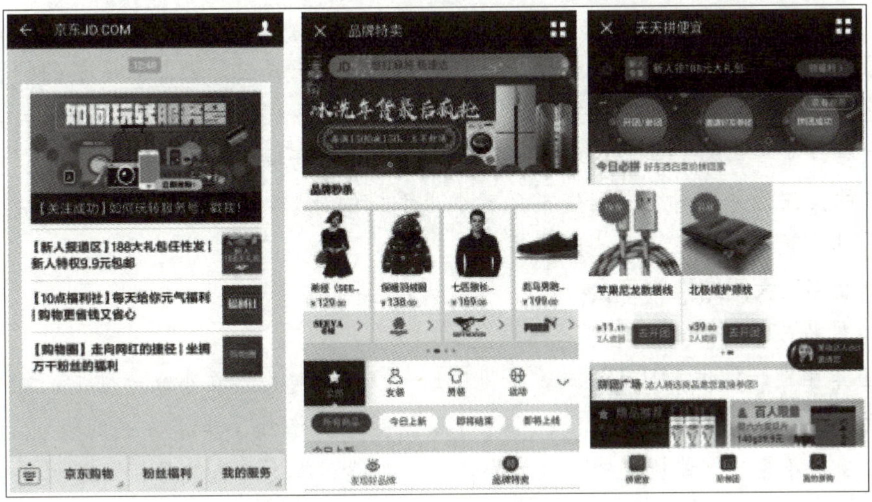

图 2-3　京东微信公众号的推送信息

范例　论坛、微博、微信三大网推平台如何制造小米“营销神话”

北京小米科技有限责任公司成立于 2010 年 3 月，是一家专注于智能硬件和电子产品研发的移动互联网公司。“为发烧而生”是小米的产品概念。小米手机，创造了国产手机品牌首日预订量超过 10 万台、两天内预订量超过 20 万台的纪录。而今天，小米是全球第四大、中国第二大手机制造商。小米手机能取得这样的成绩，网络营销、推广策略功不可没。

小米手机的网络营销方式主要有口碑营销、事件营销、饥饿营销等。

小米手机的网络推广模式，主要包含以下几个方面：

一、建立门户网站

小米官方网站通过网络将小米公司的良好形象、经营理念、公司资讯、产品信息及服务信息做出了全面的展示，通过及时有效的信息发布与客户互动，在客户心中树立起良好的企业形象，为取得更好的社会效益及经济效益打下了良好基础（见图 2-4）。

图 2-4　小米官方网站界面

二、信息发布

从小米公司内部和供应商爆料开始，到其关键信息正式公开，小米手机的神秘面纱被一点点掀开，引发了大量猜测，并迅速引爆成为网络的热门话题。此外，小米公司的创始人在北京召开了一场酷似苹果的小米手机发布会，这场高调宣传发布会取得了众媒体与手机发烧友的关注，并且网络上到处充斥着小米手机的身影，在各大 IT 产品网站上随处可见小米手机的新闻，拆机测评、比较等。

三、使用三大网络推广平台

1. 论坛推广

2011 年中期，凭借 MIUI 论坛，手机论坛迅速建立起来。在小米论坛上，有几个核心的技术板块：资源下载、新手入门、小米学院。后来又增加了生活方式的板块：酷玩帮、随手拍、爆米花等。这些板块的人气为小米手机后续实施的“饥饿营销”起到了极大的宣传推广作用。

和其他技术论坛不一样的是，小米论坛有一个强大的线下活动平台——“同城会”，覆盖了 31 个省、区、市。各同城会会自发搞活动。小米官方则每两周都会在不同的城市举办同城会，根据后台分析的某个城市的用户数量来决定同城会举办的顺序，在论坛上登出宣传帖后用户报名参加，每次活动邀请 30～50 名用户到现场与工程师做当面交流。

2. 微博推广

小米手机正式发布前，其团队充分发挥了社交媒体——微博的影响力。比如，在小米手机发布前，小米公司通过手机话题的小应用和微博用户互动，挖掘出小米手机包装盒“踩不坏”的卖点；产品发布后，小米公司又发起转发微博送小米手机的活动，以及分享图文并茂的小米手机评测等。在小米手机之前，小米公司创始人每天发微博的数量控制在两三条，但在小米手机发布前后，他不仅利用自己的微博高密度宣传手机，还频繁地参与新浪访谈，出席腾讯微论坛、极客公园等活动。此外，多位 IT 界名人出面在微博里为小米手机造势。作为 IT 界的名人，他们中的每一个人都拥有众多粉丝。因此，微博的营销功能被小米团队运用到了极致。

3. 微信推广

小米在微信上也是风生水起。通过事件营销、口碑营销等方式，小米公司在微信上线仅仅 4 个月，就积累了超过 100 万粉丝。除此之外，小米自己开发了微信操作后台，通过微信联系的米粉极大地提升了对小米的品牌忠诚度。

小米公司每周会举办一次开放购买活动，每次活动时会在官网上发布微信的推广链接，以及微信二维码。

据了解，通过官网发展粉丝效果也非常好，最多的时候一天可以发展 3 万～4 万名粉丝。

由此，小米也建立了一个粉丝矩阵，涵盖多个平台和多种类型的账号，如微博、微信、抖音、小米社区、小米官方旗舰店等。这几千万可到达、可精细化运营的粉丝，支撑了小米的营销神话。例如：2011 年 8 月 16 日发布小米手机百度指数当日飙升至 28 万；2011 年 9 月 5 日小米手机首轮预订 34 小时超过 30 万台；2011 年 12 月 18 日第一轮开放购买 3 小时售出 10 万台；2012 年 2 月 16 日小米手机电信版 2 天 92 万人参与抢购；2012 年 4 月 6 日米粉节 6 分 5 秒售出 10 万台小米手机。

学以致用

自选一家企业或一款产品，为其选择合适的互联网渠道进行产品的分销。在选择合适的互联网渠道成员分销后，假如新的互联网营销渠道并没有达到预期的效果（网络店铺无人问津、每日成交量很低），为了让更多的客户了解并购买产品，接下来请你为其制定相应的互联网营销推广方案。

拓展知识

测试题 2-4：

制定互联网营销推广方案

一、邮件营销

邮件营销（E-mail Marketing）是指通过电子邮件的方式向目标用户传递有价值信息的一种网络营销手段，也是利用电子邮件与客户进行商业交流的一种直销方式。邮件营销具有获得用户许可、通过电子邮件传递信息、信息对用户有价值三个基本要素，缺一不可。虽然邮件营销方式十分老套，但是在基数巨大的情况下，其效果还是比较明显的。不过，目前大多数企业只是用邮件来进行客户维护，对于客户开发则相对困难。

二、网络公关

网络公关（PRonline）是指利用互联网的高科技表达手段塑造企业形象，并为现代公共关系提供新的思维方式、策划思路和传播媒介。自 2001 年“中国公关网”开办以来，企业自身的公关网络如雨后春笋般出现，中国公关业有了自己的门户网站和宣传平台，能够以最快的速度交流企业信息。公共关系处理得当，对国家、企业以及个人都具有重大意义。

网络公关的主要形式有：

（一）网上新闻发布会

主要平台：综合性门户网站、行业性门户网站或新闻媒体的网络版以及网络出版物。

（二）论坛、专业社区网站

主要平台：综合性门户网站、行业性门户网站的专业论坛，以及专业社区网站和网络媒体开设的论坛。

（三）网上公关活动

与线下的公关活动相对应，网上公关活动主要是指企业在网络上开展或组织的公关活动。

主要平台：重要媒体网站、门户网站、SNS 以及论坛等。

巩固练习

一、名词解释

渠道激励　台阶返利　库存补差　销售竞赛　提货返点　限期提货返点　实物促销　福利促销　会议促销　市场支持奖励金　导购激励　小区推广　数据库促销　网络推广　网络营销　活动推广　软文推广　SEO　微博营销　微信营销

二、单项选择题

1. 销售型激励的手段是（　　）。

A. 培训导购　　B. 终端建设　　C. 市场研究　　D. 奖励返点

2. 经销商进货时，企业承诺给予现金或实物返利，但事先并不明确返利的具体形式和比例，到规定的期限后才公布，通常以季度或年度为期。这种激励方式属于（　　）。

A. 限期发货奖励　　B. 模糊返利　　C. 实物返利　　D. 阶段奖励

3. 当市场基础较差、销售任务压力不大、经销商库存又较大时，企业一般会选择（　　）激励模式。

A. 台阶返利　　B. 销售竞赛　　C. 销售型　　D. 营销型

4. 为了提高市场基础差的经销商的积极性，可以采取的激励方式是（　　）。

A. 产品返利　　B. 终端销售补助

C. 地区差别补偿　　D. 经销商团队福利

5. 以下激励方式属于销售型激励方式的是（　　）。

A. 库存补差　　B. 新产品推广促销

C. 导购激励　　D. 数据库促销

6. 新产品推广促销的优点是（　　）。

A. 保障终端建设质量

B. 提高新产品的市场竞争力，快速完成资金回笼

C. 能保持市场良性、健康发展

D. 促进终端的标准化与活性化

7. 关于网络推广和网络营销，下列说法错误的是（　　）。
A. 网络推广重在“推广”，而网络营销更关注通过推广后产生的经济效益
B. 网络推广相对投入大，网络营销的投入比较少
C. 网络推广主要考核具体的工作量，网络营销一般考核的是转换率或收益率
D. 网络推广成功的关键是执行力，网络营销则主要依靠创意和策略
8. 下列不是网络推广活动的是（　　）。
A. 评比类活动　B. 征集类活动　C. 沙龙活动　D. 试用类活动
9. 企业的市场策划人员或广告公司的文案人员撰写的“文字广告”被称为（　　）。
A. 软文　B. 活动推广　C. 微博营销　D. 微信营销

三、多项选择题

1. 渠道激励常见的目标有（　　）。
A. 销售完成率　B. 市场占有率　C. 库存结构　D. 同比增长率
2. 单纯的台阶返利的缺点有（　　）。
A. 短期内能快速完成销售额
B. 对市场的长治久安不利
C. 经销商库存较大，则台阶返利对其吸引力不强
D. 频繁的促销易引起经销商疲惫
3. 福利促销的方式主要有（　　）。
A. 旅游　B. 培训　C. 奖金　D. 拓展
4. 为了激励经销商增加客户，开发新的分销网点，可以采用的激励方法有（　　）。
A. 对重新激活最多老客户的经销商给予奖励
B. 对达到新客户定额的经销商给予奖励
C. 对增加客户最多的经销商给予奖励
D. 对达到展示或拜访定额的经销商给予奖励
5. 数据库促销的注意事项有（　　）。
A. 建立老顾客的详细档案　B. 及时解决老顾客的产品投诉
C. 必要时采取物质方式激励老顾客　D. 给导购员制定职业生涯规划
6. 返利兑现的方式有（　　）。
A. 现金　B. 培训　C. 产品　D. 折扣
7. 下列属于网络推广活动的有（　　）。
A. 公益类活动　B. 游戏类活动　C. 注册类活动　D. 团购类活动
8. 微博营销的特点包括（　　）。
A. 立体化　B. 速度快　C. 广泛性　D. 互动性强

四、简答题

1. 简述渠道激励的作用。

2. 简述营销型渠道激励的概念及激励方法。

3. 台阶返利的典型组合方式有哪些？

4. 台阶返利的优缺点是什么？

5. 销售竞赛的优缺点是什么？

6. 设计促销力度时，要考虑的因素有哪些？

7. 常见的网络推广活动有哪几种类型？

8. 新媒体营销推广平台有哪些？

五、论述题

1. 试论述返利政策设计的步骤和具体方法。

2. 试论述销售竞赛设计的步骤和内容。

六、分析题

1. 方总是某化妆品厂的营销总监，去年销售业绩还不错，今年准备大干一场。为了达到这一目标，方总出台了新的奖励政策，在去年的基础上进一步提高销量返利奖励金额。为此，方总制定了三个不同的年销量指标，即必保任务、争取任务和冲刺任务，完成的年销量指标越高，则年底返利的百分比越大，以此激励经销商多做销量。三项指标分别为必保任务 200 万元、争取任务 250 万元、冲刺任务 300 万元，返利比例分别为 1%、3%、5%。

问题：

（1）这一政策属于哪种返利政策？

（2）这一政策的优缺点是什么？容易导致什么结果？

（3）试论述解决窜货问题的对策。

2. 随着中国男士使用护肤品习惯的转变，越来越多的中国年轻男士护肤已从基本清洁开始发展为护理，美容的成熟消费意识也开始逐渐形成。

作为中国男士护肤品牌，“欧莱雅男士”期望进一步扩大在中国年轻男士群体的市场份额。为了打造产品的网络知名度，“欧莱雅男士”针对目标人群，同时开设了名为@型男成长营的微博和微信账号，开展了一轮单纯依靠社交网络和在线电子零售平台的网络营销活动，具体如下：

（1）在新浪微博上引发了针对男生使用欧莱雅男士 BB 霜（以下简称 BB 霜）的接受度的讨论，发现男士以及女士对于男士使用 BB 霜的接受度都大大超出人们的想象，为传播活动率先奠定了舆论基础。

（2）知名代言人发表属于他的“先型者”宣言：“我负责有型俊朗，黑管 BB 霜负责击退油光、毛孔、痘印，我是‘先型者’×××。”该代言人号召广大网民通过微博申请试用活动，发表属于自己的“先型者”宣言。微博营销产生了巨大的参与效应，更将微博参与者转化为品牌的主动传播者。

（3）在京东商城建立了欧莱雅男士 BB 霜首发专页，开展“占尽先机，万人先型”的首发抢购活动，设立了欧莱雅男士微博部长，为 BB 霜使用者提供一对一的专属定制服务。

另外，特别开通的微信专属平台，每天及时将从新品上市到使用教程、前后对比等信息通过微信推送给关注“欧莱雅男士”微信公众号的每一位用户。

该活动通过网络营销引发了在线热潮，两个月内，在没有任何传统电视广告投放的情况下，活动覆盖人群达到 3 500 万，共 307 107 位用户参与互动，仅来自新浪微博的统计，微博阅读量就达到 560 万。在整个微博试用活动中，一周内即有近 7 万名男性用户申请了试用，在线的预估销售库存在一周内即被销售一空。

问题：

（1）“欧莱雅男士”选择了哪种互联网渠道成员？

（2）为了打造产品的网络知名度，“欧莱雅男士”采取了哪些营销方式？除此之外，还有哪些互联网营销方式？

七、案例讨论

百事可乐公司在中国不同发展阶段的渠道激励管理策略

自 1994 年成立以来，四川百事可乐饮料有限公司（简称四川百事）每年的销售额都以平均 110%的速度在增长。然而，这样的发展速度却是建立在只生产三个品牌碳酸饮料——百事可乐、七喜、美年达的基础上实现的。四川百事也成为百事可乐公司在亚太地区最大的罐装厂。百事可乐产品通过 8 年的成功市场运作，到 2002 年底在四川省的市场占有率已高达 57.6%，成为全球范围内仅有的几个蓝色饮料市场份额超过红色饮料市场份额的品牌。百事可乐公司的市场运作如此成功，完全得益于其所创造的一套完善的渠道客户激励政策——折扣管理政策。现今，该政策已被众多饮料厂商效仿。以下是百事可乐公司自入驻中国以来，客户折扣率管理政策的变化情况。

一、市场导入期

1. 市场背景分析

1994 年底，百事可乐公司在四川省设立了罐装厂，这意味着百事可乐公司正式开始以厂商的身份在四川省拓展产品市场。

当时面对的是市场占有率极高的健力宝和可口可乐等强势品牌。健力宝在四川省已盘踞了 6 年，其销量稳居四川省碳酸饮料市场第一位。可口可乐在成都市也设有罐装厂。而且，批发商、零售店、消费者普遍认可这两种产品。

2. 激励目标

四川百事在此发展阶段的激励目标是迅速启动市场，吸引各级各类经销商快速加入自己的销售队伍。

3. 激励对象

各级各类经销商。

4. 激励策略

折扣采用季扣和年扣相结合的方式。季扣在每年第二季度的第一个月兑现；年扣在第二年第一个月兑现。折扣采用实物形式给予（按实际销量和品种分别计算折扣）。

（1）季扣。

一个季度累计销售数量达500件即可享受折扣：淡季为1—3月和10—12月，此阶段的扣率为2%；旺季为4—9月，此阶段的扣率为1%。

（2）年扣。

全年累计销售数量	扣率
3 001件～5 000件	1%
5 001件～10 000件	1.5%
10 001件～30 000件	2%
30 001件～40 000件	3%
40 001件～50 000件	4%
50 001件以上	5%

5. 激励效果

为了启动市场，四川百事所出台的折扣管理政策积极地鼓励各级各类经销商全面追求销量最大化。通过实施以上扣率政策，四川百事取得了以下效果：

（1）客户从少到多，销量从小到大，凡进入公司销售网络的客户均可得到丰厚的回报，且销量越大，回报越大。鼓励各级各类经销商利用自己所掌握的客户资源，将百事可乐产品无限量地送达消费终端，快速提升百事可乐的市场铺货率。

（2）当年即产生效果，既节约了通路成本，又快速提升了百事可乐系列产品的市场占有率。通过一年的打拼，百事可乐系列产品进入碳酸饮料品牌第一位。

二、市场成长期

1. 市场背景分析

进入1998年后，百事可乐产品在四川省逐步进入快速成长期，此时的产品需求多元化趋势明显。

2. 激励目标

为了更有效地稳定经销商客户网络、增强对市场变化反应的灵活性，百事可乐公司本着“求精不求多”的原则，对客户地域状况和经销商网络结构进行了优化，并及时制定了有针对性的折扣管理政策，且根据竞争对手——可口可乐公司政策的变化及时制定反击策略，以达到有效遏制其对经销商的拉拢和对终端售点的蚕食。

3. 激励对象

各级各类经销商。

4. 激励策略

折扣采用现扣、年扣和专卖奖励等方式发放。

（1）现扣：根据市场变化的实际情况，由公司阶段性地确定扣率，扣点根据当次进货数量当场兑现。

（2）年扣：根据全年累计的销售数量，按规定扣率折算后在第二年的第一个月兑现。回扣方法如表2-12所示。

表 2-12 回扣方法

产品	购货量	回扣标准
百事系列产品	10 000 箱～19 999 箱	0.50 元/箱
百事系列产品	20 000 箱～39 999 箱	1.00 元/箱
百事系列产品	40 000 箱～49 999 箱	1.50 元/箱
百事系列产品	50 000 箱及以上	2.00 元/箱

说明：1）以现金方式发放回扣总额，于第二年的第一个月兑现；
2）如遇特殊情况，产品的销售价格往下调整，本次进货数量不在回扣计划中，只计购货量，但不再享受回扣。

（3）专卖奖励：签订协议时，客户自愿在当年 12 月 31 日前，只销售本公司系列的碳酸饮料，自愿不再销售其他公司的碳酸饮料。其专卖奖励方式为：签订协议后的购货量×0.50 元/箱，以现金方式发放奖励总额，于第二年的第二个月兑现。

三、市场成熟期

1. 市场背景分析

进入 2000 年后，经过 5 年的市场运作，公司系列产品开始步入碳酸饮料市场的成熟期，其产品销售状况也和其他消费品一样，开始发生经销商大量窜货、低价抛售走量的现象。公司通过展开对各级各类经销商特性的分析和研究，结合目前自有产品在四川省日益成熟的市场特点，制定出一套较为完善的新的折扣管理政策。

2. 激励目标

四川百事在此发展阶段的激励目标是稳定价格、稳定市场，避免经销商恶性竞争，达到各经销商之间公平竞争，有序扩大销量。

3. 激励对象

各级各类经销商。

4. 激励策略

为了达到各经销商之间公平竞争、有序扩大销量的目的，公司将折扣管理政策细分为季度奖励、年终奖励、专卖奖励和下年度支持奖励四种方式，这四种方式皆在事后才告知经销商扣率。如果经销商在销售产品过程中因低价抛售而造成损失和风险，则公司不给予该经销商奖励。

（1）季度奖励：是对经销商前 3 个月销售情况的肯定，也是对经销商后 3 个月销售活动的支持。这样就促使公司和经销商在每个季度合作完成后，对前 3 个月合作的情况进行反思和总结，相互沟通，共同研究市场情况，且百事可乐公司在每季度后派销售主管对经销商业务代表进行培训指导，帮助经销商落实下一季度销量完成实施办法，增强相互之间的信任，兑现相互之间的承诺。公司规定季度奖励在每一季度结束后的两个月内按进货量的一定比重以产品形式给予。

（2）年终奖励：是对经销商当年完成销售情况的肯定和奖励。年终奖励在次年的第一季度按进货数的一定比例以产品形式给予。

(3) 专卖奖励：是经销商在合同期内，如碳酸饮料中专销百事可乐公司生产的百事可乐、七喜、美年达系列产品，在合同结束后，公司根据经销商销量、市场占有情况及与公司合作情况给予的奖励。在合同执行过程中，公司将检查经销商是否执行了专卖约定，专卖约定由经销商在签订合同之初自愿确定并以文字形式填写在合同文本上。

(4) 下年度支持奖励：是对当年合作完成销量目标，次年继续和公司合作且签订次年销售合同的经销商的支持。此奖励在经销商完成次年第一季度销量的前提下，在第二季度的第一个月以产品形式给予。

由上可知，四川百事为了在竞争激烈的碳酸饮料市场中稳定产品价格，确保经销商经销百事可乐产品有利可图，对折扣管理政策进行了全面细化和深化。为了更有效地激励和约束经销商，四川百事还在合同文本上规定每季度对经销商进行如下项目的考评：

1) 考评期经销商实际销量；

2) 经销商销售区域的市场占有率情况；

3) 经销商是否维护百事可乐产品销售市场及销售价格的稳定；

4) 经销商是否在碳酸饮料中专卖百事可乐系列产品；

5) 经销商是否执行厂商的销售政策及策略；

6) 季度奖励发放之前经销商必须落实下一季度的销量及实施办法。

以上考评项目，每季度根据对不同经销商每次考核评分的高低，确定不同标准的季度奖励、年终奖励、专卖奖励及下年度支持奖励。为防止销售部门弄虚作假，公司规定考评由市场部和计划部抽调人员组成联合小组不定期进行抽查，确保评分结果的准确性、真实性，做到真正奖励给那些和厂商共同维护市场和拓展市场的经销商。

资料来源：吴德华．百事：客户扣率管理经典剖析［EB/OL］．中国营销传播网，2003-5-16.

问题：

1. 什么是渠道激励？渠道激励的作用是什么？
2. 四川百事在市场导入期、成长期、成熟期的激励策略有何不同？
3. 四川百事不同时期的激励策略的优缺点分别是什么？
4. 渠道激励的策略还有哪些？

项目实训

1. 实训目的

本实训是对渠道激励和营销推广知识的应用，通过研究某企业渠道激励和推广策略，了解渠道激励的作用和方法，掌握营销推广的策略。

2. 实训内容

渠道激励是指制造商通过持续的激励措施，来刺激渠道成员，以激发其销售热情、提高销售效率的行为。渠道是企业获取核心竞争优势的重要因素之一，渠道激励贯穿于渠道管理的整个链条中，对渠道各个环节都具有重要的影响。请你选择一家企业，为其制定一份完整的渠道激励及营销推广策略。

要求：

（1）选择一家企业，进行渠道成员分析。

（2）确定合适的渠道激励策略。

（3）确定合适的营销推广方案。

项目三 管理渠道应收账款

项目意义

随着市场竞争的日益激烈，大多数企业都把销售置于第一位，而对于应收账款回款工作却不够重视。很多渠道销售人员仍然信奉“业绩第一”“市场占有率和铺货率第一”的观念，一味追求销量，很少考虑销售回款情况和利润情况。事实上，回款管理不力会导致企业生产经营资金被占用，企业资金周转速度降低，企业资金压力增大，企业利润削减，而且一旦形成坏账，就会直接影响企业经营业绩。因此，任何企业都应重视应收账款管理工作，坚持“回款才是硬道理”的理念，以降低企业的风险，保证企业正常运营、健康发展。

项目内容

企业为稳定和激励渠道，扩大销量，增加收入，不得不向渠道客户提供信用支持，从而导致了应收账款的发生。企业出现应收账款虽然不可避免，但通过严格的应收账款管理，还是可以把自身风险降到最低的。在本项目中，企业应收账款管理分为三个任务：制定应收账款管理制度、提高回款技巧和控制渠道新客户应收账款风险。企业应注重从事前、事中、事后全过程管理应收账款，以培养销售人员应收账款管理技能，提升企业应收账款管理水平。

项目成果

在完成项目学习之后，学生需要提交以下项目学习成果：

（1）一套应收账款管理制度（包括企业信用政策、应收账款跟踪分析体系和逾期应收账款控制体系）。

（2）一张电话催款常用话术表。

（3）一封应收账款催收信函。

（4）一份新客户信用评估方案。

（5）一份简要的销售合同。

引例

华凯公司筑三道“防火墙”控制应收账款风险

华凯公司是一家经营消费类电子产品的贸易公司，××××年的销售额近3亿元，在同行中名列前茅。在销售收入快速增长的同时，应收账款和财务风险也水涨船高。从当年下半年开始，公司强化了应收账款的管理，应收账款的平均收回期自第二年3月以来已经从原来的60多天下降到45天左右，比行业平均水平少了一个月左右。

一、应收账款控制势在必行

“公司客户主要分为三类，一类是传统的通信市场，一类是超市卖场，还有一类是网店。由于历史原因，传统通信市场和超市卖场大多采取先拿货后结账的方式，整个行业大都如此。”华凯公司财务经理李经理解释道。

李经理认为，3C类电子产品销售竞争越来越激烈，利润率逐年降低，很多渠道客户只能采取薄利多销的方式，靠走量来增加盈利。这一方面导致华凯公司的应收账款规模不断扩大，另一方面导致渠道客户拖欠货款的情况有所增加。在××××年前一年，公司应收账款占总销售额的22%，导致公司财务费用高涨，甚至出现了资金周转问题。对于贸易类公司而言，公司经营者只有强化应收账款管理，最大限度地降低坏账风险，企业才能健康发展。

二、三道防火墙控制风险

华凯公司虽然一直以来非常重视应收账款的风险控制，但处于一个快速发展的行业中，企业天然就有先做大规模、扩大影响的压力和动力。为了做大规模，华凯公司前期经营中侧重追求销售额的增长，导致应收账款风险不断加大。不过，从××××年开始，公司进一步强化了应收账款的风险控制，严格推行经过近三年摸索而形成的一整套信用管理体系，这套信用管理体系的核心就是客户评审制度。

1. 事前评估

公司的业务部在开发新客户的时候，必须对客户进行信用调查，在了解了潜在客户相关的信用资料并认为值得与其合作且风险在可控的范围内之后，才会进一步商谈合作的意向和合作的具体条款。然后通过公司规定的合同审批流程，各部门在明确的职责范围内对合同和客户进行综合评审。综合评审需要经过以下步骤：第一步，市场部将从收益的角度对合同的价格、毛利率等进行评估，如果认为没问题，市场部经理签字确认；第二步，财务部审查，主要是评估回款周期是否合理，如果没问题，由财务部经理签字确认；第三步，法务部审查，就是进行法律风险评估，主要审查合同条款有没有法律陷阱，是否公平，万一不能合作，退出风险和退出成本有多高，比如余款和货物怎么收等，这个环节如果没问题，由法务部经理签字确认后交给主管副总经理审查。副总经理和三个部门的经理组成合同管理委员会，四个人对于合同都有一票否决权，除非重新与客户沟通，争取调整相应条款以使公司的利益和风险得到最大的保障。

2. 事中评估

一般是在合同执行三四个月后进行，通过各部门组织的跨部门评估小组对该客户进行综合评估。对于因价格偏低导致毛利贡献不理想的客户，公司会一方面检讨成本控制是否有效，另一方面对于确实没有合理毛利贡献的客户，果断停止合作。在合同执行过程中，财务部根据客户的业务量和信用情况授予其一定的信用额度，并随时监控客户信用情况。如果应收账款达到规定额度而客户没有及时付款，就必须督促客户付款并停止向该客户提供物流服务。保险起见，在合同执行的过程中，财务部每周都会以内部催款通知书的形式，通知各销售人员其所负责的客户的欠款和信用状况，并提醒他们重点关注接近信用限度的客户的动态和经营状况。

3. 事后跟踪

在应收账款的管理上，公司内部考核规定了较高的坏账准备金提取率，以迫使经营人员和财务人员尽量防患于未然。按照华凯公司坏账管理制度，业务发生超过 4 个月尚未收回的应收账款就算逾期账款，需要提取 30%坏账准备金；逾期 6 个月的坏账准备金提取率高达 50%，也是最高的提取率；逾期 9 个月以上的就算是死账。如果公司出现逾期应收账款，财务部就会书面联系销售部，并报送分管副总经理，要求销售部尽快追款。

三、动态挑选优质客户

现在市场竞争异常激烈，一般都是买方占主导，但华凯公司这样做，其实就是筛选客户。华凯公司认为，企业存在的目的就是盈利和为股东带来最大的回报，当然应该挑选那些能为企业带来利润的客户。通过推行信用管理体系，华凯公司不断调整客户结构，放弃那些信用不好的客户或者比较小的客户，客户的总数已经由最高峰时的 500 家降到现在的 300 家左右，但这些客户都是比较优质的客户，实际上公司销售量还是持续增长的，尽管增长的幅度下降了。这样做的最大好处就是应收账款回笼的周期由原来的 60 多天缩短到 45 天左右，这就意味着占用资金的减少、利息和风险的降低，也就是利润的提高，公司的经营将更稳健，更具备持续发展的能力。公司认为，就算是买方市场，买方仍需要优秀的物流供应商为其服务，企业只要提高自身的竞争力，就可以提高与买方谈判的能力，在应收账款风险方面就会比较主动。

思考题：

1. 什么是应收账款？华凯公司为何要加强应收账款管理？

2. 华凯公司的应收账款控制分为事前、事中、事后三个阶段，每个阶段的控制重点分别是什么？

3. 华凯公司动态挑选客户这一做法的利弊有哪些？

任务一 制定应收账款管理制度

学习目标

● 知识目标

1. 了解应收账款产生的原因。
2. 能够制定应收账款管理制度。
3. 掌握优秀回款人员具备的素质。

● 能力目标

能够设计应收账款管理制度：

（1）收集原始资料，进行背景分析。

（2）制定企业信用政策。

（3）建立应收账款跟踪分析体系。

（4）设计逾期应收账款控制体系。

● 素养目标

培养严谨细致、爱岗敬业、实事求是的工作态度。

基础知识

一、应收账款的概念

应收账款是指企业销售产品或劳务而向客户收取的款项，形成应收账款的直接原因是赊销。企业尽管都希望能够实现现金交易，但有时为了增强市场竞争力、扩大市场占有率、减少存货、降低库存管理成本、增加收益等，不得不向客户提供赊销服务。应收账款实质上是企业为扩大销量而向客户提供的一种商业信用，与银行贷款有类似之处。不同的是，银行贷款以担保、抵押、客户信誉为基础，而应收账款是以产品或劳务交易为基础。严格来讲，赊销产品只有在应收账款被收回后，销售活动才算真正完成。

二、管理应收账款的意义

有人把现金流比喻成企业的“血液”，应收账款的收回则是保证企业“血液”充足的案例分析：

企业的两难困境

一个重要来源。渠道销售人员的工作重心不仅在于说服客户购买产品，更在于成交后通过应收账款管理及时收回货款。规范的应收账款管理，无论是对于企业利益还是对于渠道客户利益而言，都具有重要意义。

（一）有利于企业生产经营的顺利开展

规范应收账款管理可以提高回款率，减少应收账款，从而加快企业的资金周转率，确保企业各项生产经营可以按计划顺利开展；可以使企业有能力持续进行市场投入；还可以促使企业销售额和整体利润的不断增长，使企业发展进入良性循环。而如果应收账款不能及时收回，就会影响企业资金周转，进而影响企业其他正常的生产经营活动；一旦应收账款成为呆账、坏账，就会直接冲减企业利润。因此，渠道销售人员必须在销售过程中树立“利益导向”观念，严格执行应收账款管理制度，不要为达成表面成交量而忽视回款工作，给企业造成损失。

（二）有利于规范渠道销售管理工作

提升销量和及时回款是渠道销售管理的两项重要工作，缺一不可。如果渠道销售管理工作只追求业绩，而将企业发展动力——利润置于脑后，不考虑企业回款问题，忽略回款对企业的作用，就会导致销售管理成为纸上谈兵，同时也会使渠道销售人员放松对渠道客户的信用审核，为了个人销售业绩而盲目开发，对渠道客户缺少信用管理。这会导致应收账款失控，造成企业流动资金紧张，严重时会给企业带来巨大损失。因此，严格的应收账款管理对于渠道销售管理工作有重要的促进作用。

（三）有利于渠道客户长期利益的实现

虽然很多渠道客户都会争取更长时间的付款期限，甚至有一些客户逾期后仍然未付款，但从长期而言，及时付清货款对渠道客户利益的实现也是十分有利的，很少有客户能够依靠拖延付款而获得长期利益。因此，在与客户联系过程中，渠道销售人员应在适当的时机向客户传达及时付清货款对客户自身的种种益处。

1. 有利于客户建立良好的信誉度

如果客户在与企业合作过程中，始终能够坚持及时付清货款，那么该客户就能建立良好的信誉度。良好的信誉度的确立和传播，一方面使客户能够得到更大的信用额度以及更多的支持和协助，另一方面对客户自身市场的开拓也非常有利。如果客户经常拖延货款，不但会恶化与企业的关系，还会损害自身的品牌形象和信誉，这对客户今后的发展十分不利。

2. 有利于客户创造出更好的产品效益

客户及时付清货款后，就可以自由地利用已经完全属于自己的货物去创造效益，这会使客户的各项经营活动保持更高效的运转。如果客户不能及时付清货款，那么这些货物就可能被企业收回，或企业不愿继续及时配送，从而影响客户的正常经营。

3. 有利于客户在今后的采购中掌握更多的主动权

及时付清货款可以增强客户在与企业谈判过程中的筹码，使客户掌握更多的主动权。同时，及时付清货款有利于客户吸引更多的贸易合作伙伴，从而使自己在日后的采购过程中拥有更多的主动权和选择权，更容易获得企业的支持与配合。如果不及时付清货款，当客户急需货物和希望销售新产品种时，企业就会谨慎处理合作关系，导致客户处于被动局面。

（四）有利于企业与客户的长期合作

如果企业和渠道客户在先前的多次交易中总能够在回款问题上达成一致，那么在今后的销售过程中，双方就可以形成良好、互信的长期合作关系，并愿意在市场开拓、维护上投入更多资源，这对于双方长远利益的实现具有重要意义。而如果在以往交易中客户货款一直很难及时收回，那么企业与客户今后的合作就会非常困难。企业可能会减少供货及市场支持，甚至更换客户；而客户则因需求难以得到满足而导致销售受到影响。更重要的是，企业与客户的合作关系一旦遭到破坏，日后重建信任关系需要双方付出更大的努力。

总而言之，应收账款是企业生存、发展的要素之一，企业只有坚持“回款才是硬道理”的理念，严格、规范地开展应收账款回款工作，才能正常运营、健康发展，企业的风险也会降至最低。

三、应收账款产生的原因分析

（一）市场竞争激烈

市场竞争激烈是产生应收账款的主要原因。在竞争激烈的市场经济中，为扩大市场份额，企业不得不以各种手段扩大销量。除了依靠产品质量、价格、售后服务、广告等外，赊销也成为企业扩大销量的主要手段。赊销是企业常用的销售政策，其最大的问题就是应收账款有可能收不回来，存在一定的资金风险。

（二）渠道销售人员绩效考核不合理

部分企业为调动渠道销售人员的积极性，往往只将工资报酬与销售任务挂钩，而忽略了产生坏账的可能性，未将应收账款纳入考核体系。因此，渠道销售人员为了个人利益，只关心销售任务的完成，只管发货，不考虑回款，导致应收账款大幅度上升。同时，企业没有采取有效措施要求有关部门和经销人员全权负责追款，应收账款大量沉积下来，使企业背上了沉重的包袱。

（三）应收账款管理缺乏制度约束，责任不明

部分企业应收账款管理无规章制度可循，或者有章不循，形同虚设。财务部不及时与

销售部核对，未及时履行监督职能，销售与核算脱节，问题不能及时暴露。同时，对于应收账款的管理，责任不明确，财务部和销售部相互推诿，导致应收账款居高不下、账龄老化，却任其发展，无人问津。

（四）与客户对账不及时

由于经营过程中货物与资金流动在时间和空间上存在差异以及票据传递、记录等有产生误差的可能，因此经营过程中债权、债务双方就经济往来中的未了事项进行定期对账，可以明晰双方的权利和义务。然而，有的企业不及时与客户对账，或者即使对了账，但只是口头上的承诺，并没有形成合法而有效的对账依据。

（五）缺乏客户信用管理

部分企业在给予客户应收账款额度时，不是经过科学的调查分析后给予合理的额度，而是凭感觉和感情，任意放大额度，造成大量应收账款，增加了企业的经营风险。

四、制定应收账款信用政策

微课：

应收账款信用政策制定

对于企业来讲，应收账款的存在本身就是一个矛盾统一体：一方面，企业想借助它来促进销售，增加销售收入，增强竞争力；另一方面，企业又希望尽量避免由于应收账款的存在而给企业带来资金周转困难和坏账损失等问题。如何处理和解决好这一既对立又统一的问题，是企业应收账款管理的目标。很多企业应收账款管理不利，主要原因在于没有做好内部控制，缺乏相关制度建设。当然，有些企业虽然建立了回款内部控制体系，但是渠道销售人员对其不重视，也会导致回款不理想。

应收账款管理主要包括事前管理、事中管理和事后管理三个方面：事前管理主要是制定应收账款信用政策和评估渠道客户信用，事中管理主要是建立定期对账制度和应收账款跟踪制度，事后管理主要是建立逾期应收账款控制制度和坏账准备金制度。

据统计，实施事前（交货前）管理可以防范70%的拖欠风险；实施事中（交货后到合同货款到期前）管理可以避免35%的拖欠行为；实施事后（拖欠发生后）管理可以挽回41%的拖欠损失；实施全面控制可以减少80%的呆账和坏账。从统计资料可以看出，大部分风险是事前管理不当造成的。事前的应收账款风险控制管理工作相对简单，成本较低，效果也最好，所以企业应该把控制应收账款风险的工作重点放在事前管理上。

信用管理政策是企业销售部门向渠道客户发放信用的唯一依据。它包括信用额度、信用期限、鼓励积极回款政策、动态资信评审机制四部分。

（一）信用额度

信用额度是指未收回的应收账款余额的最高限额，超过该限额的应收账款为不可接受的风险。信用额度要根据企业所处的环境、业务经验及不同渠道的客户来确定。决定信用额度的关键因素有：付款历史、业务量、客户的偿还能力、订货周期及潜在的发展机会。

根据对渠道客户的信用调查情况进行资信评估，可以把客户划分为不同信用等级，然后按照不同信用等级确定信用额度。在评估等级时，可以采用以下方法：

第一种是三类九级制，即把企业的信用情况分为 AAA、AA、A、BBB、BB、B、CCC、CC、C 九个等级，其中 AAA 为最高等级，C 为最低等级。

第二种是三级制，即把企业的信用情况分为 AAA、AA、A 三个等级，其中 AAA 为最高等级，A 为最低等级。

例如：某企业渠道客户信用额度如表 3-1 所示。

表 3-1 某企业渠道客户信用额度

单位名称	信用等级	信用额度（元）
宏益贸易商行	AA	800 000
日盛百货有限公司	AAA	1 000 000
下沙华联超市	BBB	500 000
兴华商业有限公司	A	600 000
下城百货批发部	BB	400 000
嘉利商业有限公司	AAA	1 000 000

（二）信用期限

信用期限是指企业允许渠道客户从购货到付款之间的时间，或者说是企业给予渠道客户的付款期限。例如：某企业给予渠道客户信用期限为 45 天，则渠道客户可以在购货后 45 天内付款。信用期限过短，不足以吸引客户，会使企业丧失竞争优势；信用期限过长，企业所得利益会被增长的费用抵消，甚至造成利润减少。因此，企业在确定信用期限时应综合考虑企业内外情况。

例如：对于快速消费品而言，信用期限较短，一般为 15 天、30 天和 45 天，最多不超过 60 天；对于耐用品、工业品、资金量占用大的产品而言，信用期限会长一些，一般为 30 天、60 天、90 天和 120 天，最多不宜超过半年。总之，资金周转越快的产品和保质期越短的产品，其信用期限越短；资金周转越慢的产品和保质期越长的产品，其信用期限越长。

信用期限实施方式分为滚动式和限期式：滚动式是指交易按照约定账期逐笔结算；限期式是指双方约定定期结算，如月结、季结等。需要注意的是，由于滚动式结账容易出现偏差，因此个别经销商会利用这种方式拖欠货款。

另外，银行承兑汇票也是发放信用的一种方式，是银行担保的付款方式。这种信用方式在现在的经营活动中越来越常见。

（三）鼓励积极回款政策

为激励渠道客户及时付款，企业需要制定鼓励客户积极回款政策。通常的做法是采取现金折扣，即在渠道客户提前付款的情况下，企业对客户商品价格或货款金额给予一定程度的优惠。这样可以激励渠道客户为享受优惠而提前付款，从而缩短企业的平均收账期。

现金折扣常用的表示方式为：折扣/付款期限。例如：公司规定结算周期为 40 天，则 2/15 表示货到后 15 天内付款，可以享受总货款金额 2%的折扣；1.4/30 表示货到后 30 天内付款，可以享受总货款金额 1.4%的折扣；N/40 表示货到后 40 天内付款，不享受任何折扣。

当然，除现金折扣外，企业还可以通过返利、售后服务、促销费用等方式提供特别优惠，来刺激渠道客户的付款积极性，加快货款回笼。

（四）动态资信评审机制

要确保渠道客户应收账款有效收回，就必须建立动态的客户资信评审机制和账款跟踪管理体系，这样不仅能保障企业及时了解每个客户的资信走向，识别高价值、高资信的客户，还能确保渠道客户信用政策的实施更加合理、有效，更可以确保将坏账损失率降至最低，使渠道销售业务顺利、快速地开展。

对客户的信用管理要采取动态的管理办法，即每隔一段时间根据前期合作情况，对客户的信用情况做重新评定。客户资信评审不仅在选择新客户时才执行，对以往发放信用政策的老客户也要时时关注，因为客户的信用是不断变化的。

客户资信评审是个动态、长期的过程，账款追踪分析和账龄分析又是其中的重要环节。应做到月评、季检和年审，做好账款风险管理的预警工作，挖掘资信好、价值高的客户，给予其优惠的信用政策；剔除资信差、价值低的客户，或给予其更严格的账款期限。只有进行动态的客户资信评审和账款跟踪，才能将企业应收账款风险降至最低。

企业可以在销售结算系统中设立信用管理员，主要防止超额信用现象和超限信用现象的发生。对于超过信用期限的客户，信用管理员有权通知仓储部门拒绝发货。同时，信用管理员每天向财务主管汇报特殊信用情况，每月向财务部和销售部经理汇报应收账款情况。

最后需要强调的是，企业在实施信用政策前要进行严格的客户资信评估与信用调查，辨别资信良好的客户和资信较差的客户。分析、评估渠道客户的资信状况后，有的放矢地给予渠道客户信用额度、信用期限，只有这样才能确保企业应收账款发放的安全性。

五、建立应收账款跟踪管理制度

对于已经发生的应收账款，要加强日常管理，采取有力的措施进行分析、控制，及时发现问题，提前采取对策。为此，企业需要建立应收账款跟踪管理制度。应收账款跟踪管理制度主要包括制定定期对账制度和建立应收账款跟踪分析体系。

（一）定期对账制度

企业应制定一套规范的、定期的对账制度，避免与客户在财务上的差距像滚雪球一样越滚越大，最终导致出现呆账和坏账的现象；同时，对账之后要形成具有法律效力的文书，而不是口头承诺。建立定期对账制度，企业要对客户每月发出对账函，由业务人员到对方财务部门取得签章认可，以确保货款数额无差错。

（二）应收账款跟踪分析体系

应收账款的跟踪分析需要财务部和销售部的分工协作，具体来讲，包括以下几个方面的管理工作：

（1）做好基础记录，了解客户（包括子公司）付款的及时程度。基础记录工作包括企业对客户提供的信用条件、建立信用关系的日期、客户付款的时间、目前尚欠款数额以及客户信用等级变化等。企业只有掌握了这些信息，才能及时采取相应的对策。

（2）检查客户是否超出信用额度。对客户提供的每一笔赊销业务，都要检查是否有超过信用期限的记录，并注意检验客户所欠债务总额是否突破了信用额度。

（3）掌握客户已过信用期限的债务，密切监控客户已到期债务的增减动态，以便及时与客户联系，提醒其尽快付款。

（4）分析应收账款周转率和平均收账期，看流动资金是否处于正常水平。企业可通过该项指标，与以前实际、现在计划及同行业相比，借以评价应收账款管理中的成绩与不足，并修改信用条件。

（5）考察拒付状况。考察应收账款被拒付的百分比，即坏账损失率，以决定企业信用政策是否应改变。如果实际坏账损失率大于或低于预计坏账损失率，那么企业必须判断信用标准是否过于严格或宽松，从而决定是否修正信用标准。

（6）编制账龄分析表，检查应收账款的实际占用天数。企业对应收账款的监督，可通过编制账龄分析表进行，据此了解有多少欠款尚在信用期内，有多少欠款已超过信用期，计算出超过信用期不同天数的款项各占多少百分比，估计有多少欠款会造成坏账，如果有大部分已超期，应检查其信用政策。

六、建立逾期应收账款控制制度

即使建立了完善的应收账款监控体系，也不能保证不会发生逾期应收账款，这主要有两个方面的原因：一是监控体系的制定不合理，监控体系未得到有效执行；二是市场经济的瞬息万变随时有可能导致债务人财务状况恶化而无力偿还到期债务。因此，对于逾期应收账款，企业应制定相应的管理制度。逾期应收账款一旦出现，企业需要按照制度采取积极措施催讨，避免使之成为呆账、坏账。

通常情况下，对于未按期收回的逾期应收账款，财务部、销售部和信用管理部要合力进行审核，以确定其是否为坏账。

（1）对于未形成坏账的逾期应收账款，财务部应及时发出催款函，并由销售人员通过电话或上门进行催款；信用管理部应对逾期回款客户进行信用评估，适当减少该客户的信用额度、期限和现金折扣政策等，并做好监督工作。

（2）对于已形成坏账的逾期应收账款，企业应对造成坏账的原因进行调查，明确相关责任人、责任部门，做出相应的处罚，并进行备案。同时，信用管理部要取消形成坏账的客户信用额度，终止与其的交易。

对于大额逾期应收账款，企业应组织专门的应收账款清收小组进行催讨。清收小组成员主要由销售部、财务部、信用管理部和法律部人员组成，清收小组的组织管理工作要注意以下几个方面：1）原款项经办人、部门领导或单位负责人应为该项应收账款的当然责任人，参加清收小组，在清收小组负责人的调配下参加工作；2）清收小组成员按客户分工，并分解落实清理收回目标任务；3）严格考核，奖罚分明，提高催讨人员的工作积极性。

七、建立坏账准备金制度

无论企业的应收账款收回政策制定得多么完善，落实得多么彻底，在市场经济条件下，坏账损失仍然是无法避免的。有的是因为债务人发生重大自然灾害，有的是因为债务人破产，有的是因为债务人涉及诉讼或死亡等，这些都会导致应收账款的部分或全部无法收回。为应对这些风险，按照财务谨慎性原则要求，企业应根据应收账款预期的程度或应收账款的总额，合理地估计坏账风险，并建立坏账准备金制度。当发生坏账时，企业可以用提取的坏账准备金冲抵坏账损失。

范例

A公司应收账款管理方案

为了防止公司的大量货款滞留在销售渠道中，及时收回所发生的销售款项，避免公司出现经营困难，最大限度地降低经营风险，公司销售部特制定了以下应收账款管理方案。各营销下属机构、分公司等应以此方案为指导，及时收回销售款项。

一、预防拖欠款的发生

各销售单位、分公司要重视货款的收回工作，防患于未然。具体的预防措施包括客户信用评定、约定预付款等。

1. 客户信用评定

（1）收集客户资料。对客户的信用情况进行评定，销售人员要收集与客户相关的各方面资料，包括客户的基本情况、资产状况、经营能力等。在实际收集资料的过程中，销售人员可使用下面的表单（见表3-2、表3-3和表3-4），汇总客户的各方面信息。

表 3-2　客户基本情况调查表

公司名称		公司成立日期	
公司地址	省　　市　　县（区）　　路　　号（邮编：　　　　）		
法人代表		法人代表联系方式	
公司以往经营情况			
公司以往付款情况			
主要销售人员情况			

表 3-3　客户资产状况调查表

公司名称				公司成立日期	年　月　日
公司固定资产		公司流动资产		公司注册资金	
公司营业额					
公司净值					

表 3-4　客户经营能力调查表

指标类别	能力指标	具体内容
偿债能力指标	资产负债率	
	流动比率	
	速动比率	
盈利能力指标	净利润率	
	投资回报率	
其他能力指标	库存周转率	
	应收账款周转率	

说明：速动比率是指速动资产对流动负债的比率，它是衡量企业流动资产中可以立即变现用于偿还流动负债的能力的指标。

(2) 划分客户等级。根据对客户资料的收集、分析，可以从客户的基本情况、管理水平、信用记录、经营状况、现金流量等方面评定客户信用等级，从高到低分为优、良、中、差四级，进而决定采用何种付款方式和确定赊销的额度。具体情况如表 3-5 所示。

表 3-5　客户信用等级表

信用评定等级	信用评分	付款方式选择	信用额度基数	备注
一级：优	81 分及以上	后付款	100 万元	要求担保
二级：良	61～80 分	后付款或分期付款	50 万元	要求担保
三级：中（应注意）	41～60 分	预付款或分期付款	30 万元	要求担保
四级：差（重点防备）	40 分及以下	预付款	0	

另外，根据不同客户的具体情况，可在信用额度基数的基础之上，通过一个调整系数对信用额度进行调整。用公式表示为：

信用额度＝信用额度基数×信用调整系数

信用调整系数如表3-6所示。

表3-6 信用调整系数表

客户分类	信用等级			
	差	中	良	优
次要客户	0	0	0.6	1
一般客户	0	0.6	1	1.1
重要客户	0.4	0.8	1.1	1.2
核心客户	N/A	1	1.2	1.4
备注	信用调整系数的数值为0～1.4。信用等级越高的客户，其信用额度越会被放大，最大可达信用额度基数的1.4倍；信用等级越低的客户，其信用额度会在基数的基础上缩小，最低为0。			

2. 约定预付款

约定预付款是防范欠款发生的最直接的方法。销售人员在与客户商讨销售协议时，最好将预付款作为成交的条件，并在合同中明确说明。只有客户货款到账，公司才会按照订单要求发货。

3. 其他预防措施

(1) 合同中要明确各项事宜，尤其是付款方式和付款时间，防止客户找借口不付款；即使客户不按时付款，诉诸法律时也有据可依。

(2) 做好业务记录，每一次出货、发货都做好记录并让客户签字（当面或传真），明确在哪一天客户购买了哪些产品，合计多少钱，每一笔货款按约定又该何时回笼等，以免日后发生争议。

(3) 时刻关注客户的一切异常情况，如客户企业法人代表更换、经营转向、办公地点更换、企业破产等。一旦有风吹草动，销售人员应马上采取措施，防患于未然，杜绝呆账、死账的发生。若客户相关负责人离职，则销售人员要让其办好还款手续。

二、监控销售回款

对于销售回款，各部门销售经理应做好控制工作，及时统计各销售人员业绩及回款情况，并与财务部及时沟通，了解货款到账情况，并采取相应的奖惩措施，以激发销售人员的积极性，促进货款的及时回笼。

1. 月度回款目标监控

(1) 销售回款目标的设定。销售部经理应根据销售活动的实际情况、部门销售目标及企业销售回款任务要求，制定每月销售目标及销售回款目标，并落实到销售人员，让每一位销售人员明确了解自己的任务目标。

具体的月度销售回款目标可设置为：部门销售目标××万元，销售回款率应达到××%；个人销售目标××万元，销售回款率应达到××%。

(2) 销售回款考核。

1) 每月 10 日，考核回款目标是否完成全月指标的 20%。

2) 每月 20 日，考核回款目标是否完成全月指标的 70%。

3) 每月 30 日，考核回款目标是否已完成全月指标的 100%。

2. 当天回款当天报告

销售人员收到货款之后，必须立即将其交到所在销售公司、销售单位的财务人员处。各分公司出纳设置回款登记簿，详细记录并及时核对分公司下属的各个分区的回款情况，如表 3-7 所示。

表 3-7　销售回款统计表

公司销售区域	销售人员回款			财务人员统计	财务主管核实是否属实并上报
	销售人员姓名	业务款项	回款金额		
A 区					□是　□否
B 区					□是　□否
C 区					□是　□否
D 区					□是　□否

三、管理销售回款跟踪

对于后付款的客户，在收回货款的过程中，销售人员可将整个货款收回时期分为三个阶段，即前期、中期和后期，以便货款的快速收回，提高销售渠道中的货款收回效率，见表 3-8。

表 3-8　销售回款跟踪表

跟踪客户	客户信誉度	分期货款收回额		
		前期	中期	后期
A 客户	□优　□良　□中　□差	××%	××%	××%
B 客户	□优　□良　□中　□差	××%	××%	××%
C 客户	□优　□良　□中　□差	××%	××%	××%
D 客户	□优　□良　□中　□差	××%	××%	××%

学以致用

某空调生产企业近几年专心求发展，销售额逐年递增，但是应收账款也在逐年上升，且应收账款周转率在逐年下降，极大地影响了企业的现金流和经营活动。请你为这家企业设计一份合理的应收账款管理方案，以解决企业的应收账款问题。

拓展知识

测试题 3-1：

制定应收账款制度

应收账款问题的出现，除了因为企业缺乏相关制度规范外，另一个主要原因就是渠道销售人员自身素质不高，缺乏责任感。回款过程就是同渠道客户进行较量与竞技的过程，渠道销售人员只有拥有较强的综合素质，才能为最终成功回款打好基础。

要提升对应收账款的回款能力，渠道销售人员既要不断提升自己的心理素质，又要不断学习关于回款的各种知识和技巧。只有这样，回款之路才能畅通无阻。

一、树立正确的心态

渠道销售人员回款成功首先需要秉持正确和积极的心态。渠道销售人员应该记住：说话的语气、意志、感觉、行为、努力，都是心态的反映。

树立正确的心态还需要有高度的自信。高度的自我肯定可以带来回款的成功，而缺乏自我肯定往往会导致回款失败。回款高手都具备高度的自我肯定——信心十足，他们对自己的成功深信不疑，他们非常重视“成果导向”，他们对工作、服务非常投入，他们把回款工作视为一件快乐的事情，因此他们的回款绩效遥遥领先。这种快乐、积极的态度是高度自我肯定的具体表现。

催收应收账款应该直截了当，有话直说，这需要勇气和果断。渠道销售人员要敢于开口请对方付款，要敢于坚持把账款收回来，这需要高度的自我肯定。迟疑、吞吐、含蓄只会让对方认为你缺乏自信和不够专业，被拒绝也就是意料之中的事情了。

如何树立收款自信心，不再畏惧收款？可以尝试以下两种方法：

（一）把自己当成公司老板

渠道销售人员如果能够进行角色转换，把自己当成公司老板，就容易顺利跨出收款第一步。渠道销售人员可以假设这笔欠款是自己的，并问自己：你会什么时候收？你会用什么态度和客户沟通？你会用哪些方法去收？你会不敢或不好意思开口吗？你想赚更多的钱吗？这些问题可以帮助渠道销售人员找到收款的创造力，敢于开口要求对方付款，乐于向客户提供最佳服务，让客户高兴地结清货款。

（二）把自己当成客户

改善收款绩效的另一种方法就是把自己当成客户。渠道销售人员应站在客户角度思考：客户为什么不愿意及时结款？对厂商的不满有哪些？逾期结款对自己的好处有哪些？带来的不利影响有哪些？对今后与厂商的关系有什么影响？

渠道销售人员只有真正关心客户的问题，主动帮客户排忧解难，深入了解客户付款作业流程，以及充分利用企业资源来满足客户的需要，才能实现有效的回款。

二、拥有丰富的知识

优秀的渠道销售人员，不仅要具备良好的心理素质，还要有丰富的知识储备。在当今，仅凭伶牙俐齿、能说会道已经很难打动客户。那么，渠道销售人员应该掌握哪些方面的知识呢？

（一）丰富的经济知识

债务往来大多是经济往来，渠道销售人员应当具备丰富的经济知识，如经济、管理、市场营销、税收、会计和金融知识等。

渠道销售人员要时刻注意市场的变化，注意收集市场的各种信息。渠道销售人员只有多方面地了解市场行情，才能客观、准确地了解对方情况，才能正确地维护债权人的利益。例如：当市场情况发生变化之后，债权人的需求可能随之变化，如果渠道销售人员具备这方面的知识，就可以针对市场变化和对方具体情况，与欠款人商讨是否对原债务合同进行修改、补充或者重新签订，以保障能够成功地收回欠款。

具有丰富经济知识的渠道销售人员会根据回款目的，充分利用有利因素进行回款。当客户存心赖账或故意拖延时，渠道销售人员可以通过了解客户的具体经济状况，同其所在地银行进行协商，请求银行直接划账，从而解决双方的债权、债务关系。同样，渠道销售人员也可以与欠款人所在地的财政、税务部门磋商，以取得其支持，确保欠款的及时收回。

（二）基本的法律知识

收款是平等的个人或公司法人之间的行为，其本身是一种民事法律行为。因此，法律知识对收款十分重要，可以说没有法律知识就根本无法正确地实施收款行为。

法律知识是渠道销售人员必备的基本知识，只有具备法律知识的人才能将收款行为置于法律的保护下，有理有据，合法有效。但是，目前很多负责收款的渠道销售人员缺乏法律知识，导致其很多行为都是盲目的、没有法律依据的。这就使得回款的不确定性大大提高，成功回款靠的是运气，大多数人则是空手而归。

此外，渠道销售人员还需要学习销售、渠道管理、促销等方面的知识。只有从这几方面提高自己的知识储备和工作技能，才能在回款过程中得心应手、应付自如。

三、建立良好的合作关系

渠道销售人员在销售过程中要有针对性地和有关人员建立良好的关系，赢得对方的好感，从而为提高回款绩效和再创销售佳绩打下基础。有关调查显示，渠道销售人员回款绩效的优劣与其对人际关系的重视程度及其受欢迎程度成正比。对于如何才能与相关人员建立良好的关系，主要应该注意以下两点：

（一）经常问候承办人

渠道销售人员可以在每次去拜访客户的同时问候承办人，如会计人员、仓储人员等。当确定和掌握了对付款有影响力的人员之后，就要尽力满足对方的需要和期望，化解对方的抱怨，并且经常了解对方对本企业服务态度的反应、产品使用的反馈以及期待本企业改进的地方，以取得对方在回款上的支持。

（二）礼数周到

渠道销售人员面对客户时，只有以礼相待，才能获得对方的认同，这样收款时自然就比较容易。

四、锻炼灵敏的感知能力

渠道销售人员需要培养灵敏的感知能力。只有感知灵敏，才能获得丰富的信息，发现新的机会，从而使回款得以顺利实施。那么，渠道销售人员如何培养职业感知能力呢？首先，注意观察。渠道销售人员必须养成勤于观察、善于观察的习惯，尤其是要观察与欠款客户有关的一切人和事。其次，渠道销售人员要不断实践，以丰富自己的经验。最后，渠道销售人员要总结经验，充实自身。

五、学会控制情绪

情绪产生的原因是客观现实和人的需要之间发生了矛盾。人的情绪极其复杂，而情绪会引发积极或消极的效果。渠道销售人员应当学会用正确的方法控制自己的情绪，以免产生消极的效果。收款是一个复杂的过程，在多变的环境中，各种各样的客观事实随时都有可能诱发渠道销售人员产生过激的或消极的情绪，从而阻碍收款的顺利进行。因此，渠道销售人员应当时刻保持稳定的情绪，学会调节，使自己处于平静、沉着的心境之中，以便在整个收款过程中能够稳扎稳打、步步为营地同欠款人进行交涉，最终达到使其清偿债务的目的。

六、遵守职业道德

根据社会的道德水平和道德规范，渠道销售人员应当具备"遵纪守法、依法办事、忠于职守"的职业道德。收款是维护债权人合法利益的一种手段，收款的权利是法律授予债权人的，因此收款行为本身是受法律保护的。当然，渠道销售人员在收款过程中必须遵纪守法。

要实现顺利回款，同时与客户保持高品质的合作关系，渠道销售人员要从努力提高自身的水平做起。只有如此，才能在催款的过程中始终占据主动，赢得客户的尊重与合作。

任务二 提高回款技巧

学习目标

知识目标

1. 了解客户类型及相应的催款策略。
2. 掌握四种主要回款方式及其实施要点。
3. 掌握常用回款技巧。

能力目标

1. 能够收集信息，制定策略，做好催款准备。
2. 能够设计电话催款话术。
3. 能够拟定催款函。

素养目标

培养细致认真、精益求精的工匠精神和具体问题具体分析的辩证思维。

基础知识

微课：

客户类型识别及催款策略设计

一、客户类型及相应的催款策略

“千人千性格，万人万脾气。”要想做到高效回款，渠道销售人员应当能够区分客户类型并能够根据不同客户的性格特点制定不同的催款策略。通常情况下，客户分为合作型客户、虚荣型客户、强硬型客户、阴谋型客户、固执型客户和情感型客户六种。只有制定了有针对性的催款方案，才能实现顺利催款。

（一）合作型客户

总的来说，这种类型客户的策略思想可以用四个字来概括：互惠互利。这是由合作型客户本身的特点所决定的。合作型客户最突出的特点是合作意识强，与他们交易能使双方皆大欢喜。具体策略有以下两种：

1. 假设条件

假设条件策略就是在回款过程中向欠款客户提出一些条件，以探知对方的态度。之所以称为假设条件，就是因为这仅仅是想要弄清对方的意向。条件最终可能成立，但在没有弄清对方的意向之前，它仅仅是一种协商的手段。假设条件策略比较灵活，使用得当可以使回款在轻松的氛围中进行，有利于双方在互惠互利的基础上达成还款协议。例如：渠道销售人员可以说："假如我方再供一部分货，你们前面的欠款能还多少？""每月还款 10 万元，再送一车货怎么样？"

需要指出的是，假设条件的提出要分清阶段，不能没听清客户的意见就过早假设，这会使客户气馁，或使其有机可乘。因此，假设条件的提出应建立在了解客户意见的基础之上。

2. 私下接触

私下接触，即渠道销售人员有意识地利用空闲时间主动与客户一起聊天、娱乐，其目的是增进了解、联络感情、建立友谊，从侧面促进回款的顺利进行。

（二）虚荣型客户

虚荣型客户自我意识比较强，喜欢表现自己，并且对别人的评价非常敏感。面对这种性格的客户，一方面要满足其虚荣心，另一方面要善于利用其特点作为跳板。具体策略有以下三种：

1. 选择合适的话题

一般而言，与这种类型客户交谈的话题应当选择对方熟悉的事或物，这样一方面可以为对方提供自我表现的机会，另一方面可以了解对方的爱好和有关资料。但要注意，虚荣型客户的种种表现可能有虚假性，切勿上当。

2. 顾全对方的面子

虚荣型客户非常在意自己的面子，因此，渠道销售人员应当顾全客户的面子，如采取侧面提出索款事宜的方式，在人多或公共场合尽可能不提等。要多替对方着想，顾全对方的面子，并且让对方知道你从某方面维护了他的名誉。激烈的人身攻击多半会令这类客户恼羞成怒，所以应该尽量避免。当然，如果客户躲债、赖债，则可利用其要面子的特点，与其针锋相对而不顾情面。

3. 有效制约

虚荣型客户最大的缺点就是浮夸，因此渠道销售人员应有戒心，不要被客户的夸夸其谈唬住。为免受浮夸之害，在清债谈话中，渠道销售人员应该对虚荣型客户的承诺做记录，最好要求客户本人以企业的名义用书面形式表示，对达成的还款协议等意向及时立字为据，特别明确违约条款，防范客户以种种借口否认。

（三）强硬型客户

从性格特点来说，这种类型的客户往往态度傲慢、蛮横无理。面对这种客户，寄希望于对方的恩赐是枉费心机，必须采取有效的行动。总体指导思想是：避其锋芒，设法改变其认识，以达到尽量保护自己利益的目的。具体策略有以下两种：

1. 沉默

这种应对策略讲究对客户心理及情绪的把握，它对态度强硬的客户是一种有力的清债手段。上乘的沉默策略会使对方受到心理打击，造成心理恐慌，不知所措，甚至乱了方寸，从而达到削弱对方力量的目的。运用沉默策略要注意审时度势、灵活运用，如果运用不当，会适得其反。例如：一直沉默不语，客户会认为你是慑服于他的恐吓，反而增添了其拖欠的信心。

2. 软硬兼施

这种策略是清债中常见的策略，而且在多数情况下能够奏效，因为它利用了人们避免冲突的心理弱点。那么，应如何运用此项策略呢？

业务员可以分成两部分：一部分成员扮演强硬型角色，即黑脸，黑脸在清债的初始阶段起主导作用；另一部分成员扮演温和型角色，即白脸，白脸在清债某一阶段的结尾扮演主角。在与客户接触过一段时间并了解其心态后，由担任强硬型角色的清债人员毫无保留地、果断地提出还款要求，并坚持不懈，必要时甚至可以用威胁手段或者表现出爆发式的情绪行为。此时，担任温和型角色的清债人员则保持沉默，观察客户的反应，寻找解决问题的办法。等到气氛十分紧张时，由温和型角色出面缓和局面，一方面劝阻自己的伙伴，另一方面平静而明确地指出，这种局面的形成与客户也有关系，最后建议双方都做出让步，促成还款协议或只要求客户立即还清欠款，放弃利息、索款费用等要求。当然，这里还需注意，在清债实践中，担任强硬型角色的人在回款时应紧扣“无理拖欠”的事实，切忌无中生有、胡搅蛮缠。此外，两种角色的配合要默契。

（四）阴谋型客户

这种类型的客户首先就违背了互相信任、互相协作的原则，他们常常为了满足自身的利益与欲望，利用诡计或借口拖欠债务。对付这类客户，战术很重要。具体战术有以下两种：

1. 反车轮战术

车轮战术即客户不断更换人员应对催款人，让催款人筋疲力尽、疲于应付，最后不得不做出让步。对这种客户，渠道销售人员需要从以下几个方面加以遏制：及时揭穿客户的诡计，敦促其停止使用车轮战术，对其更换的工作人员置之不理，挫其锐气；向原经办人施加压力，以促其主动还款；紧盯客户，不给其躲避的机会。

2. 兵临城下战术

兵临城下是指清债人员采取大胆的胁迫方法，这一战术虽然具有相当的冒险性，但对阴谋型客户往往能起到很好的作用。因为客户本来就想占用资金，无故拖欠，一旦其目的被识破，其嚣张气焰必然会受到打击和遏制，这时清债人员就可以趁热打铁，迫使其改变态度。例如：对一笔数额较大的货款，债权人派出10多名清债人员到债务人处索款，使其办公室里挤满了清债人员，这种做法通常会迫使债务人尽快还款。

（五）固执型客户

固执型客户最突出的特点是坚持自己的观点不动摇。对付这类客户的策略有如下两种：

1. 试探

试探的目的是摸清对方的底线。在清债活动中，试探多用来观察对方的反应，以此分析其虚实真假和真正意图，提出对双方有利的还款方案。如果客户反应尖锐，采取对抗的态度，清债人员就可以考虑采取其他方式（如起诉）清债；如果客户反应温和，就说明有余地。这一策略还可以用来试探固执型客户或谈判人的权限范围。对权力有限的谈判人，可采取闪电战，因为他是上级的忠实执行者，不会逾越上级授予的权限。在清债商谈中，不要与这种人过多周旋，应越过他直接找到其上级谈话。对权力较大的固执型企业负责人，则可以采取冷热战术：一方面以某种借口制造冲突，或者向对方施压；另一方面设法恢复常态，适时赞扬对方的审慎。总之，要通过软磨硬泡的方法达到让对方改变原来想法或观点的目的。

2. 运用先例施加影响

虽然固执型客户对自己的观点有一种坚持到底的精神，但这并不意味着其观点不可改变。要认识到这一点，就不要在拟定策略的时候自我设限。为了使客户转向，不妨运用先例的力量影响他，使他动摇。例如：向其出示其他客户的还款协议，或者人民法院执行完毕的判决书、调解书等。

（六）情感型客户

从某种意义上来说，情感型客户比强硬型客户更难对付，而在国内企业中，这种类型的客户又是最常见的。强硬型客户容易引起催款人的警惕，而情感型客户则容易被人忽视，因为情感型客户在谈话中十分随和，能迎合对方的兴趣，在不知不觉中把人说服。

情感型客户的一般特点是对人友善、富有同情心，专注于单一的具体工作，不适应冲突的氛围，回避进攻性的、粗暴的态度。为了有效地对付情感型客户，必须利用他们的特点及弱点制定策略。具体策略有以下三种：

1. 以弱胜强

在与情感型客户进行清债协商时，柔弱往往胜于刚强，所以应当采用以弱胜强的策略。催款人要培养出谦虚的习惯，多说“我们企业很困难，请你支持”“拖欠货款时间太长了，我们面临停产的可能，请你考虑解决”“能不能照顾我们企业一些”等话语，以此争取打破情感型客户的心理防线，为达成协议提供机会。

2. 恭维

从自身特点来说，情感型客户较其他类型的客户更注重人缘，更希望得到催款人的承认、受到外界的认可，同时希望债权方了解自身企业的困难。因此，说一些让对方产生认同感的赞美话，对于情感型客户非常奏效。例如：催款人可以说“现在各企业资金都很困难，你们还能经营得这么好，全在于你领导有功”。

3. 采取有礼有节的进攻态度

与情感型客户协商债务清偿时，催款人应当在协商一开始就创造一种公事公办的气氛，不与对方打得火热，保持适当的距离。同时，就对方的还款意见提出反问，如“拖欠这么长时间，利息谁承担”等，这样就会使对方感到紧张。注意不要激怒对方，因为客户情绪不稳定，往往会主动回击，一旦客户撕破脸面，催款人很难再指望通过商谈取得结果。

催款人总感觉回款时客户难缠，难缠必定有难缠的原因：要么是因为他们独特的性格，形成了独特的做事风格，如自以为是、缺乏诚信、自作聪明等；要么是因为他们难缠，企业拿他们没有办法。其实，在面对客户时，只要多留心，学会察言观色，投其所好，客户还是容易相处的。只要抓住客户的根本需求，了解客户难缠的根本原因，读懂客户，销售回款工作就会变得轻而易举。

二、催收账款的常用方式

催收账款的常用方式有：电话催收、信函通知催收、人员直接催讨、采取法律行动。通常情况下，先采用电话或信函的方式催收；如果无效，则派人与客户谈判；若谈判不成，则采取法律行动。

（一）电话催收

电话催收费用低而且快速、直接。对于渠道客户分布比较散的企业而言，由于不可能派人出差到各地渠道客户处催收，因此其主要催款方式就是电话催收。但是，由于电话催收只有声音不能见面，难以向客户施加压力，而且一旦弄僵，对方可以轻易挂断电话或拒接电话，因此电话催收虽然方便但收款难。如何更有效地利用电话进行催收？重点要注意以下几点：

1. 确认金额

在打电话催收之前，首先要核对交易记录，确定对方拖欠的明细和确切金额；其次要分析截至目前客户有多少欠款，约定的付款期限是何时，是否有逾期欠款，逾期欠款所占比重是多少。

2. 选择合适时机

要正确选择电话催收的时间，通常选择周五，因为这一天大家都在期待周末休息，心情比较放松；其次是周二、周四；最不宜催收的时间是周一、周三。时间通常选择对方心情最好的时刻，如下午3点左右，因为上午一般较忙，下午相对轻松些；午餐、午休时不宜电话催收。当然，催款人也不必墨守成规，可在熟悉对方习惯后，根据实际情况选择时间。

3. 找准正确的人

电话催收要找准正确的人，即对于货款支付有决定权的人。如果此人不在，不妨告诉接电话的人你的目的。但要注意，对待转接的人要礼貌客气，否则会平添一只“拦路虎”。

4. 运用友善的说话方式

电话催收时绝不能一开始就气势汹汹、咄咄逼人，质疑对方的付款能力，伤害对方的自尊心，因为这样会让对方产生戒备心理甚至厌恶心理，破坏双方的良好关系。催款人越和蔼可亲，态度越人性化，收回应收账款的可能性就越大。

5. 进行良好的沟通

沟通能力是说服客户结清货款的法宝。与客户沟通时，要全心全意，不要同时与其他人说话，让客户知道你在全力关注问题的处理。沟通时，说话方式、速度和音量要与对方相近，便于对方接收。要冷静应对乱发脾气的客户，好好安抚对方。对于个别喜欢谩骂的客户，冷静告诉对方有两个解决方式：一是与企业律师谈，二是与自己的老板谈。切记，要保持理性且友好的态度，这样得到的反应总比非理性的胁迫态度要好上百倍。沟通时，高情商加上专业的态度是成功的关键。

6. 善于利用沉默

沉默是最高明的说话术，成功的电话催收高手只在必要的时刻才开口，在对方说话时懂得沉默。“不说话，别人会以为你是哲学家。”这句西方谚语告诉我们，适当的沉默会让对方觉得你高深莫测，不敢低估你，结清欠款的意愿就会大幅度提升。

7. 维护关系

不要为了收回旧款，导致与渠道客户关系破裂。对于与企业持续往来的渠道客户，在进行电话催收时应谨慎应对，务必情真意切地向客户表达尊重、关心，不要因小失大，为了收回旧账而破坏多年的客户关系。善于维护与客户良好的关系，不但可以化解以前的不愉快，也可以为日后的应收账款顺利收回打下良好的基础。

需要注意的是，上述技巧只是浅层次的做法，真正决定催收成效的是耐心和毅力。电话催收的重点在于次数。随着电话次数的增加，成功回款的概率也在增加。电话催收并不难，只要销售人员有“良好的心情、不错的沟通能力和最重要的坚持”，就没有收不回的账。

（二）信函通知催收

信函通知催收应收账款常作为电话催收的一种后续方式。催款人打过几次电话催收后，如果客户仍无反应，可以发出正式的催收信函。虽说催收信函并不是专业的法律文件，但由于其常常是供货企业发给渠道客户的正式商业文书，因此从某种程度上看，它还是具有一定法律效力的。撰写催收信函应注意以下几点：

1. 收信人明确而具体

收信人的街道名称、门牌号码、单位全称一定要准确而具体。收信人要具体到个人，写清人名全称、职位。类似王经理、张总经理等称呼并不好，虽然表示了尊重，但有时候却给欠款客户以可乘之机，他们会借口信件被送到了其他王经理、张总经理那里，自己没收到。

2. 债权债务关系清晰

在信函中应当将双方的债权债务关系及其法律依据陈列清楚；收款人据以收款的法定理由等要写清楚；欠款人拖欠应收账款的事实根据要写清楚；要求支付的欠款金额要写在信函的突出位置；表述一定要清楚。

3. 内容简洁易读

信函语言要简明、直接，尽量少用客套话，最好一开始就直奔主题，开门见山地把问题提出来。信中多使用简明的语句，遇到行业术语时应做注解。注意使用简短的语句，段落简洁，在不偏离主题的情况下，使人容易阅读。

4. 措辞文明谨慎

撰写催收信函的时候，用语要文明礼貌，不要有脏话、黑话、对欠款人进行人身攻击的话；要从长远合作的角度考虑，用词要谨慎，要就事论事，不能一概而论。

5. 语气坚定

催收信函的措辞要坚定，一定要明确地表明自己的目的，使对方知道如果不能及时付款将要承担责任。表述时要尽量使用规范用语，不要用一些威胁性的语言逼迫客户。

6. 提出具体要求

催收信函中要注明客户给予答复的期限、欠款客户应偿还的具体金额（包括违约金、银行利息等）、欠款客户应当履行偿债义务的方式以及最后期限等。在信函末尾，可以加上“欠款人逾期未偿付欠款，应承担相应的法律后果”或“收款人将采取法律手段收回欠款”等内容，以加强信函的力度。

催收信函书写完毕，催款人应在信函尾部写明发函日期，并签名或者盖章，然后邮寄。

（三）人员直接催讨

人员直接催讨可能是运用得最多的一种收回应收账款的方式。相对于电话催收和信函通知催收，人员直接催讨的力度更大，也能给客户一定的威慑。同时，这也是加强双方之间联系的主要方式。

微课：

人员直接催讨策略

在直接催讨之前，必须做好充足的准备，制订详细的计划。计划可以参照“6W1H”法来制订，即明确本次催讨要达成什么目的（Why），谁去催讨（Who），催讨的联系人员是谁（Whom），什么时间去（When），到什么地点去（Where），催讨谈话内容如何（What），催讨的方式是什么（How）。制订催讨计划后，还需要注意如下事项：

1. 按时回款

到合同规定的回款日，上门催款时间一定要早，这是收款的一个诀窍。否则客户会借口“等了你很久，你没来，我要去做更要紧的事情”，让催款人陷入被动。对于经常拖欠货款的客户，则应在回款日之前就提前催款。

2. 把握目的

渠道销售人员拜访客户进行催款时，一定要明确该次拜访的目的是收回欠款。有些销售人员习惯一见到客户就谈生意、谈销量，即使上门催款也是这样，结果往往是空谈一场，无功而返。渠道销售人员催款时要牢记：回款是首要问题，等结清应收账款后再考虑业绩，再洽谈新的生意。

3. 找准时机

事先要调查清楚欠款客户的经营情况，一旦客户出现亏损就要及时收款。欠款客户资金有限，一旦经营困难，众多收款人都会前往收款，要是不找准时机，让别的收款人先收到款，自己的欠账就很有可能成为死账。当得知客户回笼大笔资金时，也要抓住时机，及时催款，这时成功回款的概率会高些。总之，渠道销售人员要适时了解欠款客户的信息，把握有利时机，确保顺利回款。

4. 事先通知

在直接催款之前，要先电话或传真通知欠款客户，确定欠款人或相关负责人到时是否在场，提请对方准备款项。如果未事先通知，到时客户往往会以“你们怎么不早一点通知我们，我们现在没有现金”之类的借口拖延货款，导致收款无功而返，浪费时间和精力。

5. 准备单据并核对数目

收款之前，渠道销售人员一定要将收款项目所涉及的相关单据准备好，包括交易中的发货单、收货单以及交易证明等，确保收款有凭有据。同时，要明确应收账款的数目，核对准确，以免出现差错导致客户拒付。

6. 计算迅速、熟练

从某种意义上说，收款是一个数字游戏。渠道销售人员对于不同阶段应收账款的数目要心中有数。催款时计算应收账款要快且准确无误，这样可以赢得时间，而且会赢得客户信赖。

7. 态度坚定

渠道销售人员催款时态度要坚定，要有不拿到欠款誓不罢休的态度和气势。同时，收款时一定要按照公司的规定执行，绝对不能私自答应客户延长还款期限。如果渠道销售人员表现积极并且坚持到底，客户往往会妥协付款。

8. 留心倾听

渠道销售人员到客户处既要留心客户与其他客人交谈的内容，观察客户内部情况，也要找机会从客户员工处了解当前情况。只要多留心，就会发现一些有利于回款的信息。

9. 避免争辩

渠道销售人员必须牢记：永远不要和客户吵架，要尊重客户，顾及客户面子。在收款过程中，客户有时会因为一些小事发牢骚、抱怨。此时，渠道销售人员应该认真倾听，不要与客户争辩，并想方设法化解客户怨气，避免客户因感觉没面子而拖延付款。

(四) 采取法律行动

采取法律行动是企业为收回客户所欠货款的最后努力，即企业委派法律顾问或外聘律师通过法律途径催款。进行法律诉讼时要注意以下几个方面的问题：

1. 诉前准备

首先，企业要确认客户提出的履行异议已经解决，避免在法庭上面临客户的有关抗辩。其次，企业要确认客户有足够资产清偿债务，否则即使获得有利判决也无法执行。最后，企业应在律师的协助下，取得充分的证据，包括客户的准确资料。

2. 财产保全

对客户的动产或不动产，企业要及时向法院申请财产保全，防止客户转移、隐匿资产。这是保证判决能够迅速执行的重要手段。财产保全分为诉讼保全和诉前保全：诉讼保全是指从诉讼开始之后至做出判决、裁定、调解之前，人民法院所进行的财产保全；诉前保全是指人民法院在诉讼开始之前对有关财产进行的财产保全。企业可视情况采用。

3. 诉讼成本

法律诉讼的成本主要包括诉讼费和律师费两部分。诉讼费是交给法院的费用，若完全胜诉，则由被告承担；若败诉，则由原告承担；若各有胜负，则由双方分担。律师费一般由本方承担，但也有部分案件可以要求对方承担。

4. 判决执行

判决执行难是目前普遍存在的问题，人民法院的很多判决都不能得到及时的执行，很多判决甚至被束之高阁。主要原因包括执行力度不够、公民和企业对人民法院判决淡漠、地方保护主义、债务人没有足够的资产、债务人在境外等。如果债务人无视人民法院判决，仍然不付款，企业可以申请人民法院强制执行。要保证判决能够得到强制执行，企业最好能事先了解客户所拥有的动产或不动产情况。

企业采取法律行动催讨应收账款时，必须注意诉讼时效。诉讼时效是指权利人在法定提起诉讼的期限内如果不行使其权利，就会丧失请求人民法院依照诉讼程序强制义务人履行义务的权利。也就是说，如果超过诉讼时效，企业就失去了通过法院强制客户归还货款的权利，这会导致企业资产的损失。

范例

B公司销售货款催收方案

一、方案制定的目的

为了减少企业销售货款在渠道中的滞留，降低企业营销的成本和管理费用，提高销售人员对销售货款的收回率，特制定本方案。

二、销售货款的催收方法

当客户发生拖欠货款行为时，销售人员可根据客户的具体情况、信用程度等，采用适当的催收方法，以便及时收回货款。

对于销售货款的催收，销售人员可采用如表3-9所示的方法。

表3-9 销售货款的催收方法

催收方法	内容	
	实际操作	适用对象（情况）
软磨法	1. 耐心礼貌地采用信函、传真、电话甚至亲自上门等方式软磨 2. 必要时摆出长期作战的架势，如在客户的办公场所或住所旁租个住处，目的是让客户心烦意乱，结款了事	关系重要、得罪不起的客户或大客户、老客户等
轰炸法	1. 三番五次通过措辞强硬的信函、电话、传真手段直接催收 2. 亲自上门并表明立场 3. 摆出誓不罢休的架势，目的是让客户望而生畏，尽快付款	关系一般的客户或销售人员手里客户较多的情况
关系法	通过第三者的介入、协调解决付款问题，如通过熟悉客户的朋友、同事、同乡或通过他们找到客户熟悉的人，由此人帮助说情、讲理、沟通感情、发展关系，使问题得以解决	关系重要的客户或销售人员手里的重点客户
代价法	1. 停止发新货，前款到账再发新货 2. 通过新闻媒体公布事实真相，给客户造成压力，使客户感觉拖欠货款得不偿失，尽快付款	企业产品有市场优势，客户有求于销售人员，或销售人员手里有较多客户的情况
压力法	1. 通过写信或走访客户的主管部门、银行、市场监督管理部门、行政管理部门，争取同情与支持 2. 联合新闻媒体、公众舆论部门或客户的同行单位、客户的客户，争取其同情与支持，给客户制造压力，促使客户早日还款	关系一般的客户，销售人员手里客户较多或者关系重要但欠款时间过长的情况
奖励法	通过在客户内部安插内线，雇请个人或公司帮助收款，然后给予佣金或奖励	欠款时间过长、几乎成为死账的情况
法律法	由律师执笔寄出催账函，若客户仍不付款，采用下一步措施：申请仲裁或提起诉讼	上述办法都无用的情况

以上7种催收欠款的方法，是针对比较难缠、态度不好、欠款数额较大、收款极其困难等类型的客户而使用的。销售人员应注意把握火候，制定好策略，以达到收款的目的，

切不可盲目实施或鲁莽行事，以避免造成不必要的麻烦。

三、销售货款催收方案

1. 催收前的准备

(1) 销售人员回款技能培训。

1) 时间：××月××日至××月××日。

2) 地点：××会议室。

3) 器材：投影仪1台、黑板1个、粉笔若干。

4) 人员：××讲师、本公司销售人员××名。

5) 目标：销售人员的信心培养；催收技巧；相关法律的熟识及运用。

销售人员回款技能培训内容如表3-10所示。

表3-10 B公司销售人员回款技能培训

时间	培训内容
××月××日	对回款的认识、销售人员回款信心的培养训练
××月××日	回款基本技能，并结合理论知识进行讨论、演练和总结
××月××日	考虑回款过程中的各种环境和条件，学习成功的回款案例，灵活掌握回款技能
××月××日	对相关经济法律的认识学习

(2) 销售资料准备。销售人员在收款前，可以运用客户销售统计表（见表3-11）和客户货款收回日报表（见表3-12）两种表格，妥当计划以完成收款任务。

表3-11 客户销售统计表

客户销售日期：　　年　　月　　日　　　　客户姓名：

商品名称	数量（件）	单价（元）	销货总额（元）	回款日期	回款金额（元）	售货清单号码
A	××	××	××	××月××日	××	××××
B	××	××	××	××月××日	××	××××
C	××	××	××	××月××日	××	××××
D	××	××	××	××月××日	××	××××
E	××	××	××	××月××日	××	××××
F	××	××	××	××月××日	××	××××
G	××	××	××	××月××日	××	××××

表3-12 客户货款收回日报表

销售人员姓名：　　　　部门：

客户姓名	售货清单号码	销货总额（元）	回款金额（元）	现金或支票	尚结欠金额（元）	日报总金额（元）
A	××××	××	××	□现金 □支票	××	××
B	××××	××	××	□现金 □支票	××	××

续表

客户姓名	售货清单号码	销货总额（元）	回款金额（元）	现金或支票	尚结欠金额（元）	日报总金额（元）
C	××××	××	××	□现金 □支票	××	××
D	××××	××	××	□现金 □支票	××	××
E	××××	××	××	□现金 □支票	××	××
F	××××	××	××	□现金 □支票	××	××
G	××××	××	××	□现金 □支票	××	××
注意事项	1. 日报表内所填写的客户名称是否与售货清单相符？ 2. 收取货款时是否已与客户谈妥支付哪笔货款？ 3. 折让金额是否超过企业规定数额？ 4. 收取支票日期是否过长？ 5. 客户尚结欠的金额是否与日报表相符？ 6. 对于货款收回日报表，除销售人员自存一份外，应按公司规定送其他有关单位。 7. 当业务员将货款缴纳给有关承办人员时，应请收款人员在自存联上签字留查。					

2. 催收过程中的实施方案

（1）截至20××年××月××日，××客户已收货，但至今仍没有付款，销售人员×××打电话进行催讨，并询问对方是否已经收到××到期付款通知单。

（2）逾期15天未付款，发出第一封催讨函，并打电话给对方负责人询问情况，了解××公司的态度。

1）催讨函。如下所示：

××公司：

贵公司自××月××日，第××号～第××号货物收货之日起已有15天之久，尚欠货款金额××××元，特此通知。

贵公司至今对付款一事尚未表态，不知此事是否被遗忘？对于贵公司拖欠货款一事，我们深感遗憾。

限期已到，若贵公司能够顺利付清货款，我公司深感欣慰，愿我们有更长久的合作。

B公司销售部

20××年××月××日

2）电话催讨（略）。（销售人员语气要和缓、友善，不伤客户感情。）

（3）逾期30天未付款，发出第二封催讨函，再次与对方通电话并同时停止发货。

1）催讨函。如下所示：

××公司：

贵公司自××月××日，第××号～第××号货物收货之日起已有30天之久，尚欠货款金额××××元，特此通知。

贵公司拖延付款违反了有关交易的约定，致使我公司在××货物交易上受到××损失，我公司正考虑与贵公司停止交易。

若贵公司不能在××天内将货款结清，我公司与贵公司的贸易往来不得不中止，并且不得不在贵公司欠款账下每月增加××%作为违约滞纳金。

若贵公司同意于××天内将货物欠款结清，金额将降至总金额的××%，之前因拖延付款而产生的利息将减至××%，特此促请贵公司注意。

B公司销售部

20××年××月××日

2）电话催讨（略）。（销售人员语气要坚定有力。）

（4）逾期90天未付款，发出第三封催讨函，并做好委托××律师事务所进行催讨回款的准备工作。

催讨函如下所示：

××公司：

贵公司自××月××日，第××号～第××号货物收货之日起已有90天之久，尚欠货款金额××××元，特此通知。

贵公司至今尚未付清货款余额，若贵公司对于此事再加拖延，我公司不得不委托本公司法务主管依法提起诉讼。

我公司与贵公司进行了多次协商，未果。贵公司刻意拖延付款，严重忽视我公司与贵公司之间的契约规定，经公司决定，我公司法务主管将于××月××日开始依照法律途径解决。

若贵公司在××月××日前仍不能将货款付清，我公司将委托××律师事务所前往贵公司进行催讨，特此通知。

B公司销售部

20××年××月××日

（5）委托律师事务所进行催讨。对于委托律师事务所催讨一事，应告知对方。

函件内容如下：

××公司：

关于贵公司拒付货款一事，我公司已委托××律师事务所办理，特此通知。

因贵公司一再拖延付款，我公司不得已而诉诸法律催讨。

本案已由××律师事务所受理，将在××月××日前向××人民法院提起诉讼。

B公司

20××年××月××日

学以致用

某空调生产企业准备采取电话催收和信函通知催收两种方式进行应收账款的催收。请你编写一张电话催款常用话术表，做好电话催收的应对准备。另外，请你编写一份催收信函，作为电话催收不成的后续方式。

拓展知识

应收账款能否顺利收回，回款工作技巧很重要。即使企业在回款管理上开展很多工作，如果渠道销售人员没有把握好回款技巧，仍然会导致回款失败。下面介绍几种常用的回款技巧。

案例：

账款催收的实战案例及分析

一、将欲取之，必先予之

对于催收应收账款，从本质上看，催款人处于不利的地位。因此，如果回款追求100%达成率，反而难以达到目的。必要时，以退为进，舍小取大，可以争取主动。在很多情形下，企业如果能主动向客户让一些利益，反而会激发客户的还款积极性。该技巧常用的实施方式有以下三种：

（1）欲取先予。欲取先予即通过帮助客户排忧解难的手段收回应收账款，通常适合在客户因经营不善、资金短缺等原因导致无力还款时采用。渠道销售人员通过向客户提供适当支持，可助其恢复经营、偿还货款。采取这一方式时要注意分寸，切不可投入过大，导致更多损失。

（2）少予多取。少予多取即给予对方少许利益，以便取得较多的利益。许多客户拖欠货款的目的是让企业做出一定让步，少支付部分货款。对于经营确实遇到困难的客户，渠道销售人员可以在允许的范围内免除部分货款，客户感觉有利可图，也会尽快付款。

（3）短予长取。短予长取即短期内给予对方一定利益，目的在于取得长期利益。企业可以通过扶持客户销售短、平、快类的产品，使其短时间内获取较好收益，从而尽快支付欠款。

二、软磨硬泡，巧“缠”巧“闹”

贴身收款、软磨硬泡是一种心理攻势，运用得当会给客户造成足够的心理压力而促使其还款。通常情况下，欠款人只要有业务开展，就很害怕这一做法。他们担心如果不结清欠款，非但不能摆脱收款人的纠缠，而且势必会影响自己的声誉，可能被同行排斥，也得不到自己客户的信任。

但是渠道销售人员需要注意，“缠”并非胡搅蛮缠，因为胡搅蛮缠不仅不会促进回款，还会让客户反感，甚至导致双方关系僵化。如何才能既不让客户厌烦，又能够达到回款目的？具体策略有以下几种：

（1）找对欠款人。应当找能够决定支付欠款的关键人物，也就是能够做决定的人。如果找的是无关紧要的人，那么怎么“缠”都没有用。

（2）正确分析客户的借口。一般情况下，客户会找出种种理由拖延付款。此时渠道销售人员需要正确判断哪些是事实、哪些是借口。只有弄清真假，才能采取有效策略。

（3）找到突破口，重点攻击。当判断出客户说的孰真孰假时，就可以采取针对性策略。渠道销售人员可以根据不同客户采取不同方法，比如请客户吃饭、给客户提供帮助等。

俗话说，“会哭的孩子有奶吃”。谁逼得紧、催得急，谁就会赢得回款的优先权。因此，练好“缠功”很重要。

三、建立信任，温情感人

有些客户之所以拖欠货款，并非有不良企图，仅是因为经营状况不佳或资金周转困难。对于此类客户，渠道销售人员可以通过与其建立信任关系，以温情相待来达到顺利回款的目的。这样不仅可以收回货款，还可以多交朋友。利用这种技巧收款需要注意以下几点：

（1）平等原则。平等是朋友相处的基础，也是友好协商的前提。催款人不要动不动开口要债、闭口还钱。虽然回款是目的，但这样做会引起客户的反感和对立。

（2）同情原则。同情别人是人们实现自己存在价值的一种方式。同情对方或争取对方同情自己，可以促使人们建立一种亲近的关系。

（3）赞美原则。赞美是赢得客户好感、信任的重要方式。赞美客户时要坦诚得体，要结合对方的得意之事或长处优点。因此，对于不了解的人，最好先不要深谈，等找出其喜好后再进一步接触。重要的是不要随便恭维别人，以免招致对方反感。这种建立在感情基础上的催款技巧，关键在于尽可能激发客户的“良心”。一旦建立感情，一切问题便迎刃而解。

测试题 3-2：

提高回款技巧

任务三　控制渠道新客户应收账款风险

学习目标

- **知识目标**

1. 熟悉新客户资信调查的内容和方式。
2. 掌握新客户风险评估方法。

- **能力目标**

1. 能够通过规范签约控制新客户风险。
2. 能够运用 5C 信用评估法对新客户进行评估。

3. 能够运用综合评估法对新客户进行评估。

4. 能够设计一份简单的经销商合同。

● **素养目标**

融入具体问题具体分析的辩证思维，培养遵纪守法、诚实守信的良好职业品德。

基础知识

一、新客户资信调查的意义

微课：

新客户资信调查

为防范客户应收账款风险，在赊销前，一定要开展客户资信调查，慎重选择新客户。开展新客户资信调查具有如下意义：

（一）有利于客户分级管理，控制风险

通过新客户资信调查，可以清楚、全面地了解客户信用状况，合理确定客户信用等级和信用额度，从而确保应收账款能够顺利收回，避免呆账、坏账给企业带来的损失。

（二）有利于优化客户队伍

通过新客户资信调查，可以筛选出信用较好、有市场潜力的客户以及实力较强的客户，优化企业客户队伍。

（三）有利于提升市场竞争力

通过新客户资信调查，可以培养渠道销售人员观察和筛选客户的能力，提升公司整体销售能力；还可以间接了解竞争者的销售政策、营销策略，有利于企业采取有针对性的营销战术。

二、新客户资信调查的内容

新客户资信调查通常包括以下基本项目：

（1）客户的基本数据：公司名称、组织形式、公司所在地、注册日期、注册地点、现有资产、经营项目、经营者个人信息（如姓名、年龄、资历背景）等。

（2）经营状况：进货情况、生产情况、平均月销售额或年销售额等。

（3）其他：经营者经营能力、企业资金实力、公司发展趋势等。

三、新客户资信调查的重点

在具体实施过程中，根据客户经营规模可以把客户划分为大客户、中等客户、小客

户。针对不同的新客户类型，资信调查内容的重点也应有所差异。

（一）大客户

大客户通常有自己的销售渠道，如向卖场、专卖店、零售店供货。对于该类客户，资信调查内容主要包括：

（1）客户财务实力：企业性质、企业发展状况、注册资金、资金来源、固定资产、企业负债情况、偿债能力、现金流量等。

（2）客户经营状况：经营管理规范程度、行业口碑、铺货实力、销售范围、历史交易记录、销售链上下游的评价、主要销售渠道、本行业的经验、是否代理畅销产品、是否经销竞争产品、销售规模、仓储和物流配送能力等。

（3）公司发展情况：公司发展方向、负责人经营理念、管理团队、销售队伍战斗力等。

（二）中等客户

中等客户通常以批发业务为主，以零售业务为辅，能够覆盖县市及区域市场，如各类贸易公司等。对于该类客户，资信调查内容主要包括：

（1）企业创立登记资料：何时创立、何人创立、资金多少、有无营业执照等。

（2）场地设施：企业办公场所、营业场所的地点和面积，是否为自有；设备设施情况；有无抵押等。

（3）经营情况：每月或每年营业额、经营利润情况、覆盖区域、自有客户情况、库存产品情况等。

（4）员工队伍情况：员工人数、员工敬业精神和服务态度如何，工作气氛是否活跃，员工工作稳定性如何；销售人员队伍情况等。

（5）第三方评价：主要往来银行是哪几家，银行对该客户的评价如何；主要往来厂商是哪几家，主要交易方式如何；同行评价如何等。

（6）经营者情况：经营者经历、管理作风、领导能力、人品和生活态度、健康状况、工作投入程度等。

（三）小客户

小客户多为个体从业人员、独资公司。对于该类客户，资信调查内容侧重于经营者的个体情况，主要包括：

（1）个人背景：年龄、受教育程度、行业经验、社会地位、家庭背景、家庭成员、婚姻状况、个人爱好、有无不良嗜好等。

（2）经营实力：营业执照、注册资金、资产设备、营业场所、运输工具、销售量、销售覆盖区域、经销或代理品牌情况、同行中口碑等。

（3）资金情况：自有资金、银行贷款或其他债务、应收账款等。

四、资信调查信息收集渠道

企业可以自行收集客户信息，也可以委托专业资信调查机构收集客户信息。究竟选择哪一种客户信息收集渠道，取决于通过这种信息收集渠道获取的客户信息所带来的收益与花费的资信调查成本是否相匹配。

（一）企业自行收集

企业自行收集的客户信息大多来源于客户自己提供或销售人员自行调查。由于客户倾向于提供对自身有利的信息而回避对自身不利的信息，加上销售人员并非专业人士，因此企业自行收集的信息客观性较差。但是这种信息收集渠道的好处是不必花费额外的费用，信息收集工作在日常交易过程中就可以进行。企业自行收集客户信息的方式有：

1. 通过与客户的交易接触收集客户信息

与客户的接触是通过商业函件、电话、传真或电子邮件进行的，在这个过程中，眼光敏锐的销售人员可以通过观察客户使用的信笺、信封是否规整，信件格式是否符合商业惯例，是否具有较强专业知识并且信息完备等方面，对客户经营是否规范做出大致的评价。在和客户方的业务人员进行电话联络时，可以通过对方人员是否使用标准的礼貌用语、谈吐是否自如，发现客户是否态度诚恳以及工作人员素质的高低。拥有高素质员工的客户，其经营状况通常比较好，资信状况也比较好。另外，查看老客户的还款记录也是获得客户资信状况的一条重要渠道。

2. 通过对客户进行实地走访收集客户信息

“耳听为虚，眼见为实”，通过对客户进行实地走访，实地查看客户的经营场所，与客户的主管人员或工作人员交谈，销售人员可以验证客户所提供资料的真实性。

通过观察客户的办公场所和厂房的新旧程度，销售人员可以对客户的盈利能力做出大致的评价，但是同时要警惕那种经营陷入困境、只对办公场所进行豪华装修以骗取钱财的客户；通过查看客户库存产品的积压情况，销售人员可以估算客户未来现金流量；通过与客户高层管理人员交谈，销售人员可以了解其经营管理水平；通过与客户普通工作人员交谈，销售人员可以了解其收入状况、工资发放是否及时和士气的高低以及团队的凝聚力；通过查看客户的营业执照和相关资产所有权证明文件，销售人员可以印证客户所提供的资料与实物是否相符。另外，客户出于保守商业秘密的需要，一般不愿披露自身的状况，特别是资信状况不良或陷入财务危机的客户更是如此。如果在实地走访时发现客户对信息披露过于敏感和不安，采取推脱的方式拒绝披露或不允许销售人员查看，企业就应当保持警惕。

3. 通过与同行业和相关行业的信息交换收集客户信息

客户对同一种商品通常有几种来源，就是说本企业不是客户的唯一供货单位，因此，通过与其他供货单位的信息交流取得客户付款是否及时等信息是一条非常重要的信息收集渠道。需要注意的是，有时其他供货单位出于竞争的目的，可能故意提供客户资信状况不良的假信息以争取客户资源。

客户所需要的商品一般也不局限于本企业提供的商品，如客户生产产品不仅需要生产原料，还需要包装材料等配套的商品。这样企业可以从客户的其他种类商品的供货商那里取得客户资信状况的信息。相对于从同行那里取得客户资信状况的信息，从提供相关商品的客户供应商那里取得的信息更为可靠，因为它们与本企业不存在竞争关系，没有造假的动机。

通过与同行业和相关行业的信息交换所取得的资料，主要包括与客户曾经打过交道或正在打交道的企业出具的商业资信证明书和客户开户银行提供的银行资信证明书。

4. 通过公共信息渠道收集客户信息

现代社会是信息社会，报纸、杂志、广播、电视、互联网等大众媒介包含大量的企业信息，特别是电视和互联网对企业信息报道的及时性是其他方式所不可比拟的，通过互联网还能够根据需要主动地选择所需要的信息。但需要注意的是，互联网上的垃圾信息比较多，有些信息并不是很可靠，销售人员最好选择国内知名的经济类网站和官方网站，这样所收集的信息比较可靠。如果企业的客户集中在某几个行业，销售人员通过订阅该行业的专业刊物，可以预测客户未来的发展前景。另外，销售人员还可以从法院了解客户的诉讼记录，从税务部门了解客户是否拖欠税款等信息。

（二）委托专业资信调查机构收集

企业自行收集客户信息时，由于信用管理部门本身不是专业资信调查机构，要深入调查客户的资信难度较大，而且获得的资料也不够充分。因此，对一些比较重要的客户，在自行收集信息的基础上，企业可委托专业资信调查机构收集客户的全面信息。委托专业资信调查机构收集客户信息的方法如下：

1. 选择适当的资信调查机构

各种各样的信息咨询公司、资信评估公司、投资服务公司等，都可以提供客户资信调查服务。企业在进行选择时要考虑这些机构的专业经验、人员配备、从业时间、专业化水准、服务质量、价格等因素。选择信誉良好、执业严谨的专业资信调查机构能够提高所收集客户信息的可靠程度，有利于企业做出正确的赊销决策。

2. 购买标准的资信报告

（1）什么情况下购买资信报告。在以下情况下，企业可以通过购买专业信用评估机构的标准资信报告来收集客户信息：1）没有把握确定第一次订货的新客户会及时付款；2）希望继续与某个老客户发生经济往来，想及时掌握客户的最新动态；3）客户要求扩大信用额度或改变交易方式；4）客户订单有异常变动，比如突然有大批购买或购买量骤减的现象，同时对产品的质量要求不再严格；5）客户付款时间延长或变更付款方式；6）客户对其他公司应收货款不能收回进而影响其偿付本企业货款；7）客户改组或经营状况有恶化迹象。

（2）标准资信报告的内容。标准资信报告应该包括以下内容：1）调查对象（客户）全称、详细地址、电话及传真；2）公司登记机关、注册资本、法定代表人、公司性质、公司规模、雇员人数、营业额、净资产；3）公司成立背景、股东情况、公司组织结构、母公司情况、子公司或分公司情况；4）主要管理人员情况；5）公司主要产品及服务项目、经营区域及合作伙伴、主要客户、经营业绩、经营效益、员工人数、发展趋势；6）损益情况、资产负债情况、主要财务比率；7）银行信用状况；8）法律纠纷；9）实地调查情况；10）专家评述等。

企业在购买资信报告时要提供一个拟授予客户的信用额度，让信用评估机构在资信报告中针对这个额度是否适当发表意见。需要注意的是，信用评估机构发表意见是相当谨慎的，也就是说，即使评估机构认为企业给客户提供的信用额度太高也不会明确指出，或许会用委婉的语气说客户还应当提供更多的担保品。

3. 委托专业信用评估机构对特定客户实施信用评估

如果企业认为某一客户是企业最重要的客户，对企业的生存与发展有重大影响，这时，标准的资信报告显然不能满足需要，有必要对客户进行全面的深入调查，取得更多的客户背景资料、财务数据以及市场状况分析方面的信息。这时企业就应该委托专业信用评估机构对该重点客户实施单独的评估。

企业应该和专业信用评估机构签订正式的合同，以明确双方的权利和义务，具体包括：明确收集信息的内容和要求，明确收费标准，明确企业应当给予专业信用评估机构的支持，明确信息收集结果报出的时间等。

五、渠道客户资信评估方法

微课：

渠道客户资信评估方法

渠道客户资信评估是控制渠道成员应收账款风险中很重要的一环，也是公司赊销决策的重要依据。对于渠道新成员而言，资信评估更加重要。如何评估客户的资信？如何权衡客户的收益和风险？客户资信评估的依据与要素有哪些？在实际经营过程中，形成了很多评估方法：有的方法基于财务数据分析，有的方法侧重客户市场表现，有的方法侧重渠道客户与公司的配合程度。在此重点介绍两种评估方法：5C 信用评估法和综合评估法。

（一）5C 信用评估法

我们在本书项目一任务三中已经介绍过，5C 信用评估法是指分析影响信用的 5 个因素的一种方法。这 5 个因素是品质（Character）、能力（Capacity）、资本（Capital）、抵押品（Collateral）、环境（Condition），它们是信用评估的基础。由于这 5 个因素的英文首字母都是 C，故称为 5C 信用评估法。这里我们从其他角度再对 5C 进行阐述。

1. 品质

品质是指渠道客户的信誉，即履行偿债义务的可能性，主要包括客户基本情况、经营历史、经营者情况、企业经营方针、内部管理与组织形式、银行往来、以往付款记录、与其他供货企业的关系等。也就是常说的客户自身的条件和本质，不仅包括客户以前的付款记录，还包括客户的管理情况和历史沿革。

2. 能力

能力是指渠道客户偿还账款的实力，主要包括经营者能力、基础设施和设备条件、员工能力、生产能力、销售能力，也就是常说的客户的长期履约能力。如果可以取得客户的财务报告资料，则要重点分析其流动资产状况。客户流动资产数额越大，其转换为现金支付账款的能力就越强；客户流动资产质量越高，其转换为现金支付账款的能力就越强。

3. 资本

资本是指渠道客户的财务实力和财务状况，主要包括资本构成、资本关系、增资能力、财务状况等。这是客户偿还债务的保证。

4. 抵押品

抵押品是指客户拒付货款或无力支付款项时，能被用作抵押的资产。这一点对于新渠道客户和不知底细的渠道客户而言尤为重要。一旦收不到渠道客户的货款，企业可以用抵押品抵补。如果客户可以提供足够多的抵押品，企业就可以考虑提供相应的信用额度。在抵押时，企业需要与客户签订抵押合同，这样的抵押才有意义。

5. 环境

环境是指可能影响客户付款能力的经济因素、政策因素、行业因素等。例如：不同区域客户的经营方式、诚信品质和结算习惯，会影响应收账款收回；经济不景气、渠道客户的分销商或零售商欠款、其他厂商改为现款现货等，会影响客户的付款能力。

可以利用表 3－13 对渠道客户进行评估并打分。

表 3－13　5C 信用评估表

渠道客户	品质（20 分）	能力（20 分）	资本（20 分）	抵押品（20 分）	环境（20 分）	综合得分
客户 A						
客户 B						
客户 C						

对于每个方面，可以采取五级制打分：最好为 20 分，较好为 15 分，一般为 10 分，较差为 5 分，最差为 0 分。具体打分时，可以由渠道销售人员、销售经理等分别打分，加权平均后作为最终得分。

（二）综合评估法

综合评估法是对渠道客户从忠诚度、交易历史、铺货能力、资金实力、市场运作情况、业务发展度这 6 个方面进行评估打分。根据得分情况对客户资信进行划分，例如：95

分以上的客户为五星级，90～94 分的客户为四星级，85～89 分的客户为三星级，75～84 分的客户为二星级，60～74 分的客户为一星级，60 分以下的客户为非信用客户。

综合评估法具体评估内容如表 3-14 所示。

表 3-14　渠道客户综合评估表

指标	评估内容	满分	得分
忠诚度	渠道客户与公司合作的兴趣点	5 分	
	渠道客户对公司理念的认同度	5 分	
	渠道客户对公司产品的兴趣度	5 分	
交易历史	渠道客户的回款率	5 分	
	渠道客户在以往交易过程中是否有违规行为	5 分	
	业内（供货商、同行、下游零售商）对其交易的评价	5 分	
铺货能力	以往经销的产品在当地的铺货率	5 分	
	相对于当地其他经销商的铺货能力	5 分	
	坐商还是行商	5 分	
	自由渠道的多样性	5 分	
资金实力	每次交易的平均额度在同等级经销商中的排名	5 分	
	历史进货的最大额度和最小额度	5 分	
	业内对其实力的评价	5 分	
市场运作情况	有无窜货、拼折扣等恶性市场竞争行为	5 分	
	是否曾不遵守行规，为尽快出货而低价倾销	5 分	
	对下游的管理是否到位	5 分	
业务发展度	相对于往年的销售增长情况如何	5 分	
	有无重大的组织和人事变动	5 分	
	经营的产品类别有无重大转移	5 分	
	渠道客户销售人员的综合素质	5 分	
合计		100 分	

对渠道客户进行资信评估时需要注意：要对客户的档案资料实行动态管理，定期更新，及时获取有关外界变化的信息，调整客户的信用等级，改变自己的销售策略，同时审查原有信用管理制度是否需要调整等。

案例分析：

老客户拖欠案

范例

××汽车股份有限公司经销商信用评价管理办法

一、目的

为客观评价经销商的信用情况，全面、科学地评价经销商的信用风险水平，在此基础上创新融资方式，提升经销商的融资能力，将经销商的信用风险水平控制在公司可以承受的范围内，最终促进汽车销售的提升，公司将采用信用评价模型对经销商进行信用评级。为保证经销商信用评价工作的规范化和制度化，特制定本办法。

二、适用范围

适用于自主品牌汽车经销商。

三、构成要素

(1) 信用评价要素。

1) 评价对象：经营自主品牌汽车的一级经销商。

2) 评价周期：每季度评价一次。

3) 评价工具：运用特征分析模型对经销商进行信用评级。

(2) 特征分析模型。特征分析模型分为两大类特征类型，指标组成如下：

1) 业务特征：企业形象、区域销售占比、销售增长倍数、经营专一性、库销比例。

2) 财务特征：担保条件、启票销售收入、实收资本、盈利能力（销售利润率、净资产收益率)、资产负债率、自有资金投入、建店投入、银行信用、履约情况。

(3) 信用评价报表报送人为与本公司签订了汽车买卖合同的一级经销商。

四、职责

(1) 财务部为经销商信用评价的管理部门，负责经销商信用评价办法的制定和解释、财务特征相关信息的收集和评分、信用等级评定以及对应商务政策考核得分和授信限额的确定。

(2) 微车销售公司和轿车销售事业部为经销商信用评价的实施单位，负责经销商业务特征相关信息的收集和评分。

五、工作要求及程序

1. 信用评价基本原则

公司本着“客观、公正、公平、公开”的基本原则，根据经销商经营情况及所报送的相关资料，采用经销商信用评价模型进行信用评级并予以公布，最后依据信用评价结果决定是否给予信用政策支持以及可给予的支持力度。

2. 信用评价报表的报送

(1) 报表内容。经销商信用评价报表包含资产负债表、利润表、现金流量表、营业收支明细表、费用表和基本情况调查表六部分，经销商应按要求进行填写，用 A4 纸打印，加盖单位公章，装订成册后报送。报送年度报表时应附经会计师事务所出具的年度审计报告原件。基本情况调查表中有银行信用评级的单位，须附银行评级证书复印件。

(2) 报送周期、时间节点与报送方式。年度报表应于次年3月10日前报出，各季度报表应于每季度结束后次月10日前报出，即一、二、三季度报表应分别于4月10日、7月10日和10月10日前报出。

各经销商应以邮寄方式（中国邮政EMS）报送书面报表，报送时间以寄出邮戳为准，同时提供电子版至××汽车股份有限公司财务部汽车金融信贷处指定邮箱。因未及时收到报表而影响信用等级考核的，将一律由各单位自行负责。

(3) 特征分析模型评分。根据制定的评分标准（见表3-15至表3-17）和经销商报送的报表及业务部门提供的数据进行评分，没有资料信息的项目给0分。

表3-15 信用评价指标及评价标准

特征类型	序号	指标	权重	评价标准	指标说明	评价部门
业务特征	1	企业形象	10	具体见表3-16	指公司对经销商的公司性质、组织体系、企业规模、形象店标准等的初步印象	微车销售公司/轿车销售事业部
	2	区域销售占比	8	区域销售占比第一：8分 区域销售占比第二：4分 区域销售占比第三：2分 区域销售占比第三以下：0分	$=\frac{\text{该经销商××汽车销量}}{\text{本区域××汽车总销量}}\times100\%$	微车销售公司/轿车销售事业部
	3	销售增长倍数	7	1.1≤销售增长倍数：7分 1.0≤销售增长倍数<1.1：6分 0.9≤销售增长倍数<1.0：4分 0.8≤销售增长倍数<0.9：2分 （新入网经销商取全国平均分）	$=\frac{\text{销量增长率}}{\text{××汽车任务销量增长率}}$	微车销售公司/轿车销售事业部
	4	经营专一性	6	只经营××微车或轿车：6分 只经营××品牌：4分 经营××汽车产品：2分 经营多种品牌：0分	是否专营××汽车并独立核算	微车销售公司/轿车销售事业部
	5	库销比例(x)	4	$1.4\leqslant x\leqslant1.6$：4分 $1.2\leqslant x<1.4$ 或 $1.6<x\leqslant1.8$：3分 $1.1\leqslant x<1.2$ 或 $1.8<x\leqslant2.0$：2分 $1.0\leqslant x<1.1$ 或 $2.0<x\leqslant2.5$：1分 $x<1.0$ 或 $x>2.5$：0分	$=\frac{\text{期末存货量}}{\text{当期月均销量}}$	微车销售公司/轿车销售事业部

续表

特征类型	序号	指标	权重	评价标准	指标说明	评价部门
财务特征	6	担保条件	3	100%≤担保覆盖率：3 分 50%≤担保覆盖率<100%：2 分 担保覆盖率< 50%：1 分 无担保：0 分	金融服务网络和信用销售授信额度担保覆盖率	财务部
	7	启票销售收入（y）	7	30 000 万元≤y：7 分 10 000 万元≤y<30 000 万元：6 分 3 000 万元≤y<10 000 万元：5 分 2 000 万元≤y<3 000 万元：4 分 1 000 万元≤y<2 000 万元：2 分 y<1 000 万元：0 分	对经销商启票的销售收入	财务部
	8	实收资本（z）	10	1 000 万元≤z：10 分 500 万元≤z<1 000 万元：8 分 200 万元≤z<500 万元：6 分 100 万元≤z<200 万元：4 分 z<100 万元：2 分	资产负债表中的资本总额，反映该单位的经营规模	财务部
	9	销售利润率	5	4.0%≤销售利润率：5 分 2.0%≤销售利润率<4.0%：4 分 1.0%≤销售利润率<2.0%：3 分 0.5%≤销售利润率<1.0%：2 分 0≤销售利润率<0.5%：1 分	$=\frac{\text{利润}}{\text{主营业务收入}}\times 100\%$	财务部
	10	净资产收益率	5	40%≤净资产收益率：5 分 20%≤净资产收益率<40%：4 分 10%≤净资产收益率<20%：3 分 5%≤净资产收益率<10%：2 分 0≤净资产收益率< 5%：1 分	$=\frac{\text{利润}}{(\text{期初净资产}+\text{期末净资产})/2}\times 100\%$	财务部
	11	资产负债率	15	资产负债率<50%：15 分 50%≤资产负债率<70%：12 分 70%≤资产负债率<80%：9 分 80%≤资产负债率<90%：6 分 90%≤资产负债率<95%：3 分 95%≤资产负债率：0 分	$=\frac{\text{负债}}{\text{资产}}\times 100\%$	财务部
	12	自有资金投入	15	设 $x=\frac{\text{经销商库存及预付购车款金额}-\text{厂商支持金额}}{\text{当季月均销量}\times 1.5}$，若 $x=1$ 所对应的标准值为 9 分，则 x 每增加 0.1 加 0.6 分，最高为 15 分，x 每降低 0.1 减 0.9 分	公司投入××汽车采购的自有资金总额	财务部

续表

特征类型	序号	指标	权重	评价标准	指标说明	评价部门
财务特征	13	建店投入	5	汽车超市、微车 Aa、轿车 A：5 分 微车 Ab/Ba/Bb/Ca：4 分 微车 Ac/Ad/A/Da/Ea/a/Cb、轿车 B：3 分 微车 Bc/Bd/B/Db/Eb/b/Cc、轿车 C：2 分 微车其他等级、轿车 D：1 分 （多个店可累加，最高 5 分）	公司投入××汽车的建店投入，按照不含土地的建店成本分级估算	财务部
	14	银行信用	加分项	具体见表 3－17	银行对经销商的信用评级（该指标从银行取得）	财务部
	15	履约情况	扣分项	具体见商务政策财务管理违规扣分标准，扣分上限为 20 分	是否有不良还款记录以及其他违规行为	财务部

表 3－16　企业形象评价标准

指标名称	子指标		评分标准	得分	总分
企业形象	公司性质		股份有限公司	1	
			其他类公司	0	
	规模	人员	员工人数≥60 人	3	
			30 人≤员工人数＜60 人	2	
			员工人数＜30 人	1	
		二级商数量	微车二级网点数量≥10 个 （或）轿车授权专营店数量≥5 个	3	
			10 个＞微车二级网点数量≥8 个 （或）5 个＞轿车授权专营店数量≥3 个	2	
			8 个＞微车二级网点数量≥3 个 （或）3 个＞轿车授权专营店数量≥1 个	1	
			3 个＞微车二级网点数量 （或）1 个＞轿车授权专营店数量	0	
	形象店标准		××汽车超市，微车 Aa 类 4S 店，轿车 A 类形象店	3	
			微车 Ab、Ba、Bb 类 4S 店，轿车 B 类形象店	2	
			微车 Ca、Cb 类 4S 店，轿车 C、D 类形象店	1	
			微车 Ac、Bc、Cc、Da、Db、Dc、Ea、Eb、Ec 类专卖店，轿车过渡店	0	
	对外担保		30%≤对外担保占总资产比例＜50%	－1	
			50%≤对外担保占总资产比例＜70%	－2	
			70%≤对外担保占总资产比例	－10	

说明：企业形象评价最低分为 0，不倒扣。

表 3-17 银行信用评价加分标准

序号	银行信用等级			加分
	工行/建行	农行	中行/中信/光大/华夏	
1	AAA/AA	AAA+/AAA/AA+	AAA/AA	5
2	A	AA	A	4
3	BBB	A+	BBB	3
4		A	BB/ B	2
5	BB/B/F	B/C	CCC/CC/C/D	1

说明：须附银行评级证书复印件，一年内有效。

(4) 信用等级评定。将每一项指标的实得分数加总得出总分，初步评定信用等级，并结合前期信用评价等级及经销商与公司经济交往中的信用记录进行最终评定。当季信用评价等级提高相对于前一季度不超过一级。

(5) 根据信用评价等级确定商务政策考核得分及授信限额（见表 3-18）。

表 3-18 信用评价等级及商务政策考核得分、授信限额

信用等级	得分	信用等级评定	商务政策考核得分	金融服务网络授信限额
AAA	90 以上	极佳	20	月均销量的 3 倍
AA	80～89	良好	18	
A	70～79	较好	15	月均销量的 2.5 倍
BBB	60～69	尚可	12	
BB	50～59	一般	8	月均销量的 2 倍
B	40～49	欠佳	4	
C	0～39	不良	0	不推荐
NR	缺数据	数据不充分	0	不能做出评价，不建议

六、附则

本规定解释权属××汽车股份有限公司财务部。

六、签订规范经济合同，控制风险

防范渠道新客户应收账款风险的另一个重要方式就是签订规范的经济合同。签订合同时，要用词准确，细化合同条款，明确收回货款条件和违约责任。具体来说，签订经济合同需要注意以下事项。

（一）签订合同前，认真审查对方的真实身份与履约能力

审查身份就是审查渠道客户的经营主体资格的合法性和真实性，审查履约能力就是查

清客户真实的经营情况。如果做过前期的资信评估，签约前应该对客户有一个比较完整、真实的认识；如果未做过资信评估，签约前需要通过人员直接拜访或电话、信函等方式了解对方资信情况，切实掌握对方真实身份和履约能力。

（二）采用企业统一起草的合同文本

与渠道客户签订合同时应采用企业统一提供的合同文本，好处有两点：一是合同条款规范一致，便于企业进行风险控制；二是可以结合企业的具体情况，统一制定一些有利条款来维护企业合法权益。如果对方比较强势，要求执行己方合同文本，就需要与对方协商，充分利用合同中的"双方共同约定事项"来控制回款风险。

（三）审查合同公章与签字人的身份，确保合同有效

明确客户经手人签字是否有效，是否得到了书面授权。应让其提供企业及其法人代表的授权委托书、合同书、个人身份证明以及财产担保书等相关证明文件，切忌仅凭对方提供的银行账户、合同专用章等不全面、不规范的文件就与其签订合同。同时，应该从根本上杜绝那种仅凭老关系、熟面孔或熟人介绍就与对方签订合同的做法。

（四）严格审查合同各项条款

合同要素必须齐全，内容必须仔细核对以确保准确，如数量、单价、金额要一一对应，换算一致，特别是关于交货地点、交货方式、质量标准、结算方式、货物价格、计量单位等的约定，要力求表达清晰、明确、完整。

（五）约定信用监督条款

信用监督条款，即 CS（Credit-Supervising）条款，是约定"投诉、表扬、建议方法与程序"的条款。作为购买、销售、投资、合作、服务的条件，合同当事人可以要求在合同中约定 CS 条款，以避免失信风险和积累自己的诚信记录。

标准 CS 条款的内容为："本合同遵循诚信的原则签订并执行，一方失信违约的，另一方有权按照《ICE8000 国际信用监督体系公开投诉规则》，在国际信用监督网和其他媒体进行公开投诉；也有权按照《ICE8000 国际信用监督体系永久曝光规则》，将失信违约事实在国际信用监督网和其他媒体上永久曝光。"

（六）约定违约条款

约定违约条款是为了明确约定违约责任，为将来可能的诉讼与维权打下良好的基础。违约条款可以明确约定违约金或欠款的利息，如客户未按时付款，自逾期之日起，应按照同期银行活期存款利率支付欠款利息。

（七）明确延期付款的注意事项

延期付款的金额要用大写和小写两种格式书写；延期期限应清楚注明天数；必须付款

的日期应明确为某年某月某日，而不是含糊的“几月份”“春节前”等；延期付款的处罚规定要具体详细，如延期一天需赔付违约金多少，并事先声明，延期后将停止发货。

（八）约定争议管辖权条款

争议管辖权条款的约定用于避免对方设计的司法陷阱。一些不法客户往往在其所在地有良好的社会关系，妄图利用地方保护主义逃避法律的制裁。一般应约定由供货企业所在地的人民法院管辖，双方实在无法达成一致意见时，应当约定双方所在地的人民法院都有管辖权。如果双方所在地人民法院都有管辖权，一旦发生争议，应尽快向本地人民法院提起诉讼，否则如果客户先提起诉讼，客户所在地人民法院将首先立案。

（九）明确合同签订地

很多精心设计的合同纠纷从实质上看都是合同诈骗，都涉嫌犯罪。经济诈骗案件的受害人，首先应到公安机关报案，而非到人民法院提起诉讼，因为人民法院一经受理，合同诈骗案件就会成为普通的经济纠纷案件。需要注意的是，很多不法客户往往精心设计管辖权，使企业到本地公安机关报案时，发现本地公安机关没有管辖权。合同签订地条款的约定对于追究不法客户的刑事责任和挽回自身经济损失有重要的意义。

《公安机关办理刑事案件程序规定》第十五条规定：刑事案件由犯罪地的公安机关管辖。根据《最高人民法院关于适用〈中华人民共和国刑事诉讼法〉的解释》第二条第一款规定，犯罪地包括犯罪行为发生地和犯罪结果发生地。在合同诈骗案中，合同签订地和合同履行地通常被认为是犯罪行为发生地，所以合同诈骗的犯罪地包括合同签订地和合同履行地。由于合同履行地往往为对方所在地，因此只有约定合同签订地，对于供货企业而言才有作用。

（十）约定所有权保留条款

供货企业可以规定保留货物的法定所有权作为销售的条件之一，直到客户付清全部货款后货物所有权才转移给客户。在英国，销售合同中的所有权保留条款被称为罗马尔帕条款，它源于 1976 年的一个重要的法院判例，这个判例被全世界广泛采用。所有权保留条款可以有效地预防客户的破产清算风险。

（十一）约定抵押、担保条款

如果可能，在合同中约定客户提供一定额度的货款抵押，或提供相应的按时支付货款担保。当然，很多客户可能没有能力或缺乏意愿提供抵押或担保，但作为供货企业的当事人，在签订合同时应尽量争取，促使对方提供抵押或担保。毕竟，有抵押或担保的合同才是安全的合同。

范例

经销合同范本

甲方：________________________________

乙方（特约经销商）：________________________

甲、乙双方基于平等互利的原则，经友好协商，就乙方经销甲方产品达成如下协议：

1. 授权经销

（1）甲方授权乙方于本协议有效期内在甲方指定的行政区域（以下称销售区域）内销售甲方的产品，成为甲方产品的经销商。

（2）甲方保留自行将产品出售给销售区域内主要客户的权利，主要客户名单由甲方随时以书面方式通知乙方。除非双方另有约定，乙方不得向销售区域内的甲方主要客户销售甲方的产品。但甲方自行出售的价格不得低于甲方按照本协议书规定在当时出售给乙方的价格。

（3）乙方的经销权不是独占的和排他的。甲方仍保留权利，自行决定授权其他的销售商在该销售区域内销售甲方的产品。但甲方出售给其他客户的货品价格不低于甲方按照本协议书规定在当时出售给乙方的价格。

（4）甲方和乙方之间仅限于甲方产品经销的关系，为互相独立的合同缔约方。因此，乙方不得以或试图以甲方或其任何关联公司或附属公司的合伙人、代表、代理人或特许商的身份开展业务或以明示或暗示的方式做如此表述。在任何情况下，乙方不得因本协议书而被视为与甲方或其任何关联公司和附属公司有上述关系。乙方应以本人身份进行产品销售，为自身利益与顾客签订购销合同，并且应自行独立承担其在该购销合同项下的义务和责任。乙方不得代表甲方签订任何合同性文件或做出任何承诺、声明、保证或陈述。乙方违反前述规定所签订的合同性文件和做出的任何承诺、声明、保证或陈述对甲方在任何情况下均不具有约束力。

2. 分销区域、渠道和产品

（1）乙方同意接受甲方授权作为甲方产品的经销商，在甲方指定的销售区域内销售甲方的指定产品。

（2）销售区域指附件一（略）所列的甲方指定的行政区域。

（3）乙方承诺在本协议书有效期内努力发展分销渠道，并最终使其销售网络覆盖销售区域内所有到达区镇一级的主要分销通路。

（4）乙方同意如果乙方在销售区域内的分销渠道没有被充分地覆盖及发展，甲方有权将部分地区移出其销售范围。

（5）乙方同意只能在销售区域内发展分销网络，进行分销活动。除非有甲方的预先书面同意，乙方不得从任何第三方购买甲方的产品，或向注册地址、主要经营地址位于销售区域以外的任何单位或个人销售甲方的产品，或向任何国家或者地区出口甲方的产品。一经确认，甲方有权要求乙方限期改正，并按照甲方指令采取补救措施，甲方亦有权即时书面通知乙方解除本协议书。

（6）乙方同意甲方可以随时增加、撤除或变换任何或全部甲方的产品、区域或分销渠道以符合甲方在中国发展的长远计划和对消费者的利益。

3. 乙方的责任和义务

（1）经常不懈地做出努力，以与甲方在销售区域中可能提出的任何销售计划取得协调。

（2）保持甲方产品的存货数量不低于一个月的平均销售量，以便有效率及无延误地向销售区域提供服务。

（3）负责提供良好的客户服务。乙方所在市范围内的客户的订单必须在24小时内交货，乙方所在市范围外的客户的订单必须在48小时内交货。

（4）按照甲方合理要求的格式及次数向甲方提交存货清单及销售报告，并确保各类报表的准确性。

（5）负责做好所有甲方产品及宣传品在销售区域内商店、商场、超市及其他各种卖场的陈列工作。

（6）乙方不得销售假冒或仿冒甲方产品的侵权商品，或其他假冒伪劣商品，一经发现，甲方有权中止合约，并采取法律行动，追究乙方的责任。

4. 乙方的投资、人力资源

（1）乙方的开办费用及基本日常开支费用均由乙方自行承担，该费用包括但不限于乙方使用的办公桌椅、文具、文件柜、电话、传真、空调的购置费用，差旅费，仓储费，运输费，局部促销费及市场费用。

（2）乙方必须聘请专职人员负责甲方产品的销售及服务，其细况如下：____________

____

（3）乙方的销售经理经甲方同意后由乙方决定委任担任，乙方投资人、主要负责人、经理及副经理或主任不允许兼任销售经理。

（4）乙方的雇佣标准为甲方所接受的最有经验的售货人员、行政人员、技术人员及其他工作人员，销售人员及行政人员数量应符合甲方要求，以履行本协议书规定下乙方的各项责任。这些人员应有的资历，他们的职能及工作均由双方共同确定。乙方同意甲方有权参与这些销售人员的面试、挑选与调动。

（5）乙方雇佣人员的工资与福利由乙方承担，与甲方无关。

（6）甲方同意与乙方协商奖励方案，根据乙方的销售业绩的增长，向乙方支付相应的奖励金。

（7）甲方通过授权的代理机构负责挑选、培训、考核、制订奖励计划给予商场促销人员及分销人员。

（8）甲方同意由乙方授权的代理机构支付商场促销员及分销人员的奖金、工资与福利。

（9）乙方同意甲方有权参与所有乙方人员的调动。

（10）鉴于乙方所提供的上述各项服务，甲方同意做出最大努力向乙方的销售人员提供适当的培训，如果乙方需要此种培训。

（11）上述乙方人员（除商场促销员外）均指专职从事甲方产品推广、销售和服务的人员，即条款（2）中所列的人员。

5. 供应价格及转售价格

（1）甲方同意按照本协议书之附件六（略）所载列的产品及其价格供应产品给乙方。该价格包含产品运达乙方指定地点的运费、装卸费、保险费和相应的增值税。

（2）乙方同意依照甲方的建议转售价格转售产品。

（3）甲方有权提前30日书面通知乙方调整产品供应价格和转售价格。

6. 流动资金与付款

（1）乙方承诺对销售甲方的产品投入足够的流动资金。

（2）乙方订购甲方产品须以人民币付款。乙方承诺按照甲方不时书面通知的__________公司付款政策的规定按时支付货款。

（3）如果乙方不按上述甲方付款政策按时还款，甲方有权采取相应的措施，包括但不限于拒绝按照乙方的任何订单交货，不再接受乙方的任何订单，直至乙方将所有欠款足额付清为止。超过付款期30日仍未付款，乙方须承担按照银行同期贷款利率计算的滞纳金。

7. 市场支持及业务指导

（1）甲方负责甲方产品在销售区域内的所有广告及促销活动，未经甲方事先书面授权同意，乙方不得进行与甲方有关的任何广告或促销活动。否则，有关费用由乙方自行承担。

（2）所有关于甲方公司及产品的广告宣传由甲方负责。如果乙方有必要进行有关这方面的宣传或特别促销，应事先得到甲方的批准。乙方同意就甲方要求提供业务资料以做广告宣传之用，有关费用事项须经双方同意。

（3）甲方同意根据销售需要拨出一笔商场促销费（主要是商店的活动）协助乙方促进销售。乙方须定期拟出方案及所需承担的费用，待甲方书面审批后方能进行。

（4）甲方同意向乙方销售人员提供培训，以提高乙方的市场竞争力及服务水平。乙方须尽最大的努力来发展及保持__________之三最：

1）最广的铺点；

2）最佳的陈列；

3）最好的客户服务。

（5）甲乙双方同意，本条所涉及的所有授权同意、审批及批准，以及甲方对协议书期间任何市场促销费用的认可和确认必须由甲方销售区域总监及以上管理人员签字或加盖甲方公司公章方为有效。除此以外，甲方的任何销售人员或其他人员做出的有关市场促销费用的承诺和认可，不论是口头的，还是书面的，均不具有法律效力。

8. 交货

（1）甲方将负责安排把产品运输到乙方指定的地点，交付乙方。一切交付以后的运输及其他费用均由乙方自行承担。

（2）在产品由甲方公司仓库运往乙方指定收货地点的途中所发生的任何责任和损失均由甲方承担。

（3）甲方产品在指定地点经双方授权人员检验并盖章确认后视为交付完毕。乙方应在送货单客户栏处加盖与乙方公司名称完全一致的乙方公章或者收货专用章。关于乙方收货确认的详细规定详见本协议书附件七（略）。乙方对产品数量和质量的任何异议应记录于送货单之送货方联。

（4）甲方的产品一经交货给乙方，产品的所有权或产品任何部分随后发生的损失或责任的全部风险（由产品本身质量造成的损失除外）转移至乙方。

9. 乙方的收益回报

乙方每年所得的奖励，包括从甲方所得的奖励返利，应投资回本协议书项下的甲方产品经销业务，以扩大乙方作为甲方经销商的运作实力。

10. 协议书的保密性及完整性

(1) 乙方在此同意为甲方的所有资料（包括本协议书以及相关文件）严格保守秘密，并且除了为履行乙方在本协议书规定下的各项责任外，不为任何其他目的使用上述资料。在甲方提出书面要求时，乙方必须立即无延误地、无条件地将乙方所拥有的属于甲方的全部图表、蓝图、财务报告、说明书、客户信息及销售资料等所有文件材料归还给甲方。如乙方违反本条之规定，甲方有权立即终止本协议。乙方前述的保密义务在本协议书因任何原因终止后持续有效，对乙方具有约束力。

(2) 本协议书及本协议书之附件构成双方有关本协议书的全部协议，并取代双方先前所有讨论、协商及协议。

11. 期限及终止

(1) 本协议书自双方签字盖章之日起生效，有效期至________年________月________日止。除非任何一方在本协议书有效期届满前 30 天书面通知另一方其不续约的决定，本协议书有效期将自动延续一年，至________年________月________日。自________年________月________日起，甲方有权经提前 60 天书面通知乙方，单方面提前终止本协议书，且无须向乙方承担任何赔偿责任。

(2) 当任何一方发生破产、无偿债能力或在其他情况下按照法律规定须终止营业时，本协议书须提前终止或取消。

(3) 当一方违反本协议书，并且在收到守约方书面的违约通知之后 30 天内未能做出补救时，守约方可以书面通知违约方，立即提前终止本协议书。

(4) 不论是期满不续期还是提前终止本协议书，乙方均应立即将有关的资料交付甲方，并立即与甲方结算货款及费用。

(5) 不论乙方因何种原因停止营业，乙方同意甲方有权将乙方未售出但仍适于销售的产品取回，以冲抵乙方欠款，但甲方应列出取回产品清单，以便双方核算取回产品金额。

12. 违约责任

除本协议书已有约定外，一方违反本协议书约定，守约方有权要求违约方立即采取补救措施，并赔偿守约方由此而产生的一切损失，包括但不限于合理的律师费用。

13. 知识产权

(1) 本协议书的订立和履行不视为甲方同意和许可乙方使用甲方和甲方关联公司所拥有的任何商标、商号、标志或者特有产品包装。

(2) 如根据甲方的判断，乙方所使用的商标、商号（不论是否使用中文）会对甲方或甲方关联公司的商标、商号产生不利影响，或者与之类似，容易产生混淆，则一经甲方书面通知，乙方应立即停止使用该商标、商号。

(3) 乙方应就任何第三方侵犯甲方或甲方关联公司的商标、商号专用权或其他知识产权的行为及时通知甲方。

14. 转让

未经另一方事先书面同意，并就债权债务达成明确的书面协议，任何一方不得将本协议书规定下的该方任何权利及义务转让。

15. 争议的解决

本协议书有任何未尽事宜及本协议书所产生的所有争议须由双方通过友好协商解决。协商不成，双方之间的任何该等争议应提交甲方所在地人民法院裁决和管辖。

16. 修改

对本协议书的任何修改和变更必须以书面形式进行，并经双方授权代表签字且加盖公司公章后方能生效。

17. 附件

本协议书的附件包括：附件一“乙方销售区域”，附件二“销售支持”，附件三“销售返利”，附件四“覆盖和分销奖励”，附件五“进销存报告奖励”，附件六“价格单”，附件七“收货确认政策”。

上述附件为本协议书不可分割的一部分，与本协议书具有同等的法律效力。在本协议书有效期内，甲方将基于本协议书不时制定、修改并书面通知乙方关于甲方产品的经销/销售政策、方案和类似规定。该等文件经乙方签收后，应作为本协议书的附件。

18. 文本

本协议书自双方授权代表正式签署之日起生效。本协议书一式两份，双方各持正本一份。双方在此确认，本协议书的所有条款已经双方充分协商，为双方的真实意思表示，不构成任何一方的格式条款。

乙方应向甲方交验经过当年年检的营业执照，法定代表人身份证明，并提供复印件。

甲方（盖章）：____________　　　　乙方（盖章）：____________

代表（签字）：____________　　　　代表（签字）：____________

________年______月______日　　　　________年______月______日

拓展知识

测试题 3-3：

控制应收账款风险

企业在销售产品时，都会遇到赊销与现款交易相矛盾的困境。从良性运营的角度看，赊销虽然可以缓解企业销售压力，但大量应收账款会导致企业财务压力加大、客户掌控力变弱等，会给企业正常生产经营带来严重影响。控制应收账款风险，确保企业健康运营，其根本在于现款交易。现款交易的好处主要体现在以下几方面。

一、有利于企业、客户各自的良性运营

对企业来说，现款交易可以减少资金占用，加速资金周转，提
高企业的整体效率，降低企业经营成本及经营风险。企业在产品研发、市场建设、品牌推广、人员配置等方面都可以大手笔地投入，降低渠道销售人员和客户在产品销售方面的难度，使企业在良性循环中蓬勃发展。

对客户来说，现款交易占用资金，但由此带来的压力会使客户更加专注销售产品和加强自身的运营管理，更关心收益、资金流动率、账龄管理及人员素质，也会大大提升资金的增值空间并加速资金的周转。

销售实践证明，实行现款交易的客户，其发展速度比偏爱欠款或者赊销的客户要快得多。这是因为现款交易的客户时刻思考的是明天的发展，时刻想着如何减少资金占用、如何增强产品的销售力、如何增加促销力度、如何扩充销售网点等。这些都能在不知不觉中增强客户自身的经营管理能力。

二、有利于促进企业与客户的公平合作，实现共赢

企业都喜欢选择那些经营能力强、实力雄厚、网络分布广、销售额大的客户作为核心客户培养。许多企业为了争取到这样的客户，采用赊销、账期、月结等不利于企业管理客户的方法讨好客户，渴望获得客户的偏爱和支持。殊不知，客户的本质是逐利的，钱对于他们来说永远是不够的。例如：本来客户有笔货款应该投资在企业身上的，但由于企业采用的是账期、赊销、月结方式，客户缺少紧迫感，容易把货款转移到更急需的业务上。同时，赊销导致许多客户感觉挣企业的钱比挣顾客的钱还容易，于是把主要精力用在与企业讨价还价上而不是市场服务上。由于货物和货款都在客户掌控中，企业会担心客户做出种种不利的举动，更助长了客户对企业品牌毫不重视的心理。他们对企业毫无依赖感，更无忠诚度可言。

企业要通过不断地激励和培育，改变客户经销的思维和赚钱的思路，以此提升销量和增强竞争力。企业宁可为客户多提供一些促销资源支持，也绝不能采用赊销的办法（这里排除一些超级卖场，账期是其经营策略）。只有这样，企业才能和客户建立平等合作的平台。企业要通过种种服务手段增强客户经销的积极性、忠诚度，与客户建立起良性合作、同心共赢的销售关系。

三、有利于保证利润，实现可持续发展

现款交易可以有效确保企业销售收入和销售利润的实现，使资金能够及时回笼并用于企业生产经营活动，从而实现企业的健康可持续发展。而赊销时，一切销售收入和利润都

是表象，很难预知最后的结果。许多企业为了迅速占领市场，采用赊销、低价等策略冲击市场，从表面上看，企业的知名度、市场占有率、网点覆盖率迅速提高，形势大好；但实际上，企业因应收账款急剧增加，流动资金紧张，资产负债率居高不下，一旦资金链断裂，整个企业运营就会举步维艰，市场占有率下滑，销售网络瓦解，员工流失。

现款交易还可以让企业销售人员不必因为催款而浪费时间和精力，专注于市场建设和产品销售，实现市场拓展的稳步发展。采取赊销策略时，销售人员近40%的时间和精力都会浪费在收款上，因为催款、对账、结算等过程总是一波三折，导致他们根本没有多少时间和精力可以真正投放到市场建设上。

现款交易的优点不胜枚举。在现实销售中有“十赊不如一现”的说法，这充分说明了现款现货的重要性。企业的正常运转需要资金，如果应收账款过多、资金回流不及时，就会加大企业风险，最终将企业拖垮。因此，企业应遵循现款现货这一销售原则，这样不仅可以向客户施压，使客户在压力下产生动力，而且能使商品销售得更好，继而打造出一条良性发展的销售链。

巩固练习

一、名词解释

应收账款　信用额度　信用期限　现金折扣　诉讼保全　诉前保全　诉讼时效　所有权保留条款

二、单项选择题

1. 厂家与经销商约定对应收账款进行定期结算，如月结、季结等，该信用期限实施方式为（　　）。

A. 滚动式　　B. 预算式　　C. 限期式　　D. 定额式

2. 下列不属于决定信用额度的关键因素的是（　　）。

A. 付款历史　　B. 业务量　　C. 订货周期　　D. 公司员工数

3. 公司规定货款结算周期为40天，下面对2/15、1.4/30、N/40的含义表述正确的是（　　）。

A. 货到后15天内付款，享受2%的货款折扣

B. 2天内必须付款15%

C. 超过30天后要按照应付款的1.4倍结算

D. 超过40天后，无须付款

4. 对人友善、富有同情心，专注于单一的具体工作，不适应冲突的氛围，回避进攻性的、粗暴的态度，这种类型的客户是（　　）。

A. 合作型客户　　B. 虚荣型客户　　C. 固执型客户　　D. 情感型客户

5. “本合同遵循诚信的原则签订并执行，一方失信违约的，另一方有权按照

《ICE8000国际信用监督体系公开投诉规则》，在国际信用监督网和其他媒体进行公开投诉；也有权按照《ICE8000国际信用监督体系永久曝光规则》，将失信违约事实在国际信用监督网和其他媒体上永久曝光。”该条款是（ ）。

A. 信用监督条款　　B. 约定违约条款

C. 争议管辖权条款　　D. 所有权保留条款

6. 从诉讼开始之后至做出判决、裁定、调解之前，人民法院所进行的财产保全是（ ）。

A. 诉前保全　　B. 诉讼保全　　C. 诉前准备　　D. 判决执行

三、多项选择题

1. 下列属于应收账款事前管理内容的有（ ）。

A. 建立定期对账制度　　B. 建立坏账准备金制度

C. 制定应收账款信用政策　　D. 评估渠道客户信用

2. 收回应收账款的常用方式有（ ）。

A. 电话催收　　B. 信函通知催收

C. 人员直接催讨　　D. 采取法律行动

3. 企业销售部门对渠道客户的信用管理的主要内容有（ ）。

A. 信用额度　　B. 信用期限

C. 鼓励积极回款政策　　D. 定期对账

4. 催收应收账款时，对强硬型客户，可以采用的策略有（ ）。

A. 沉默　　B. 顾全对方的面子

C. 软硬兼施　　D. 以弱胜强

5. 利用综合评估法对渠道客户资信进行评估时，主要考虑的因素有（ ）。

A. 交易历史　　B. 铺货能力

C. 资金实力　　D. 市场运作情况

6. 人员直接催收应收账款时，需注意的事项有（ ）。

A. 准备单据核对数目　　B. 财产保全

C. 留心倾听　　D. 事先通知

四、简答题

1. 导致应收账款产生的原因有哪些？

2. 简述应收账款跟踪分析的主要内容。

3. 电话催收账款的要点有哪些？

4. 新客户资信调查的主要内容有哪些？

5. 新客户资信调查的基本项目有哪些？

五、论述题

1. 试论述5C信用评估法的主要内容。

2. 试论述签订经济合同时的注意事项。

六、分析题

客户王总为人友善、富有同情心，在打交道的过程中十分随和，能迎合对方的兴趣，常常会在不知不觉中把人说服。去年，公司为促进销售，向王总铺货 10 万元，合同约定年底支付公司货款。但今年春节已过，王总仍未付款。

假设你是负责该客户服务的业务经理，根据公司安排去催收该笔货款。

问题：

（1）你认为王总属于什么类型的客户？为什么？

（2）你计划采取何种催款方式？为什么采取该方式？

七、案例讨论

美的集团的应收账款分析

家电行业被公认为目前市场化程度最高的产业之一，许多家电制造企业为了生存和发展，会通过赊销的方法扩大销售规模，争夺市场。赊销是一种建立在商业信用基础上的销售手段。信用销售能使企业的销售收入和利润增加，但是也提高了应收账款难以收回的风险。

一、美的集团简介

美的集团是中国家电品类最齐全，并在全球具有重大影响力的家电龙头企业之一，是一家多元化、全球化的科技集团，产品横跨消费电器、暖通空调、机器人及自动化系统等多个领域。2018 年，美的集团实现营业总收入 2 618.20 亿元，同比增长 8.23%。2018 年《财富》世界 500 强榜单中，美的集团排名第 323 位，位列中国家电行业第一名。

二、美的集团应收账款情况分析

1. 应收账款占营业收入比重（见表 3-19）

表 3-19　2014—2018 年美的集团应收账款与营业收入

类别	2014 年	2015 年	2016 年	2017 年	2018 年
应收账款余额（万元）	936 210.28	1 037 171.80	1 345 451.10	1 752 871.70	1 939 017.40
营业收入（万元）	14 166 817.52	13 844 122.60	15 904 404.10	24 071 230.10	25 966 482.00
比重（%）	6.61	7.49	8.46	7.28	7.47

资料来源：美的集团 2014—2018 年报表。

从表 3-19 可知，从 2014 年至 2018 年，美的集团营业收入迅猛增长，应收账款余额表现出大体一致的增长速度。但经计算发现，应收账款占营业收入的比重呈波动性上升的趋势，这是因为相对于营业收入的增长幅度，应收账款的增速更快。

2. 应收账款周转状况（见表 3-20）

表 3-20　2014—2018 年美的集团应收账款周转状况

年份	应收账款周转率（次/年）	周转天数（天）
2014	16.386 8	21.968 9
2015	14.030 9	25.657 7

续表

年份	应收账款周转率（次/年）	周转天数（天）
2016	13.350 3	26.965 7
2017	15.538 2	23.490 4
2018	14.066 8	25.947 7

资料来源：国泰安数据库。

应收账款周转率是衡量应收账款管理情况的一项重要指标，应收账款周转率越高，表明公司的收账速度越快，资产流动越快。表 3-20 中显示，从 2014 年至 2018 年，美的集团的应收账款周转率平均每年为 15 次，周转天数平均为 25 天。

3. 应收账款账龄分析（见表 3-21）

表 3-21 美的集团 2013—2016 年应收账款账龄 （单位：万元；%）

账龄	2015-12-31		2016-12-31		2017-12-31		2018-12-31	
	金额	比例	金额	比例	金额	比例	金额	比例
1 年以内	1 072 857	97.73	1 360 313	95.81	1 793 271	97.41	1 999 026	98.12
1～2 年	10 449	0.95	46 284	3.26	26 690	1.45	18 707	0.92
2～3 年	8 856	0.81	6 676	0.47	10 398	0.56	8 829	0.43
3～5 年	4 949	0.45	4 521	0.32	6 430	0.35	8 407	0.41
5 年以上	711	0.06	2 038	0.14	4 222	0.23	2 259	0.11
合计	1 097 822	100.00	1 419 832	100.00	1 841 011	100.00	2 037 228	100.00

资料来源：美的集团 2014—2018 年报表。

由表 3-21 可知，美的集团超过一年的应收账款一般不到 3%，除了 2016 年该比重明显升高，但之后又逐渐恢复正常。美的集团对应收账款账龄控制在 2016 年之后更为严格，为防止未收回的账款账龄过长。降低坏账风险，美的集团对以往年度至今未收回的应收账款当年要全部收回，至少保证收回绝大部分。

资料来源：潘童童，白鸥．家电制造企业应收账款管理案例分析［J］．江苏商论，2019（11）．

问题：

1. 美的集团为什么对渠道商采用信用销售的方式？
2. 请你对美的集团应收账款情况进行分析。
3. 应收账款产生的原因主要有哪些？
4. 请你谈谈对家电企业应收账款管理的对策和建议。

项目实训

1. 实训目的

本实训是对营销渠道应收账款知识的应用，通过编制应收账款管理制度和催款策略，了解渠道应收账款管理的实质，掌握渠道应收账款管理的方法，控制渠道应收账款风险。

2. 实训内容

适度的应收账款是企业适应市场竞争、扩大销售、节约存货资金占用和降低存货成本的需要。但过高比例的应收账款会使企业的营运能力和偿债能力下降。如何管理控制好应收账款，提高企业的资金利用效率，减少企业经营风险，是企业渠道管理的重要方面。请你设计一份某企业的应收账款管理制度以及催款策略。

要求：

（1）选择一家企业，进行应收账款情况分析。

（2）确定应收账款管理制度的内容。

（3）设计合适的催款策略。

项目四 管理渠道冲突

项目意义

渠道冲突是渠道管理中的重要内容，渠道成员为了争取各自的利润最大化，不可避免地会引发各种冲突，如水平渠道冲突、垂直渠道冲突、不同渠道间的冲突、同质渠道间的冲突等。因此，解决渠道冲突成为渠道管理中一项重要的工作内容。如何解决渠道冲突，如何构建渠道冲突防火墙，如何维护与平衡渠道关系，都是渠道管理的主要工作任务。

项目内容

渠道冲突是每个企业都希望极力避免但又不得不面对的现实，因为渠道冲突一旦失控，就会导致渠道间互相窜货、价格一降再降的现象发生，最后经销商因无利可图而纷纷要求厂商调低供应价格或干脆拒绝销售。而厂商一旦调价，渠道又会陷入新一轮的价格大战之中，最后导致市场混乱不堪甚至一蹶不振。本项目重点介绍判定及处理渠道冲突、认识窜货及其治理、处理互联网渠道与传统渠道冲突、维护与平衡渠道的相关内容。

项目成果

在完成项目学习之后，学生需要提交以下项目学习成果：

(1) 一套解决渠道冲突的流程。

(2) 一份处理窜货的方案。

(3) 一份处理互联网渠道与传统渠道冲突的方案。

(4) 一份维护与平衡渠道关系的方案。

引例

多年过去，东鹏电商终于不再跟经销商“打架”了

2008 年，东鹏首次“触电”，在淘宝商城开设了网店。经过多年运营，2016 年 3 月，东鹏开始与经销商进行全品类服务的合作，带动全国经销商一起玩，2016 年“双 11”销售额超过 2 亿元，全年销售额超过 3 亿元。2017 年，东鹏线上、线下同款、同价商品比例约为 60%。

多年过去了，东鹏电商成熟的过程其实就是从与经销商“打架”到教育渗透，再到共享利益的过程。

一、艰难起步：线上、线下，不是“非黑即白”

2008 年，东鹏作为行业中探索电商的“先锋”，率先开设淘宝店铺，开始售卖旗下部分瓷砖、洁具产品。然而彼时，线上销售服装、美妆等快消品是主流，其他品类零星的几家网店也都是中小品牌在试探，真正动身的大品牌，东鹏是第一家。

直到 2012 年，家居建材电商才出现起势，行业内的探讨也多了起来。这一年，东鹏入驻天猫并开设了一家主营瓷砖的旗舰店和一家主营卫浴洁具的旗舰店，并把原来由分公司负责的电商业务划回了总部。

2013 年“双 11”之前，红星美凯龙宣布抵制天猫，标志着家居建材行业线上、线下矛盾彻底爆发。

对于当时已经探索电商近 5 年的东鹏来说，经销商反弹的情况更加糟糕。为了避免冲突，东鹏绕开经销商，将电商作为独立的渠道来运营。

经销商天天打电话投诉电商平台卖的价格太低，影响他们的正常生意；而线上来的订单往往利润较低，却对服务要求更高，线上便想方设法拒绝。

一方面，经销商把线上店铺视为威胁和竞争对手，甚至采取很多手段截流客户，导致整个产品价格体系出现混乱，品牌形象受到严重影响。

另一方面，消费者投诉也让他们焦头烂额——绕开经销商由总部发货，物流成本高，买多了没法退；整批送货，买少了几块想补买更是无法实现，同时产品破损情况也频繁发生。

为了安抚经销商，东鹏采取对线上、线下销售产品做区隔的做法，即线上销售定位年轻人群，款式更新奇、色彩更明亮的特供款，以此减少与门店的冲突，可即便如此，问题依然有增无减。

东鹏渐渐意识到，避开经销商是根本不可能的。

东鹏控股总裁分享了他的三点心得：“第一，低关注度的商品绝对不能做纯线上，脱离不了实体店，要线上、线下结合；第二，价格反而不是最重要的，售后和服务体验比价格还要重要；第三，要让消费者有一个信赖的过程，需要时间，相信了才会产生购买。”

对于以经销商模式为主的东鹏来说，最重要的是传达给经销商这样的理念，“线上

和线下，并不是一种非黑即白的关系”。

二、发力全渠道：对经销商的三次“电击”

然而，要想让经销商明白这个道理，并非易事。当时，东鹏在全国约有3 800家经销商，遍布中国95%的城市乡镇。一方面，这些经销商有着多年的销售经验，并且十分熟悉这个行业；另一方面，这件事情并不能一蹴而就。

于是，东鹏分三个阶段去“刺激”线下经销商，从让他们对电商产生认知，到让线上、线下产品，销售和服务产生“强关联”，再通过利益共通，直至达成全渠道的打通。

首先，线下展示引流回线上。

2015年，团队决定放弃线上、线下产品差异化的做法，开始把线上热销的专供款式放进经销商门店进行展示。顾客不能通过门店直接购买，需要扫描二维码，回到天猫店下单。这样做既帮助了经销商了解电商，同时也保护了流量来源。

当时试点的20多家门店大多在一线城市，这些地区的消费者和经销商对这样的方式并不排斥，甚至这种方式还帮助门店扩大了消费人群。通过展示网络专供的款式，到店客户年轻化特征明显，而这些20～30岁的年轻人是品牌原本定位群体的再扩大。对于经销商，公司也设置了内部激励政策，通过其门店进入天猫店下单的，有部分提成会给到经销商。

这样，东鹏让线上和线下第一次产生了“关系”。线上店铺的流量在慢慢增加，经销商也开始了解电商的运作。

其次，直接派订单。

东鹏通过派单的方式把送货和服务下沉到门店经销商手中。从2016年3月开始，东鹏第一次实行100%派单——无论是东鹏瓷砖还是洁具，下单之后不再由品牌方总部发货，而是派单给线下经销商自己发货、自己做服务。通过信息系统，线上成交的订单会直接派送到就近门店，由经销商负责上门沟通、测量和介绍产品。

为了统一产品和服务规格，品牌规定上楼送货的订货起步价为4 999元，经销商要在派单后24小时内同消费者进行沟通。由经销商完成的订单，公司只收取引流费用，剩余都给到经销商。

东鹏网店评论显示，最快纪录是客户下单8小时后就收到瓷砖，该客户留言表示惊讶。就近门店上门服务既提高了整体效率，也减少了单次物流的成本。

经销商在提供落地服务的同时可以获利，瓷砖这种半成品，在售后服务的过程中，客户还会产生二次加工的需求，比如扣槽、拼花等，经销商还可以从这些服务中赚取利润。

最后，设置特权定金，双向打通全渠道。

2016年9月，东鹏和欧派联合，借着两家的形象代言人打造了一次“中国好闺蜜”的联合营销，并借此推出线上特权定金：只要消费者在线上购买价值10元的特权定金，到店体验并达成交易，就会获赠5平方米的阳台砖。

这10元钱的背后，是给经销商带去的精准客流，这些客户潜在购买意愿强烈，到店体验后转化率甚至高于门店自己的自然客流。通过这个活动，东鹏的全国网点基本都被打通覆盖。到了10月，东鹏继续推广特权定金模式，为的是给即将到来的“双11”蓄水。不出意料，“双11”当天，东鹏瓷砖官方旗舰店成交额超过2亿元。

至此，在这三种形式下，东鹏基本打通了渠道。

三、继续探索：最佳销售路径需不断“调频”

到底怎样才是“最佳销售路径”，其实东鹏依旧在探索。东鹏启动电商多年，仍然在努力把线上和线下经销体系调到一个频道上，只有将产品、营销、会员、考核等系统需要全部打通，才能从内部把控整个体系。为了逐步实现这一点，东鹏有时候不得不尽量强硬。“旗舰店以外的店我们都明确产品清单和价格，违规就会处罚。”

但磨合还在继续，2017年，线上、线下同款同价产品占60%。受到地域、运费、门店租金的差异的影响，实现瓷砖、洁具线上、线下完全同款同价短期内还不现实。行业还未达到充分竞争的状态，各家都还在摸索。

多年前，东鹏是行业的先行者，而到了2017年这个节点上，全渠道的融合已经不容置疑，而瓷砖行业的电商化却依然处在起步阶段。

资料来源：宁函夏．难！它“磨”了电商9年，就为不再跟经销商“打架”[EB/OL]．搜狐网，2017-03-14.

思考题：

1. 东鹏的渠道主要有哪些类型？
2. 东鹏的渠道冲突产生的原因是什么？
3. 东鹏是如何解决其渠道冲突的？
4. 解决渠道冲突的方法有哪些？

任务一 判定及处理渠道冲突

学习目标

知识目标

1. 了解渠道冲突的内涵。
2. 认识渠道冲突的根源。
3. 掌握处理渠道冲突的策略。

能力目标

1. 能够判定渠道冲突的性质、类型。
2. 能够调研企业销售渠道中的渠道冲突。
3. 能够确定渠道冲突的性质及类型。

4. 能够制定解决冲突的可行性方案。

● **素养目标**

深刻理解并自觉实践行业的职业精神和职业规范，树立职业信仰。

基础知识

一、认识冲突

（一）什么是冲突

按照《现代汉语词典》（第 7 版）的解释，冲突指的是“矛盾表面化，发生激烈争斗”。而我们所处的这个世界，恰恰充满了矛盾变化，充满了激烈争斗。潜在的矛盾公开化，就预示着冲突的发生。世界上的冲突发生频繁，大到国际争端，小到私人恩怨，真是剪不断、理还乱。然而，冲突必有原因，其产生、发展和解决是有规律可循的。

微课：

渠道冲突的性质判定

（二）冲突无处不在

现实生活中，冲突是无处不在、无时不有的。尤其是在管理活动中，冲突的出现更为频繁、剧烈。试想，如果所有成员都能为了一个共同的目标而和谐一致、按部就班地奋斗，那么大量复杂、艰巨的沟通和协调工作也就无从谈起，管理者的工作恐怕要减轻一大半了。按照传统意义上的理解，冲突一般都具有对抗性，总是以一方胜利而另一方失败告终，甚至出现两败俱伤的后果。因此，无论何时何地，出现冲突总不是好事。对企业来说，虽然日常的冲突不至于造成流血、减员，但它无疑会使企业出现严重的“内耗”，导致企业战斗力减弱。企业间的竞争更多的是“一种游戏”“一种竞赛”，而不是“一种战争”（不以消灭对手为目的），所以企业所面临的种种冲突大多是“竞争性”的，而不是“战争性”的，解决的办法也主要靠“和平解决”而不是“消灭”。

（三）冲突的两面性

发生冲突虽然不是什么好事，但它同样也有积极的一面：冲突有时可以激发活力，转化为事物发展的动力。企业内部的潜在矛盾转化为冲突，总比被长久地掩盖起来要好。任何事物总是在斗争中得以发展的，如果对冲突处理、引导得当，就很有可能将之转化为组织发展与变革的动力，并达到更新观念、拓展事业的效果。尤其是当外界环境发生重大动荡或者企业面临变革转型的时候，难免会有代表不同利益的群体产生冲突。也许冲突正是企业发展的必经之路。由此可见，冲突对于企业来说，也是有利有弊的，不可一概而论。从积极的意义上讲，适度冲突可以激发渠道成员的竞争意识，促进创新。企业可以有意识地设计一些良性冲突因子，作为其渠道经营策略的一部分，以增加渠道活力和竞争力。

因此，企业应该以积极的态度面对冲突，有时还要设计和利用冲突进行管理。当然，对待不同性质的冲突，处理方式也应有所差异。为了正确对待冲突，企业只有先区分冲突的类型，了解冲突产生的根源，然后才能采取相对有效的措施处理冲突。

二、渠道冲突的类型

（一）不同品牌的同一渠道之争

案例：

格力空调：离开国美，走自己的路

某些渠道对持有不同品牌的厂商来说都很重要，这些厂商都势在必得。不同厂商为争夺同一条渠道，都会许诺比对方更为优惠的条件来吸引中间商。上游供应商之间的冲突为中间商获得最大利益提供了空间，使中间商处于更为有利的谈判地位。中间商可能同时代理多家品牌，但现实中往往很难使所有品牌厂商都满意，不同中间商对一家二级经销商或代理商的争夺也可能造成彼此之间的冲突。

（二）同一品牌的渠道内部冲突

厂商开拓了一定的目标市场之后，中间商将在目标市场上大兴“圈地运动”，争夺更多的市场份额，争取厂商更多的青睐。而产生冲突的原因大多是厂商没有对目标市场的中间商数量做合理规划，使固定区域内的“刺猬”增多，产生倾轧；也可能是厂商对现有的中间商的销售能力不满意，实施开放政策，有意放水，以增强渠道活力。窜货与低价出货是这类冲突最常见的方式。

（三）同一品牌不同渠道间的冲突

这种冲突也称为多渠道冲突或交叉冲突，是指当企业建立了两条或两条以上的渠道向同一市场分销产品时产生的冲突，其本质是几种营销渠道在同一个市场内争夺同一客户群而引起的利益冲突。

同一品牌不同渠道间的冲突在现阶段有所增加，这与以下几方面原因有关：首先，企业在区域市场运作中存在渠道规划不合理、终端过于密集和交叉的问题，导致不同渠道为争夺顾客而进行价格战和促销战，并产生冲突；其次，企业市场营销策略组合单一，没有针对不同的渠道进行相应的区隔和细分，对渠道的日常维护简单粗放；最后，尽管企业对不同渠道的销售政策不同，存在向个别渠道倾斜的现象，但是并没有在各个渠道之间进行良好的说明和沟通，导致有的渠道成员不理解。如果没有建立起深度协同合作的营销价值链，就会导致渠道成员在各自短期利益的驱动下各自为政，引发恶性渠道冲突。

（四）渠道上下游的冲突

许多上游经销商从自身利益出发，采取直销与分销相结合的方式，因此不可避免地要从下游经销商处争夺客户，挫伤了下游经销商的积极性。下游经销商实力增强以后，不甘心维持目前的等级体系，希望更上一层楼，于是主动向上游经销商发起挑战。谁给二级经销商供货是渠道上下游冲突的核心，厂商出于产品推广的需要，可能越过一级经销商直接向二级经销商供货，这就使上下游经销商之间产生冲突。在诸多渠道冲突中，最常见的冲突发生在厂商与经销商、经销商与经销商之间。

此外，渠道冲突的类型还可以这样划分：一是垂直渠道冲突，指同一渠道中不同层次之间的冲突，常见的有制造商与批发商的冲突和批发商与零售商的冲突；二是水平渠道冲突，指渠道中同一层次成员之间的冲突；三是多渠道冲突，指制造商在利用多个渠道销售其产品时，产生的各渠道成员的利益冲突。

三、渠道冲突产生的根源

由于目标、利益、文化、力量等方面的差异，渠道成员间必然会产生某种程度上的冲突。产生冲突的根源主要有：

（一）权利和义务划分不明确

渠道成员应该明确各方的权利和义务，如果没有明确各方的权利和义务，则容易产生冲突。例如：IBM 公司曾一度利用自己的推销员把计算机销售给大客户，而 IBM 的经销商也在努力向大客户推销。当然，即使明确了双方的权利和义务，但由于一方没有遵守约定，冲突也在所难免，2004 年 2 月国美与格力发生的争端就由此而生。

（二）销售地区划分不明确

销售地区划分不明确，是产生渠道冲突的主要原因之一。目前我国多数企业的销售区域是按照行政区域划分的，虽然都已习惯成自然，但很多“商圈”都突破了行政区域界限，很容易产生冲突。即使销售地区划分明确，但由于销售信用不佳，也容易产生渠道成员间的冲突，窜货就是由此产生的冲突的典型表现。

（三）目标不同

制造商希望低价获得市场的高速增长，而零售商则希望获得高额利润；或者制造商希望高价获得市场声望，而零售商则希望低价扩大销售。例如：2002 年 1 月 11 日，位于杭州武林门的苏宁卖场限量投放 10 台格力冷暖空调，售价是 999 元，而该款空调的进价是 3 700 元。其实这是苏宁的促销策略，想以此带动整个商场各类商品的销售，利用的是顾客的求廉心理。但是，这一行为不仅引起了格力浙江经销商的愤怒，而且使浙江格力苦心经营 4 年的商业信誉毁于一旦，严重损害了格力的品牌声望。

（四）预期不同

例如：制造商预测经济形势比较乐观，希望经销商经营高档商品；而经销商对经济形势的预期并不乐观，希望经销中低档商品。格力与国美产生冲突与双方的预期背道而驰有一定的关系：格力认为国美对制造商还有相当高的依赖程度，而国美则希望凭借自身实力打破格力的渠道模式。

（五）渠道成员的力量均衡被打破

我国家电行业的分销模式是典型的“管理式垂直渠道系统”，即以一个规模大、实力强的企业（称为“渠道领袖”）为核心，将不同所有权下的生产者和销售者联合起来。联系的纽带是“目标”“利益”“依附”。以前，在我国家电行业中，经销商依赖制造商的程度较高，也就是说制造商是“渠道领袖”。从国际渠道发展情况来看，制造商并不一定是当然的“渠道领袖”。谁是“渠道领袖”，要看这个系统中的力量对比，沃尔玛和家乐福虽然是零售商，但在渠道中是显然的“渠道领袖”。国美、苏宁等零售商通过连锁经营发展壮大后，具备了与制造商抗衡的实力，明显想争夺“渠道领袖”的地位。

四、渠道冲突的表现

（一）价格问题

各级渠道价差常常是渠道冲突的诱因，主要源于渠道政策不公、价格歧视等所引起的价格差异。制造商常抱怨经销商的销售价格过高或过低，从而影响其产品形象与定位。而经销商则抱怨制造商给自己的价格无利可图。折扣是渠道政策中比较常用的一种，制造商总是希望尽可能地实现自己的利润目标，而只给经销商以较低的折扣率；而经销商也希望利润最大化，因此要求制造商给予更优惠的条件和更高的折扣率。双方互相提出要求，冲突由此产生。

（二）存货水平

由于季节等原因，制造商产品的销售往往存在淡旺季的问题。旺季时，经销商往往要求制造商大量供货，提供供货保证，缩短供货周期，以防止产品脱销。淡季时，制造商往往要求经销商多囤货，因为这样既能占用经销商的资金，防止竞争性产品进入，又能为旺季实现高铺货率以占领市场做好准备；而此时经销商却不愿意投入大量资金来存货，而是希望将资金投入其他热销产品的经营中，以获取更大利润。制造商与经销商之间的矛盾由此产生。

（三）大客户原因

某些制造商与经销商之间持续不断的矛盾来源是制造商与最终用户之间建立了直接购销关系。这些最终用户通常是大客户，交易量大，是制造商的重要客户资源。经销商担心大客户直接向制造商购买会威胁自身的生存，从而产生了关系冲突。

（四）跨区窜货问题

渠道管理过程中，由于制造商销售区域划分不够清晰或渠道监管不力、渠道激励不当（如激励力度过大或激励政策的区域差异性），因此有些经销商会为了眼前的利益（获得销量或争夺客户）冒险跨区域窜货。窜货的结果是必然会打破平衡，引起被窜货地区经销商的不满或报复，从而引发渠道冲突。

（五）应收账款问题

在渠道管理中，制造商往往希望经销商尽快回款，以加快资金周转、缓解资金压力；而经销商则希望尽量延期付款，最好等到其下一级经销商回款之后再付款，以便使自己承担的风险降至最低。通常情况是，经销商在支付定金或完全依靠信用的基础上，先行提货，待货物售出后，再付清全部货款。但总经销商通常又以同样的方式将货物转让给其下级经销商，以此类推，构成了一条很长的回款链条，使货款很难付清。而且一旦链条中的某一个环节出现了问题，经销商就会把风险转移给制造商，从而使制造商资金链吃紧，严重时会使制造商蒙受巨大损失。

（六）技术与市场支持不够

经销商不能提供良好的技术支持和服务，是制造商采用直接销售方式的原因。因为终端用户对一些技术标准比较固定的产品仍需要通过技术咨询来选择最适合的购买渠道。

（七）渠道成员调整

由于市场环境的变化和渠道目标的调整，制造商有时不得不对渠道系统进行调整，如增加、减少或者更换渠道成员。增加渠道成员可能会引起现有成员的不满，而减少或更换渠道成员则可能导致渠道成员忠诚度降低，从而引发渠道冲突。

（八）经营竞争产品或另择经销商

制造商显然不希望自己的经销商同时经营与竞争企业类似的产品。一方面，在当前的工业品市场上，用户对品牌的忠诚度并不高，经营第二条产品线会给制造商带来较大的竞争压力；另一方面，经销商常常希望经营第二条甚至第三条产品线，以扩大其经营规模，以免受制造商的控制。各自利益的不同形成了目标差异，引发了冲突。

（九）渠道的控制与反控制

在营销渠道中，渠道控制权最终取决于各成员渠道实力的大小，实力相对较大的一方将能够获得对整个渠道的控制，而处于被控制的一方又会千方百计地通过增强自身的渠道权力来与之抗衡。制造商与经销商之间渠道权力分布的不均衡，渠道的控制与反控制便永远不会停止，从而导致冲突。

范例

快消品渠道冲突解决案例

一、冲突背景

某知名快消品企业，旗下有一款主打饮料在市场上颇受欢迎。公司采用了多种渠道进行销售，包括传统经销商、大型连锁超市以及电商平台。随着业务的不断拓展，渠道之间的冲突逐渐显露出来。

传统经销商认为电商平台的低价策略严重冲击了他们的市场份额。一些消费者会先在电商平台上查看价格，然后到经销商处进行试喝，最后再返回电商平台下单购买，导致经销商的销量下滑。而且，电商平台经常会推出各种促销活动，使得产品价格不稳定，这给经销商的产品定价和利润空间带来了很大压力。

大型连锁超市也有自己的不满，觉得公司对电商平台存在一定程度的偏袒。比如，在新品推广方面，电商平台能够获得更多的资源和优惠政策，而超市在陈列位置、促销支持等方面却相对不足。这使得超市在与电商平台的竞争中处于劣势，影响了超市渠道的销售积极性。

二、冲突表现

1. 价格混乱

电商平台的低价倾销行为，使得整个市场价格体系紊乱。经销商为了应对竞争，不得不降低价格，导致利润大幅缩水。例如、该饮料在电商平台上经常会有折扣力度很大的促销活动，有时甚至以低于成本价销售，这让经销商叫苦不迭。

2. 资源分配不均

公司在新品推广、促销费用、广告投放等资源分配上明显向电商平台倾斜。连锁超市反映，新品上架时，电商平台能够获得专门的推广页面和优惠活动，而超市只能在角落位置进行简单陈列，很难吸引消费者的注意。

3. 渠道窜货

由于价格差异，一些经销商为了获取更多利润，将产品窜货到其他区域，尤其是电商平台销售活跃的地区。这不仅破坏了当地的市场秩序，也影响了其他经销商的利益。比如，原本只在 A 地区销售的产品，通过窜货进入了 B 地区的电商平台，导致 B 地区的经销商销量下降，同时也引发了 B 地区经销商的不满。

三、冲突分析

1. 目标差异

电商平台追求的是销量的快速增长和市场份额的扩大，通过低价策略吸引大量消费者，以达到规模效应。

经销商更关注的是利润空间，希望在稳定的价格体系下获得合理的收益。

连锁超市则希望获得更多的产品资源和市场支持，以提升自身在快消品销售领域的竞争力。

2. 信息不对称

公司与各渠道之间缺乏有效的信息沟通机制。电商平台对市场动态和消费者需求的反馈较为及时，但这些信息并没有及时传递给经销商和连锁超市。

经销商和连锁超市对彼此的销售策略和市场情况了解不够充分，导致误解和冲突的产生。例如：经销商不清楚电商平台的促销计划，在不知情的情况下，自己的价格和市场策略受到冲击。

3. 渠道管理不善

公司在渠道管理方面存在漏洞，没有建立完善的价格管控体系和窜货防范机制。对于电商平台的低价行为和经销商的窜货行为，公司缺乏有效的约束和惩罚措施。

在渠道激励方面，公司没有充分考虑到各渠道的特点和需求，导致激励措施失衡，进一步加剧了渠道之间的矛盾。

四、解决措施

1. 建立价格协调机制

公司成立了专门的价格管理小组，负责统一协调各渠道的价格。定期收集市场价格信息，制定合理的价格区间，并要求各渠道严格遵守。

对于电商平台的促销活动，公司会提前与经销商和连锁超市沟通，制定统一的促销方案和时间节点，避免价格混乱。例如：在重大节日期间，公司会统一推出满减、赠品等促销活动，各渠道同步执行，保证市场价格的稳定。

2. 优化资源分配

公司应重新评估各渠道的贡献和需求，根据不同渠道的特点合理分配新品推广、促销费用、广告投放等资源。

公司应增加在连锁超市的陈列资源和促销支持。例如：在新品上架时，为超市提供专门的陈列道具和宣传海报，安排促销员进行现场推广。同时，给予超市一定的促销费用补贴，鼓励超市开展特色促销活动。

3. 加强渠道管控

公司应完善渠道管理制度，明确各渠道的权利和义务，对窜货等违规行为制定严格的惩罚措施。一旦发现窜货行为，立即停止供货，并对违规经销商进行罚款、扣除返利等处罚。

公司应建立渠道监控体系，通过销售数据监测、市场走访等方式，及时发现渠道冲突问题，并采取相应的措施加以解决。例如：利用大数据分析各地区的销售数据，对比不同渠道的销售流向，及时发现窜货线索。

4. 强化沟通与合作

公司应搭建与各渠道之间的沟通平台，定期沟通交流，如每月召开一次渠道沟通会议，让各方都能够及时了解公司的政策、市场动态以及彼此的需求。

鼓励各渠道之间开展合作，共同拓展市场。例如：组织经销商和连锁超市联合开展促销活动，利用经销商的物流配送优势和连锁超市的终端陈列优势实现互利共赢。

五、实施效果

经过一段时间的努力，渠道冲突得到了明显缓解。

1. 价格体系逐渐稳定

通过价格协调机制的实施，各渠道之间的价格差距缩小，市场价格趋于稳定。经销商的利润空间得到了保障，销售积极性有所提高。

2. 资源分配更加合理

优化资源分配后，连锁超市在新品推广和促销支持方面得到了加强，销售业绩有所提升。同时，电商平台也在保持销量增长的前提下，更加注重与其他渠道的协同发展。

3. 渠道窜货现象得到有效遏制

加强渠道管控后，窜货行为明显减少，市场秩序得到了改善。各渠道之间的信任度有所提高，为进一步的合作奠定了基础。

4. 沟通与合作更加顺畅

定期的沟通平台和合作活动，增进了公司与各渠道之间以及各渠道之间的了解和信任。各方能够更加积极地配合公司的市场策略，共同推动产品销售。

六、总结

1. 重视渠道冲突管理

快消品企业要充分认识到渠道冲突对企业发展的负面影响，将渠道冲突管理纳入企业的战略管理范畴，建立健全的渠道冲突管理机制。

2. 加强信息沟通

建立有效的信息沟通渠道，确保公司与各渠道之间、各渠道相互之间能够及时、准确地传递信息。通过信息共享，减少误解和冲突的发生。

3. 平衡渠道利益

在制定渠道政策和资源分配方案时，要充分考虑各渠道的利益诉求，做到公平、公正、合理。避免因利益失衡导致渠道冲突的加剧。

4. 持续优化渠道管理

渠道管理是一个动态的过程，企业要根据市场变化和渠道发展情况，不断优化渠道管理策略和措施。及时发现问题并加以解决，保持渠道体系的健康稳定发展。

通过这个案例可以看出，快消品企业只有妥善解决渠道冲突，才能实现各渠道的协同发展，从而提升企业的市场竞争力，在激烈的市场竞争中立于不败之地。

学以致用

某化妆品公司的渠道终端为人员直销＋线下实体店销售的模式。请你分析：这两种渠道可能存在什么类型的冲突？冲突产生的根源是什么？冲突的表现形式又是什么？

五、如何发现渠道冲突

发现渠道冲突的主要方法有：

（1）定期检查渠道，及时听取渠道成员对各种问题的反馈。

（2）进行市场销售渠道审计，即对渠道的环境、目标、战略和活动进行全面、系统、独立和定期的检查。这样做的目的主要是希望借此发现机会，找出问题，提出正确的行动方案，以保证渠道计划的顺利实施；或修正不合理的渠道计划，提高总体销售绩效。

（3）定期召开经销商大会。在大会上，营销总监可以介绍企业的新政策，表扬优秀的经销商，对经销商进行知识、技能和产品等方面的培训。其主要目的就是创造宽松和谐的气氛，让经销商发泄不满，使营销总监可以直接了解渠道中存在的冲突和矛盾，并想办法解决。

（4）在销售部门的组织架构中，建立一个独立于销售部门的监管机构，此监管机构主要担负在市场中监察销售人员、供应商、竞争对手，能够第一时间发现他们的问题，及时处理渠道中存在的各种矛盾。

案例：

宝洁公司渠道冲突管理

六、渠道冲突的处理策略

（一）缓解渠道冲突

营销渠道既然是合作系统，那么一定要由合作者确立共同的奋斗目标以及共同的合作价值观，这通常是管理营销渠道的最重要的内容，也是处理渠道矛盾与冲突的主要方法。共同目标可以让每个成员把渠道合作作为自己的权利和义务予以认可和接受，一旦全体渠道成员都有了合作的意愿，就要有效地开展有助于合作的行动，其中包括组织共商共议活动，让渠道成员有参与渠道建设的机会，提高渠道成员的地位。

微课：

渠道冲突缓解策略

这种方法特别适用于当渠道成员感受到环境威胁时，比如当出现强有力的竞争性渠道、市场竞争日益激烈、消费者需求发生变化或者法律环境发生变化时，让渠道成员确立共同目标，能够较为有效地缓解渠道矛盾、遏制渠道冲突。

（二）开展互动式合作

渠道中的合作通常不是由资本渗透引起的，而是由一定的人际关系引起的。渠道成员之间的良好关系主要表现为销售人员、管理人员之间的良好关系。彼此尊重、经常沟通，是渠道合作的基础。在管理渠道冲突问题上，让有关成员相互咨询意见，比如召开咨询会议，邀请有关方面人员参加董事会、专题讨论会等，使合作伙伴能够感受到他们的意见得到倾听、受到重视，从而对对方更加信任和敬重。成员之间经常交流意见，还可以达到不断改进营销工作、提高营销效率的目的。

（三）发挥“渠道领袖”的调解作用

某一渠道成员如果由于实力强大和办事公道而赢得了其他渠道成员的尊重和信任，取得了“渠道领袖”的地位，就能充分发挥其在渠道协调和冲突调解方面的作用，从而减少渠道冲突、巩固渠道系统。

（四）激发经销商的销售热情

经销商对厂商产品销售的不重视是大多数厂商都会面临的问题，也是厂商与经销商发生冲突的主要原因。为解决这个问题，厂商可以采取以下几种解决方法：一是提供有足够诱惑力的销售奖励办法；二是协助经销商进行促销活动，提高他们的销售业绩，让他们从厂商产品中得到足以与其他品牌产品相媲美的实惠，让他们感受到厂商对其的关心；三是为他们提供必要的服务支持，如售后服务支持、及时供应合适数量和合适质量的产品服务支持等；四是为他们提供销售管理方面的专业知识，如产品陈列、人员训练、库存管理、店面管理、订货系统等。

（五）调整渠道运行结构

时过境迁，再好的渠道系统也需要进行或多或少的改进与调整，更何况当渠道冲突成为摆在桌面上的问题时，渠道调整更是如箭在弦上不得不发。传统的销售渠道是金字塔式的模式，其因广大的辐射能力，对厂商产品占领市场发挥了巨大的作用。

但在供过于求、竞争激烈的市场营销环境下，传统的销售渠道存在许多不可克服的缺点：一是厂商难以有效地控制销售渠道；二是多层结构有碍于效率的提高，且臃肿的渠道不利于形成产品的价格竞争优势；三是单项式、多层次的流通使得信息不能得到准确、及时的反馈，这样不但会坐失良机，而且会造成人员和时间的浪费；四是厂商的销售政策不能得到有效的落实。因此，许多厂商正将销售渠道改为扁平化的结构，即销售渠道越来越短、销售网点越来越多。销售渠道短，增加了厂商对渠道的控制力；销售网点多，增加了产品的销量。例如：一些厂商将多层次的批发环节变为一层批发，即“厂商—经销商—零售商”；一些厂商在大城市设置配送中心，直接为经销商、零售商提供服务。

（六）遵循互利互惠原则

互利互惠是指营销渠道中的一位主要成员主动向有关成员提出建议，表明自己愿意为了渠道的稳定而做出某些让步，并希望对方也重新考虑自己的立场。运用互利互惠原则解决冲突时，厂商要特别注意选择与对方有过交往的人作为代表，以取得对方的信任。同时要提出对双方都有吸引力的条件，只有这样才能收到事半功倍的效果。

总之，在设计解决渠道冲突的策略时，常常会遇到相当大的阻力，以至于需要对营销渠道进行改组和重建。上述各种解决渠道冲突的策略，实际上都包含这样一个假设，即渠道冲突是可以控制的。通过有关管理活动，消除引起冲突的不利因素，营销渠道将恢复到正常运行状态。在这个假设条件下，管理渠道冲突的成本将得到有效控制。如果不具备这个假设条件，采取上述策略不仅于事无补，反而会加快渠道的瓦解速度。

七、渠道冲突的解决方法

渠道冲突尽管具有一定的可控性，但仍然是不可避免的。渠道冲突的解决方法多种多样，但都或多或少地依赖于权力或领导力。以下是解决渠道冲突的六种典型方法。

（一）沟通

同一渠道的成员之间往往由于各自的特殊情况而缺乏了解，即使进行沟通有时也难以消除误会。解决这个问题的方法之一就是成员之间相互派遣管理人员到对方那里工作一段时间，让有关人员亲身体验对方的特殊性。不少厂商的经理经常到经销商那里“蹲点考察”，亲身体验经销商的经营方式、管理者的思维方式等。经销商也可以派出自己的管理人员到厂商的销售部门或者政策部门去工作一段时间。这些人员回来后，就会根据亲身体验，从对方的角度出发，考虑有关合作的问题。

（二）劝说

通过劝说来解决冲突其实就是在利用领导力。从本质上说，劝说是为存在冲突的渠道成员提供沟通机会，强调通过劝说而非其他方式来影响其行为，也是为了减少有关职能分工引起的冲突。既然大家已通过共同目标结成利益共同体，劝说可帮助成员解决有关各自的领域、功能和对顾客的不同理解的问题。劝说的重要性在于使各成员履行自己曾经做出的关于共同目标的承诺。

（三）谈判

谈判是营销渠道成员讨价还价的一种方法，谈判意味着某种程度的妥协，其目的在于和平解决渠道成员之间的冲突。在谈判过程中，每个渠道成员会放弃一些利益，从而避免冲突发生。但利用谈判解决渠道冲突的成效，关键在于各成员的沟通能力以及放弃部分利益的态度。事实上，无论采用哪种方法解决冲突，渠道中的每一个成员都既要维护自己的利益，又要兼顾渠道的共同目标，以确保能够避免冲突、解决矛盾，使问题得以有效解决。

（四）仲裁

当渠道冲突通过谈判未能成功解决，渠道成员又不愿意诉诸法院时，就可以采取仲裁的办法。仲裁的优势在于程序简便、结案较快、费用开支较少，能独立、公正和迅速地解决冲突，并给予当事人以充分的自治权。同时，它具有灵活性高、保密性强、终局性和仲裁易于得到执行等优点，因此为越来越多的当事人所选择并采用，尤其是在国际分销事务中应用范围更广。每一个地区都有经济仲裁机构，专门解决经济纠纷。

（五）诉讼

当以上的方法都不能有效解决渠道中产生的冲突时，可以使用法律手段（诉讼）来解决。例如：在特许经营体系中，特许商认为特许总部不断新添的加盟商侵犯了他们的利益，违反了加盟合同中的地理区域限定，这时就很可能采用法律手段解决这一问题。当一方成员向有管辖权的法院起诉时，另一方就必须应诉。由于法律诉讼是有一定强制性的，在解决矛盾时，双方成员关系紧张，有伤和气，导致双方的冲突不断加剧，关系日益恶化，因此，法律诉讼只能是解决冲突的最后选择。

（六）清理或退出

对于那些由于当初考察不慎，实践证明未达到企业对渠道成员在人格、资信、规模和经营手法方面的资格和标准要求的渠道成员，以及那些不遵守渠道游戏规则，有恶性销售行为而屡犯不改的渠道成员，都应该重新审查，必要时将其清除出渠道队伍。例如：对于那些肆意跨地区窜货、超低打压价格、制造价格混乱和恶性争抢客户的经销商，以及长时间未实现规定销售目标又消极应对而没有改进空间的经销商，都可以采取清理的解决方法。另外，退出某一营销渠道也是解决渠道冲突的方法之一。事实上，当水平性冲突或垂直性冲突不可调和时，退出也许是一种可取的或者是一种明智的选择。当然，从现有渠道中退出可能会产生一些负面影响，但企业可以调整渠道布局，将重心放到其他优势渠道或新兴渠道上。

表 4-1 为解决渠道冲突的六种方法。

表 4-1　解决渠道冲突的六种方法

方法	原因	具体做法	作用
沟通	同一渠道成员之间往往由于各种情况不同而缺乏了解，即使进行沟通，有时也难以消除误会	成员之间互派管理人员到对方公司工作一段时间，让有关人员理解对方的特殊性	经过人员互换，可以让双方更好地互相了解，更能设身处地地站在对方立场上考虑问题，以便在共同目标基础上妥善处理一些渠道内部冲突
劝说	通过劝说来解决冲突，其实就是在利用领导力促使双方和谐共处	强调通过劝说而非其他方式来影响渠道成员的行为	劝说可以让存在冲突的渠道成员改善沟通现状，履行各自的承诺，减少因职能分工引起的冲突
谈判	谈判的目标在于调停成员间的冲突。妥协也许会避免冲突爆发，但不能从根本上解决冲突，所以需要协商	在谈判过程中，每个成员应放弃一些利益以避免冲突的发生，利用谈判法要视成员的沟通能力而定	用此类方法解决冲突可使每个成员形成一个独立的战略方案，以确保问题得到解决
仲裁	当渠道成员发生冲突时，由于冲突双方有利益关系，因此看问题难免失之偏颇，故需要第三方介入	请求非渠道成员的第三方介入，调停渠道冲突	第三方从中调和仲裁，往往可使冲突更容易解决

续表

方法	原因	具体做法	作用
诉讼	冲突达到一定程度，有时就不得不借助法律途径来解决	诉诸法律来解决问题，请法律规定	能解决渠道冲突，但可能伤害渠道成员间的合作关系
清理或退出	当冲突确实不可调和时，清理或退出也是一种可取的办法	将不合格渠道成员清除出渠道队伍；退出本渠道	这是解决冲突的最后一种方法，也是能彻底消除冲突的方法，但应慎用

八、解决渠道冲突的流程

渠道冲突尽管具有一定的可控性，但仍然是不可避免的。因此，应该正视渠道冲突，积极做好渠道冲突的管理工作，将渠道冲突控制在可控范围之内，确保渠道健康、高效地运作。

渠道冲突必然会对渠道成员的关系和渠道绩效产生一定的影响。在发现渠道冲突后，必须判定渠道冲突到底处于何种水平，是低水平冲突、中等水平冲突还是高水平冲突。低水平冲突和中等水平冲突具有积极性的一面，可以暂时置之不理；但高水平冲突可能会给分销渠道带来破坏性的影响，必须及时解决。解决渠道冲突的流程如图 4－1 所示。

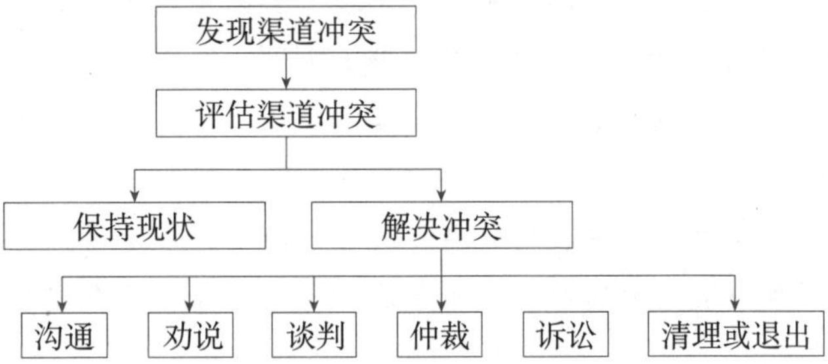

图 4－1　解决渠道冲突的流程

范例

中石化的销售渠道冲突解决方案

一、企业介绍

中石化是中国最大的一体化能源化工公司，主要从事石油与天然气勘探开发、开采、销售，石油炼制、石油化工、化纤、化肥及其他化工品的生产与销售、储运，石油、天然气运输，石油、天然气、石油产品、石油化工品及其他化工产品和其他商品、技术的进出口、代理进出口业务，以及技术、信息的研究、开发和应用。它是中国最大的石油产品和主要石化产品生产商和供应商，也是中国第二大原油生产商。中石化参照国际模式，构筑了公司的架构，建立了规范的法人治理结构，实行集中决策、分级管理和专业化经营的事业部制管理体制。中石化现有全资子公司、控股和参股子公司、分公司等共 100 余家，包括油气勘探开发、炼油、化工、产品销售以及科研、外贸等企业和单位，其经营资产和主要市场集中在中国经济最发达、最活跃的东部、南部和中部地区。

二、渠道冲突的表现

1998年之后，中石化销售公司旗下共有29家省级石油公司，其中22家是分驻长城以南各省（区、市）、负责当地市场开拓和成品油供应的销售公司，7家是作为中石化销售公司派出机构负责资源调配、与炼油厂沟通结算的大区公司。此外，这22家销售公司还是中央政府为做大、做强民族石油工业、实现两大石油集团“上中下游一体化”的战略部署，从各地调整建制划入中石化的。由于历史原因，上划前的销售公司存在人员包袱重、管理环节多、运营效率低、销售网点少、市场调控能力弱等问题；上划后，各销售公司依靠中石化的巨额资金投入和国家给予的加油站建设权、特许经营权，以及允许中石油和中石化两大集团对社会批发经营单位实行资产重组等优惠政策，进行了大规模的扩张，使其销售网点大幅度增加，市场调控能力也得到一定提升。

1999年以来，中石化为增强市场调控能力，在新建、改建、收购加油站方面累计投入资金400多亿元，其销售网点增加到28 000余个，初步建成了覆盖长城以南各省（区、市）的加油站零售网络，为提高市场调控能力、改善销售结构夯实了基础。如广东石油分公司，2000年以前只有651座加油站，网点占有率仅13.6%；自2000年以来，该分公司累计投入资金59.6亿元，新增加油站1 430座，网点占有率提升到42.1%。

在中石化的不断发展中，渠道冲突也不时出现，具体表现在以下几个方面：

1. 原有渠道中，管理层次过多，市场反应速度缓慢

在中石化各销售公司大规模扩张的背后，弊端也是不容忽视的。首先，下属的地市级分公司被赋予过多管理职能，甚至县经营部作为地市级公司的派出机构也在管理市场，从而造成管理层次过多、市场反应缓慢的弊端；其次，由于这些公司都是以行政区划为基础设立的，油品配送经常会出现流向冲突的不经济行为，这成为中石化各销售公司运营成本居高不下的重要原因。

2. 渠道中各销售网点运营成本过高，限制了企业利润的提高

销售网点大幅度增加使中石化的利润上升，更为中石化旗下的油田企业、炼油厂、化工厂的发展创造了有利的市场条件。然而，仅仅依靠增加销售网点数量来实现销量增长的外延型发展战略，并没有从根本上提高企业的竞争力。只有从增加销售网点数量的粗放型增长方式转变为提高单位网点销售业绩的集约型增长方式，提高运营效率、降低运营成本，才能使企业从容应对日益加剧的市场竞争。

3. 受政府政策影响，企业将失去原有保护性优惠政策，渠道面临整改

根据我国入世时的承诺，2004年底前对外资开放国内成品油零售市场，2006年底前对外资开放国内成品油批发市场；与此同时，中石油、中石化的成品油销售企业——各地石油公司也将失去国家给予的保护性优惠政策。

面对此形势，2004年3月，中石化参照国际通行做法，从改革销售管理体制入手进行了渠道的大变革。大变革的中心是施行专业化管理和区域公司重组，在管理层次上，将由

原来的多级管理变为两级管理。

三、渠道冲突的解决方法

1. 严格划分各渠道商的地理经营范围

跨国石油巨头在油品营销管理上通行的做法是以成品油中心库为圆心，划定相应的配送半径，以此为基础成立基本管理单位，其管辖地域是以油品配送成本最低为原则划定的，不受行政区划的限制。基本管理单位下设片区经理，片区经理管理临近的几个加油站，加油站设站长。这种管理模式不但可以降低运营成本，而且效率很高，可以针对随时变化的市场及时做出反应。

中石化销售渠道重组的总体思路就是按照“区域化、专业化、扁平化”的原则，以优化物流配送和强化成品油市场营销为重点，充分利用现代高科技，对物流、零售、直销实行专业化管理，建立“管理层次扁平、业务专业垂直、岗位权责明确、市场反应灵活”的新型经营管理体制。

2. 加强渠道管理力度，简化渠道管理层次

在管理层次上，由原来的多级管理逐步减少为总部对区域资源配送和市场营销的两级管理；在运行模式上，实行资源配送和市场营销两条线运行。在资源配送这条线中，按照区域经济流向，建立区域配送中心，实行资源统一运作、设施统一管理、物流统一优化、配送统一组织，进一步降低成本，提高盈利空间，增强市场竞争力；在市场营销这条线中，按照专业化分工，零售实行“零售管理中心—片区经理—ME—加油站”的专业垂直管理，直销实行“商业客户中心—客户经理—客户”的专业垂直管理，加强市场营销，适应外部市场变化的需要。

3. 进行渠道改革示范试验，根据示范结果决定渠道改革方向

在实施步骤上，云南石油分公司和广东石油分公司作为先期试点单位的样板，首先进行管理体制改革，即在这两个分公司内部建立省级物流中心，由其对全省范围的物流实行统一管理和运作，实现物流与商流的分离；同时选择部分地市公司进行跨区域重组，并在区域公司内按照零售中心、商业客户中心、结算中心三条线向下垂直管理到经营网点，撤销县经营部。通过此次改革，省级销售公司的管理职能得到空前强化，与之相对应的是地市级公司则更多地被赋予冲锋陷阵、开拓市场、提高销量的重任。省级公司一方面可以通过专业化业务中心强化其决策中心的地位，使公司的决策更加快速准确到位；另一方面可以通过省级物流中心合理规划油品流向，即由省级公司物流配送中心安排向加油站、大客户的油品运输供应的调度，以油库为中心，制定合理的配送半径，避免造成不必要的损耗。而地市级公司各业务部门只需专注于目标市场的开拓和相应的市场管理工作，通过专业化的分工和区域公司重组，实现责权分明、贴近市场的目标。

拓展知识

渠道冲突由来已久，只要渠道中各成员的目标不一致，利益纷争就会一直存在。事实上，在产品、品牌、竞争状况以及在生产企业和分销企业各自不同的发展时期，二者的内

测试题 4－1：

判断及处理渠道冲突

在动机都是不一致的，尽管它们有双方达成共识的一纸合同。但作为营销人员，只要操作得当，就能够创造出一种阶段性的统一，通过这种阶段性的统一，也可以过渡到长久的双赢，达到利益共享的效果。因此，营销人员不能因为冲突的必然性而否定冲突的可控性。

防范销售渠道产生恶性冲突的对策有以下几个。

一、分清责任与权力范围

为了扩大市场份额，区域市场的成员往往因为销售范围、市场占有、货架占有、产品覆盖等各种影响销售额的因素而产生冲突。因此，在组建渠道时，营销人员要明确划分渠道成员的责任范围和市场权力范围，并尽可能地让他们知道企业的发展思路，引导他们在渠道的变革和波动过程中，形成各自相对稳定的经营强项和区位优势。

不同的渠道、不同的经销商承担的使命不同，营销总监应在市场发展的不同时期，选择经营不同渠道的经销商，通过评估他们的管理能力、经营特长、资信状况和发展潜力等因素，来判定他们在各自渠道计划中的位置和分量。

二、制定渠道守则和利益分配模式

营销人员需要建立严密、周到的渠道守则和运行良好的利益分配模式，以避免由于利益的过分倾斜而发生渠道冲突。在渠道中，不同的代理商、经销商总能够在其销售量、网店渗透率、利润贡献率、流通速度等方面拥有各自的渠道地位。

三、建立良好的信息系统和沟通机制

良好的信息系统和沟通机制既是增强感情的有效工具，也是营销人员预防渠道冲突的重要手段。例如：营销人员可以定期或不定期地举行一定区域内的经销商联谊会，共商市场发展大计，协调厂商与经销商之间、经销商与经销商之间的关系，以形成相互理解、相互信任、相互支持、共同发展的合作与共存关系。

四、加强合作关系

营销人员应该在充分享受销售渠道资源的同时，多思考如何与中间商形成战略合作伙伴关系或平等的合作关系，以实现优势互补、共同获利、协同发展的目标。

五、建立预警风险机制

预警风险，既是一种方法，也是一种意识。对管理者来说，在渠道政策变化、渠道结构调整、渠道力量增减之前，进行风险的预警和评估，能够有效避免矛盾的激化。

范例

安利的销售渠道转型

一、企业介绍

创立于1959年的美国安利（Amway）公司是世界著名的日用消费品生产商及销售商，业务遍及全球80多个国家和地区。2002年，安利在全美500家最大私营企业中排名第27位，在50大家居与个人用品制造企业中排名第4位，公司总资产达380亿美元。安利在45年的持续增长过程中，从未向银行贷款，保持着“无借款经营”的纪录。由于安利公司的两位创始人狄维士和温安洛都是推销员出身，因此近50年来，直销一直被安利公司视为最有效的营销方式。然而，当安利兴冲冲地将这种营销模式导入中国的时候，却遇到了前所未有的尴尬。

二、渠道问题

1995年，安利正式落户中国，在广州投资1亿美元建成了安利在海外唯一的现代化日用消费品生产基地，欲在中国掀起一场直销风暴。可是很快，国内形形色色打着直销旗号的传销诈骗活动搅乱了安利的市场前景。1998年4月18日，国务院《关于禁止传销经营活动的通知》出台，对传销（包括直销）活动加以全面禁止。对于安利来说，1998年无疑是它在中国的一个分水岭，随着这一年4月在中国的业务被禁，安利开始在中国寻求新的生存方式。1998年6月18日，经国务院批准，外经贸部、国家工商行政管理局、国内贸易局联合发布了《关于外商投资传销企业转变销售方式有关问题的通知》，准许部分外资传销企业转为店铺经营，并可以雇佣推销员。1998年7月，经批准，安利（中国）日用品有限公司正式采用新的营销方式，由直销改为“店铺＋雇佣推销员”的经营模式。自此，安利近40年来在全球80多个国家和地区均通过直销员销售产品的传统被彻底打破。转型后的安利把原来分布在中国的20多个分公司改造成第一批店铺，之后又陆续对这些店铺进行扩充。所有产品明码标价，消费者可以直接到专卖店自行选购，杜绝了推销员自行定价带来的问题。新的经营模式给消费者带来了新的选择，也促使安利做出了新的尝试。突破原有的直销模式，多种销售方式并举，对于融入中国国情的安利来说也是一种挑战。

“店铺＋雇佣推销员”模式是安利在中国渠道转型的最主要的内容。安利公司创始人之一针对这一转型直言：“这是安利近40年来前所未有的革命！”其时任总裁将“店铺＋雇佣推销员”模式的优势总结为三个方面：(1) 保证了产品质量：通过直销模式，安利的消费者基本上不会遇到假冒伪劣的产品。(2) 提供了很好的销售渠道：店铺既是公司形象的代表，又为营销人员提供后勤服务，还直接面对普通消费者，消费者和政府都因为店铺的存在而更加放心。(3) 这种模式可直接受益于安利（中国）积极的市场推广手法。安利母公司安达高公司时任执行副总裁这样总结安利的变革："这种经营方式非常有效。其一，自设店铺提高了公司透明度，让消费者有一个自愿选货、进货和成为优惠顾客的机会；其二，安利目前在中国 120 家店铺的所有产品都明码标价，公开的价格避免了哄抬价格的可能；其三，营业代表的推销弥补了销售网点的不足，提升了服务质量，让消费者享受到了更直接、更亲切的售前、售后服务。"

"店铺+雇佣推销员"的新型渠道模式成功地推进了安利在中国的转型进程，而与此同时，安利对员工的管理整顿也在加紧进行。从 2002 年 1 月开始，安利（中国）停止了新营业代表的加入，并对现有人员进行了培训和全面整顿，所有营销人员都是安利的合约雇员，这就意味着安利必须承担每一位营销人员的职务行为所引起的法律责任，营销人员加入不会给任何人带来收入。在对营销人员的管理方面，安利进一步加大了透明度，制定了一系列精确的制度，并且十分严格地加以实施。同时，安利（中国）还加强了对营销队伍的管理，通过培训和严格的奖惩制度来规范其营销人员的行为。

三、调整后的渠道模式带来了巨大收益

安利的渠道转型为其带来了巨大的市场收益。公司财务报告显示，在 2002—2003 财年（2002 年 9 月至 2003 年 8 月），安利（中国）的销售额已超过 10 亿美元，在公司 49 亿美元的全球销售额中占据两成。2003 年 8 月，安利公司在大中华区的销售业绩已超过美洲地区，中国成为安利全球营业额最高的市场。正如安达高公司时任执行副总裁所说："我们重视中国市场，我们尊重中国国情，我们遵守中国的规则，因此我们改变自己的经营模式来适应中国，做这一切的结果是：我们赢得了中国市场。"其时任总裁说："经过短短 9 年的发展，中国市场已经超过拥有 45 年历史的美国市场，成为安利在全球最大的市场。安利（中国）的成功充分说明了规范经营的直销企业在快速发展的中国市场上的广泛空间。"在 2002 年翰威特咨询公司和《华尔街日报（亚洲版）》《远东经济评论》联合发布的"2001 年亚洲最佳雇主评选"中，安利（中国）名列榜中。在《财富（中国版）》评出的"2002 年最受赞赏的 50 家外商投资企业"中，安利（中国）也榜上有名。根据独立市场调查公司于 2004 年年初进行的一项调查，安利（中国）的知名度和美誉度分别达到了 93%和 75%。

任务二 认识窜货及其治理

学习目标

● **知识目标**

1. 了解窜货的危害及根源。
2. 了解治理窜货的对策。

3. 了解解决窜货问题的方式。

● **能力目标**

1. 能够拟定一份生产企业对某经销商恶意窜货的处罚书。
2. 能够设计一份生产企业防治经销商窜货的计划书：

(1) 制定生产企业与经销商之间防治窜货的协议条款；

(2) 设计生产企业查处窜货的调查报告；

(3) 编写生产企业对于窜货事实的处罚通报；

(4) 设计以防窜货为目的的产品批号，设定批号与经销商的联系。

● **素养目标**

培养遵纪守法、诚信经营、爱岗敬业、积极进取的职业品格和行为习惯。

基础知识

微课：

认识窜货

一、窜货的含义

窜货，又称倒货、冲货、炒货，是指经销商不按厂商与经销商协定的销售区域及指定终端，跨区域销售的行为。由于经营成本、管理链条、经营风险承担等问题，目前大部分厂商都采取区域经销商制。经销商在短期利益和销售任务过重等因素驱动下，常做出窜货行为，而厂商又监管乏力，从而引起渠道失控，造成价格混乱，引发经销商之间恶性竞争，利润下降或无利可图，甚至亏本，最终导致厂商与经销商合作关系紧张，经销商丧失经营信心，产品分销率、铺货率下降，甚至导致产品被市场淘汰，品牌消失。

窜货是厂商、经销商发展之路的绊脚石，它使人深恶痛绝，但又是不可避免的市场行为。近年来，随着市场的不断发展和竞争的加剧，厂商对窜货的危害已经达成共识，并且会根据发展的不同阶段采取不同的措施，以有效提升市场竞争力，窜货管理就是其中的一项重要工作。

二、窜货的危害

任何事物都有其两面性，既有利也有弊，但窜货行为总体上弊大于利。产品在成长期发生窜货时，能有效炒热市场，起到快速补充、覆盖分销的作用。但随着产品的快速成长，弊端也就显露无遗，如果不及时采取相应措施，窜货就会产生负面作用。窜货的危害主要表现在以下几个方面。

（一）窜货导致价格体系混乱

一般而言，有实力的厂商，其产品上市都经过较长时间的筹划，如市场调查、产品研发、广告创意、广告制作、市场规划、营销方案的制定、广告投放、产品上市推广等步骤。上市初期，通过广告投放空中拉动、渠道地面推动的配合，产品能很快在渠道中流通。随着消费者对产品认知度的提升，如果经销商不顾协议规定跨区域销售，经销商之间互相对冲报复就会随即发生，批发市场的其他经营者想方设法从其他渠道进货，与当地厂商的经销商进行竞争，窜货恶性竞争开始爆发。经销商为了保卫地盘、完成任务，利用产品加价空间和厂商政策等条件（最直接的手段就是采取价格杠杆）纷纷杀价应对，结果可想而知，那就是价格体系遭到严重破坏。

（二）窜货影响经销商信心

当产品热销时，厂商如果管理不善，经销商就会窜货，有时批发商今天进货，明天经销商就降价，致使批发商不敢进货，渠道逐步受阻，产品由热销转向滞销。可想而知，若经销商无利可图，没有效益，也就丧失了经营合作的信心。经销商将把有限的人力、物力、财力等资源转向其他收益较高的项目。此外，由于窜货的负面影响，有时候厂商找经销商合作都成了难题。

（三）窜货损害企业及品牌形象

窜货管理充分体现了一个企业的经营管理水平，如果厂商在窜货问题上束手无策、监管乏力，不仅直接损害自己的形象，还会使消费者无所适从，更会影响产品的品牌形象。

三、窜货的根源

“无利不起早”，窜货的根源在于“利”字当头。

（一）任务量因素

厂商每年制定新的销售目标，分解给各区域经销商。如果任务脱离市场实际，经销商为了完成任务，会想方设法把货物转移到别的区域销售，从而产生区域冲突，一旦厂商不能有效制止，就会形成经销商对冲。

另外，厂商区域经理也有相应的任务与激励机制，如果未完成任务，所拿奖金就少，因此与经销商内外勾结共同导演窜货。特别是到了年末，厂商业务区域面临调整，区域经理不顾市场的可持续发展，为了眼前利益多拿提成，给经销商强压库存，不服从的经销商甚至会受到更换经销权的威胁。经销商库存过大，势必想方设法转移库存，窜货行为必然发生。

（二）返利因素

有的厂商在每年的销售协议中规定：经销商完成任务的，可得到厂商相应的返利；未完成任务的，扣除一定比例的返利或没有返利。还有的厂商制定了在完成任务的前提下增加阶梯性返利的政策，以达到刺激经销商多销售的目的。有实力的经销商经常会得到厂商的优待与支持，对于窜货往往有恃无恐，因此形成了大鱼吃小鱼的不平衡区域发展态势。

（三）网上购物因素

网上购物方便、时尚，且经营成本较低，成为新兴销售渠道，因此其与传统渠道的冲突不可避免。

（四）渠道冲突因素

厂商直营大卖场系统由于大规模促销，可能导致大卖场货物流入批发市场，从而引起批发流通渠道混乱；或批发市场价格过低，引起大卖场不满，要求厂商给予更多支持与促销，或停止付款、退货等。例如：对于高露洁、宝洁的产品，每逢促销，大卖场都会得到很多优惠政策，大卖场采购经理会通知当地批发市场的批发商接货，价格有时比批发商直接从厂商进货都便宜。大卖场与批发商可以说是皆大欢喜，但却引起批发市场价格混乱，苦了当地经销商。

各厂商由于经营政策、经营模式不同，渠道冲突的表现也不同。批发市场价格偏低，而进入大卖场由于需要进场费、条码费、陈列费、年节费、导购人员费用、管理费等大量繁重费用，且一般 3 个月才能结款，厂商把仅有的毛利都贴到费用上了，不仅没有利润，还要占用 3 倍月销售额以上的周转资金，因此厂商和经销商不得不尽可能加价供货以弥补费用，这样就出现了大卖场售价比批发市场高出许多的必然矛盾。很多厂商和经销商都不愿意做大卖场，但不做又不行，只能为形象而投入。有一个真实的案例，一个厂商与大卖场合作，3 个月下来，所花费用大于所得货款，不仅毫无利润，反倒欠大卖场钱，而大卖场又不断向厂商要钱，于是厂商就停止了供货。

基本上，以大卖场为主导的，大卖场渠道会冲击流通批发渠道；以流通批发市场为主导的，流通批发渠道会影响大卖场渠道。

（五）区域价差因素

一般而言，厂商会制定出厂价、大卖场供货价、大卖场零售价、批发价、小店价等完善的价格体系。但各地的经营成本存在较大差异，大中型一、二类城市比小型三类城市成本会高很多，如华南、华东的人员成本可能每人每月 3 000～5 000 元，但西北、西南可能只有 1 000 多元。此外，由于仓储、办公、税收、运输等因素，经销商往往不会按厂商的价格体系分销，而是自定一套价格政策，自然就形成了区域价格差，货物从价格低的区域向价格高的区域流动是在所难免的。

（六）区域划分不合理因素

一般而言，厂商会把全国按行政区域划分为若干销售市场。但是，有些地方不宜按行政区域划分，而是按经济区域划分更为合适。强行划分市场，会激化市场矛盾，为窜货管理增加难度，埋下隐患。

（七）厂商监管因素

有的厂商对窜货并不重视，特别是在销售情况不大乐观的情况下。窜货管理取决于厂商领导层的思想观念与市场意识。例如：有些厂商领导层认为，窜货说明货好卖，不窜货就不好卖了，反正卖来卖去都是自己的货，没多大关系。厂商高层不重视窜货行为，任由窜货泛滥，等到想管时已回天乏力。厂商应牢记：窜货管理是品牌建设的组成部分，是产品生命力的保护神，当企业发展到一定程度时，必须进行窜货管理。

（八）季节性因素

有的企业产品单一，且季节性又强，为了争夺市场份额、抢夺市场资金，会出台各种政策吸引经销商大量进货，如冬季的护肤品，夏季的花露水、蚊香、杀虫剂，五一、国庆、中秋、春节前夕的食品、饮料等。经销商的大量存货可能会导致窜货行为。

（九）资金因素

经销商资金周转困难时，一般会低价抛售库存以快速回笼资金，所以选择有实力的经销商也是关键的一环。

（十）会议及促销因素

不同的厂商在不同时期会根据市场的情况，采用促销手段或召开经销商订货会以提升销量，有效抑制竞争对手。但若促销力度过大，会议过于频繁，市场控制力就会随之下降，窜货随之而来。例如：某厂商为了促销，规定每销售 100 万元奖励 10 万元汽车一辆，还协助经销商开会推广，市场一度火爆，经销商除享受正常的厂商政策外，还有 10%的促销奖励空间，因此低价倾销、冲击市场行为势必发生。待促销过后，市场已经受到严重伤害，价格无法恢复，产品濒临淘汰。

（十一）更换经销商因素

更换经销商本来是厂商调整市场的正当行为，但有些厂商却不顾经销商的库存、卖场合作过度等善后问题，从而导致经销商采取报复行为，低价抛售库存，扰乱市场价格，或从外区域调货冲击市场，使新经销商丧失接管信心。更换经销商时，厂商应最大限度地协助原经销商解决遗留问题，为新经销商创造良好的经营环境。

（十二）假货因素

假货可以说是市场的一个毒瘤，企业既要经营市场、培育品牌，又要腾出精力与假货斗智斗勇。越畅销的产品，假货越泛滥，假货低价冲击市场正常的经营秩序，破坏价格体系，扰乱渠道，危害消费者利益，损害企业千辛万苦构建的品牌形象。打击假货是一项长期而艰巨的工作，厂商可以成立专职部门，与同行密切合作，依托执法部门，打击源头与销售环节相结合。

四、治理窜货的对策

微课：

窜货管理与控制

了解窜货的根源，找到问题的症结，就能找出解决问题的办法。营销渠道成员都是独立的经济实体，往往都有各自独立的利益追求，从这个意义上讲，跨区域窜货是无法完全避免的，但总有办法减少和控制这种恶性冲突的发生。成功经验告诉我们，窜货不能根除，但窜货可以治理。

（一）设计和执行级差价格体系

必须严格设计和执行分销层次与价格层次相匹配的级差价格体系，保证分销过程中每个环节的利润空间，并且制定强有力的措施保证每个环节按规定计划执行价格，这是治标又治本的办法。从横向来讲，实行到岸价，由生产企业承担运费，以保证各分销机构进价统一。从纵向来讲，设定分销层次、各级合理价差（利润）以及对应的价格。以三级分销为例，可以制定相应的出厂价（针对分销商）、批发价（针对二批商）、KA 价（针对大型零售终端、团购）以及建议零售价，逐级加利，保证层层有合理利润；当然，还需要辅助一些惩戒措施，以保证价格体系得以严格执行。

（二）严格控制渠道促销

必须控制渠道促销的力度、频度以及执行程度，并且考虑区域联动因素。事实上，很多窜货是由促销引起的，比如促销奖励力度太大，经销商往往将促销奖励的一部分预期打入价格，降低价格出货，以增加销量。返利太高也会导致同样的后果。另外，促销不宜频繁，否则原有压货未消化又有新货到来，经销商只能低价抛售，势必导致窜货，而且价格再也反弹不上去，只能持续走低，这是非常危险的。由于渠道促销在力度和频度上非常微妙，会对周边市场造成影响，因此促销时必须考虑与周边的联动，以减弱价格波动和冲击。

（三）制定合理的销量目标

销量目标应尽可能客观合理，不强行压价以提高销量。厂商的目标年年攀升，给经销商的任务也年年加码，虽说没有压力就没有动力，但如果施压太重，就可能会把经销商压垮，或者使经销商被迫窜货，结果得不偿失。因此，销量目标不但要具有挑战性，还要具有可实现性，要适度，最好由厂商和经销商本着求实的精神协商确定。

（四）制定公平的渠道政策

销售政策应尽量兼顾公平，避免厚此薄彼，以减少经销商之间的价差。特别是在渠道激励上，尽量避免过分偏向大客户，避免激励了少数几个大客户而打击了大多数中小客户。激励方式上应多奖实物，多奖培训和“助销”，少奖返利，少奖优惠价格，尽量减少市场上的价格反差和价格歧视。有人总结说，可口可乐公司的渠道奥秘就是：协调、平衡。

（五）加强库存管理

加强库存管理，积极疏导经销商库存。有的厂商只管向经销商压货，不管经销商如何营销，在品类管理上也无章法可循，结果导致经销商大量货品积压，最终不得不加大力度促销清货。这是窜货的一大源头，是可以通过加强销售管理和客户关系管理来减少和避免的。

（六）明确双方权利和义务

在合同上必须明确双方权利和义务，合理、清楚地界定经销商的经销区域和价格。通过合理划分经销区域，保持每一个区域经销商的合理密度，防止经销商过密使得供过于求从而引起窜货。同时，避免经销区域交叉重叠，保持区域内经销商规模、范围与销售指标的均衡。

（七）建立综合渠道考量制度

建立综合渠道考量制度，并将不窜货、不乱价作为年终返利的必要条件。鼓励经销商遵守规则，共同维护价格体系和市场秩序，将不窜货、不乱价作为年终返利的必要条件写入合同。很多厂商对经销商只进行销量考核，只重结果不重过程，特别是在返利计算上，只依据销量指标，这是很危险的短视行为，是鼓励窜货的制度根源所在。如果将返利的条件设定为综合指标，比如销量目标完成、价格体系保持、经销网络维护、品牌推广支持等，将返利总额分解到各个指标考核发放，情况将大为改观。

（八）对企业产品进行区域标码识别

对企业产品进行区域标码识别的目的是实现产品区隔。采用区域标码识别，必须结合处罚制度，这是治标的一种手段。区域货物标码可分为明标和暗标，外箱标码和内箱标码，可用文字、颜色、符号甚至批号相区隔，只要能够识别区域货主即可。它可以作为厂商查处窜货的凭据，对各区域经销商也是一种管理威慑。

（九）建立严格的窜货处罚制度

建立严格的窜货处罚制度并坚决执行。实行“窜货处罚，不窜货奖励”的市场维护条例，并将此写入合同，双方签字认可，以增强反窜货的有效性。有的厂商设有专门机构，配备专职人员执行，如娃哈哈、金龙鱼等，收到了良好的效果。处罚条例要清楚严厉，奖励条例也要明确兑现。例如：第一次发现窜货除了罚款（按×元/件计）外，减去窜货者相应的销售额，同时增加被窜货者相应的销售额，外加整改报告；第二次发现则在第一款之外加上“取消年终评优评奖资格”的条款；第三次发现则在第二款之外加上“取消相应年终返利”的严厉条款，严重者甚至“取消经销资格”。而对于遵守条例不窜货、不乱价者，给予一定比例的返利（奖励）。这样一来，经销商想跨区域销售时就会有所顾忌，权衡得失。当然，这些严厉处罚条款的执行也在考验厂商的态度和决心。

案例：

关于加强窜货严打、规范我司产品价差体系的通知

（十）实施业务人员综合指标考核

和渠道考量一样，对业务人员的业绩考核也应建立相应的综合指标，如客户开发、市场维护、价格体系、品牌推广等，而非单一销量指标。业务人员的收入也要与综合指标挂钩，以免业务人员为了私利而不顾公司整体利益，帮助经销商跨区域窜货。

范例

娃哈哈对付窜货的“九把利剑”

娃哈哈曾经出现严重的窜货现象，现在却基本上控制了窜货。那么，娃哈哈是怎样整治分销渠道的这个“顽疾”的呢？其实，从娃哈哈的治理制度和实际操作我们可以看出，娃哈哈手握着对窜货极具杀伤力的“九把利剑”。

一、实行双赢的联销体制度

娃哈哈在全国29个省、自治区、直辖市建有81个生产基地、187家子公司，市场覆盖非常广泛。娃哈哈采用保证金的方式，要求经销商先打预付款。打了保证金的经销商，与娃哈哈的距离大大拉近，这极大地改变了娃哈哈的交易组织形式。娃哈哈公司前董事长兼总经理宗庆后称这种组织形式为联销体。经销商交的保证金也不是0利息，按时结清货款的经销商，公司偿还保证金并支付高于银行同期存款利率的利息。宗庆后说：“经销商打款的意义是次要的，更重要的是维持厂商与经销商之间独特的信用关系。我们要经销商先付款再发货，但我给他利息，让他的利益不受损失，每年还返利给他们。这样，我的流动资金十分充裕，没有坏账，双方都得了利，实现了双赢。”娃哈哈的联销体以资金实力、经营能力为保证，以互信、互助为前提，以共同受益为目标指向，具有持久的市场渗透力和控制力，并能大大激发经销商的积极性和责任感，这对防止窜货具有重要意义。

二、实行严格的价格治理体系

娃哈哈的销售网络构成是：公司—特约一级经销商—特约二级经销商—二级经销商—

三级经销商—零售终端。假如娃哈哈不实行严格的价格治理体系，由于每个梯度都存在价格空间，这就为重利不重量的经销商窜货提供了条件。为了从价格体系上控制窜货，保护经销商的利益，娃哈哈实行级差价格体系治理制度。娃哈哈为每一级经销商制定了灵活而严明的价格，根据区域的不同情况，分别制定了总经销价、一批价、二批价、三批价和零售价，在销售的各个环节上形成严格且合理的价差梯度，使每一层次、每一环节的经销商都能通过销售产品取得相应的利润，保证各个环节有序的利益分配，从而在价格上堵住了窜货的源头。主要的窜货现象都是从价格混乱开始的，逐渐侵蚀企业苦心经营的销售体系，价格混乱是渠道窜货的源头。娃哈哈从价格严管下手，建立了灵活且严明的级差价格体系治理制度，保证了利益的相应分配，从源头上堵截了窜货的发生。

三、建立科学稳固的经销商制度

娃哈哈对经销商的选取和治理十分严格。娃哈哈放弃了以往广招经销商、来者不拒的策略，开始精选合作对象，筛出那些缺乏诚意、职业操守差、经营能力弱的经销商，为防止窜货上了第一道保险。娃哈哈虽然执行的是联销体制度，但企业与经销商之间是独立法人关系，所以娃哈哈和联销体的其他成员签订了严明的合同，在合同中明确加入了“禁止跨区销售”的条款，将经销商的销售活动严格限定在自己的市场区域范围之内，并将年终给各地经销商的返利与是否发生窜货结合起来。这样一来，经销商变被动为主动，积极配合企业的营销政策，不敢贸然窜货。娃哈哈的政策使经销商意识到：市场是大家的，品牌是共有的，利益是共同的，窜货会损害双方的利益。由此可见，选取合适的经销商，规范经销商的市场行为，为经销商营造平等、公正的经营环境，对于防止窜货是十分重要的。

四、返利加间接激励

间接激励，就是通过帮助经销商进行销售治理，以提高销售的效率和效果，从而激发经销商的积极性。比如，娃哈哈各区域分公司都有专业人员指导经销商，参与具体销售工作；各分公司派人帮助经销商开展铺货、理货以及广告促销等业务。与别的企业往往把促销措施直接针对终端消费者不同，娃哈哈的促销重点是经销商，公司会根据一定阶段内的市场变动和自身产品的配备，经常推出各种各样针对经销商的促销政策，以激发其积极性。对于成熟的经销商而言，其更希望有长期稳定的合作同盟和收益来源，加上娃哈哈“无偿”地全力配合销售，总部的各项优惠政策可以不打折扣地到位，有哪个经销商愿意用窜货来破坏这种和谐的合作关系呢？很多厂商将销量作为返利的唯一标准，销量越多，返利就越高，导致那些以做量为根本、只赚取年终返利的经销商不择手段地向外地市场“侵略”。娃哈哈也有返利激励，但并不是单一的销量返利这样的直接激励，而是采取包括间接激励在内的全面激励措施，与经销商建立了良好的、长期稳定的合作伙伴关系，从客情关系上减少了窜货发生的可能性。

五、产品包装区域差别化

在不同的区域市场上，相同的产品包装采取不同标识是常用的防窜货措施。娃哈哈和经销商签订的合同中给特约经销商限定了严格的销售区域，实行区域责任制。发往每一个区域的产品都在包装上打上一个编号，编号和出厂日期印在一起，根本不能被撕掉或更改，除非更换包装。比如，娃哈哈 AD 钙奶有三款包装，在广州的编号是 A51216、A51315、A51207。产品包装差异化能较准确地监控产品的去向，企业营销人员一旦发现窜货现象，就可以迅速追踪产品的来源，为企业处理窜货事件提供真凭实据。

六、企业控制促销费用

有的企业按销量的百分比给经销商提取促销费用，销量越大，可供经销商支配的促销费用也就越多；有的企业让营销人员控制促销费用。对于经销商和营销人员是否将企业拨的促销费用全部用于推广，企业难以掌控，因此一些经销商和企业的营销人员往往从促销费用中拿出一部分用于低价窜货，把销量做上去。促销费用由经销商和营销人员掌控，给经销商和营销人员窜货创造了机会。娃哈哈经常开展促销活动，但促销费用完全由娃哈哈自己掌控，从不让经销商和公司营销人员经手。因此，在促销费用治理上，娃哈哈堵截了企业的营销人员"放水"的可能性，防止了经销商与企业的营销人员的联合窜货。

七、注重营销队伍的培养

企业内部的营销人员参与窜货的现象并不少见，有些营销人员由于缺乏职业操守，置企业的销售政策和利益于不顾，参与窜货。娃哈哈非常注重营销队伍的建设和培养，主要表现为：严格人员招聘、选拔和培训制度，挑选真正符合要求的最佳人选。有敬业精神、政治素质和业务能力的，不论资历均可破格提升担任一定职务；对能力弱、素质差或不受欢迎的职工，重新培训达不到要求的实行淘汰。在企业中营造一种有利于人才发挥所长的文化氛围，娃哈哈的发展史，是一部不断尊重员工、尊重人才，不断提高凝聚力的历史。制定合理的绩效评估和奖罚制度，真正做到奖勤罚懒、奖优罚劣。定期对营销人员进行考核，一旦发现违纪行为，就进行严厉处理。实施关心人、理解人、体贴人的情感治理，公司不但注重人尽其用，还非常关心员工的生活。娃哈哈不定期举办"千人演唱会""职工运动会""千人大旅游"等活动，体现企业"大家庭"氛围，增强员工的归属感。娃哈哈良好的企业文化氛围，吸引了各地人才竞相到来，产生了巨大的凝聚力。娃哈哈的员工都把企业当作自己的家，因此很难想象娃哈哈的营销人员会挖空心思地去冒险窜货。

八、实行严明的奖罚制度

面对窜货行为，娃哈哈有严明的奖罚制度，并将相关条款写入合同。很多企业之所以控制不了窜货，一个很重要的原因就是对经销商心慈手软，有许多经销商是多年的老客户，企业一时下不了狠心。可娃哈哈不理这一套，对越区销售行为严惩不贷，不讲任何情面，而且在处理窜货上之严格为业界罕见：年底时，对于没有遵守协议的经销商，公司将扣除经销商的保证金用以支付违约损失，情节严重的甚至取消经销资格。在保证金的约束和公司严厉的处罚下，经销商不敢轻举妄动。由此可见，奖罚制度能产生多大效用，关键看其能否得到严格的执行。娃哈哈正是由于在执行上严厉分明，才有效地约束了经销商，防止了窜货。

九、成立反窜货机构

娃哈哈专门成立了一个反窜货机构，在全国巡回，严厉稽查经销商的窜货行为和市场价格，严格保护各地经销商的利益。娃哈哈把制止窜货行为作为日常工作常抓不懈，反窜货人员经常检查巡视各地市场，及时发现问题并会同企业各相关部门及时解决。宗庆后及其各地的营销经理也经常到市场检查，首先要看的便是商品编号，一旦发现编号与地区不符，便严令彻底追查，一律按合同条款严厉处理。当然，是否有必要成立反窜货机构，还得视公司的财力、物力而定，对于有实力可以成立专门的反窜货机构的企业而言，专门的反窜货机构能帮助企业及时地了解各区域渠道状况，及时发现窜货苗头并及时解决。

学以致用

某快速消费品企业湖北分公司在年终接到一些地级市经销商的投诉，反映沙市某大经销商多次窜货到他们区域。分公司经过调查，拿到了其窜货的证据。请你分析企业遇到的这个问题产生的原因，并提出相应的解决方案。

五、解决窜货的方式

（一）签订价格协议

厂商在与经销商签订价格协议时，必须明确双方的权利和义务，合理、清楚地界定经销商的经销区域和价格。通过合理划分经销区域，保持每一个区域经销商的合理密度，防止经销商过密使得供过于求而引起窜货。同时，避免经销区域交叉重叠，保持区域内经销商规模、范围与销售指标的均衡。此外，厂商也可以促使各经销商之间签订价格联盟协议，使各经销商公平竞争，防止窜货。

范例

×××系列产品价格联盟协议

签订地点：______________

甲方经销商：____________

乙方经销商：____________

为维护区域销售责任，维护价差体系，共同制止窜货、冲货（以下统称为窜货），甲、乙双方经友好协商，特签订×××系列产品价格联盟协议，以资共同遵守。具体内容如下：

1. 甲方、乙方根据本市场实际情况，自 2025 年______月______日起执行×××系列产品的价格体系，具体价差规定见表 4-2。

表 4-2　价差规定

经销商名称	价差执行区域	产品名称	出手给二批折底价（元/箱）	出手给三批折底价（元/箱）	终端折底价（元/箱）	终端零售价（元/单品）
甲方						
乙方						

2. 甲方、乙方单方面调整价格或开展价格促销活动时，双方必须及时沟通并控制货源的流向，避免因为价差不一致形成窜货。

3. 双方市场需要联防的窜货人员名单：________________

4. 处罚标准：若甲方窜货到乙方责任区域或乙方窜货到甲方责任区域，经×××公司业务员或×××公司督察组或监管员核查属实的，则必须接受×××公司的处罚，处罚标准按照甲方或乙方同×××公司签订的 2025 年联销体协议以及×××公司窜货管理的有关规定执行，或双方协商按照以下处罚标准处理，具体如下：

（1）________________

（2）________________

（3）________________

5. 本协议一式四份。本协议为甲方、乙方同×××签订的 2025 年联销体协议的补充协议。有效期自 2025 年______月______日起至 2025 年______月______日止。

6. 其他补充规定：________________

____

甲方名称（盖章）：	乙方名称（盖章）：
甲方代表（签名）：	乙方代表（签名）：
甲方地址：	乙方地址：
联系电话：	联系电话：
签约时间：	签约时间：
甲方市场客户经理（签名）：	乙方市场客户经理（签名）：
甲方市场区域经理（签名）：	乙方市场区域经理（签名）：

（二）制定窜货调查报告单

窜货调查报告单的 4 个要点是：

（1）明确调查窜货情况的区域、范围和相关经销商。

（2）明确调查人员信息。

（3）填写调查结果。

（4）调查结果得到当事人、当事经销商的认可。

范例

窜货调查报告单

1. 调查时间：

2. 调查地点：

3. 调查走访人员及身份：

举报方：

被举报方：

4. 双方调查人员共同看到的窜货事实（请填入表4-3中）：

表4-3 窜货事实记录表

双方人员走访地点、店名	走访地点、店名属性（一批或二批门店、仓库/商超/仓库/传统小店）	产品（规格、口味）	生产批号	外箱客户打码标识（如果没有则注明“无”）	出售价格	可见窜货产品数量（箱）

合计可见窜货产品数量（大写）：________________

5. 批号门户查询结果（请填入表4-4中）：

表4-4 批号门户查询结果

生产批号	该批号对应的门户显示的所在市场以及发货客户（格式：×市场×客户）

6. 双方业务员或经销商代表对以上发现的事实签字确认：

举报方业务员：________________ 被举报方业务员：________________

举报方经销商代表：____________ 被举报方经销商代表：____________

7. 补充说明：____

____

8. 销售公司核查结果：____

____

____

（三）填写窜货举报单

范例

窜货举报单

1. 处理流程

（1）举报：必须填写清楚，对窜货产品进行拍照，允许每个批号收货 2～3 箱作为证据，但是不做拖货处理，核查结束后自行消化处理。

（2）核查：窜货方接到举报单后，及时联系举报方业务员，在 2 天内必须到达窜货区域（若分管业务员因特殊情况不能及时到达，区域经理可以委托本市场其他业务员协助代为核查），核查周期为 1～2 天。要求双方业务员共同查实，将看到的情况填写在窜货调查报告单中，报告单原件由双方各执一份，举报方负责传真到销售公司。

（3）处理：销售公司根据窜货调查报告单反馈事实进行处理。

2. 举报地区资料（请填入表 4－5 中）

表 4－5　举报地区资料

发送邮件日期	举报市场	举报地区	客户名称	联系人	电话	客户经理	电话	区域经理	区域经理邮箱

3. 窜货产品具体情况（请填入表 4－6 中）

表 4－6　窜货产品具体情况

窜货产品（口味、规格）	生产批号	外箱客户打码标识	估计窜货数量（箱）	收购的少量产品数量（箱）	窜货人员出售价格（元/箱）或商超特价（元/单品）	被举报方所在省份	地区	客户名称（全称）

4. 窜货产品照片（请粘贴在下面）

5. 其他说明

6. 被举报批号还在仓库的申诉（被举报方反馈）

（1）情况说明：

（2）库存照片（具体的批号以及数量）：

7. 批号门户查询结果（请填入表 4－7 中，由公司督察部门填写）

表 4－7　批号门户查询结果

生产批号	该批号对应的门户显示的所在市场以及发货客户（格式：×市场×客户）

（四）工厂批号登记、打码跟踪

1. 仓库核查法

仓库核查单如表 4－8 所示。

表 4-8 仓库核查单

省份	地区	客户	客户代码	仓库到货的产品	外箱生产批号（准确填写）	该批号涉及发货分厂（填写请根据门户查询显示的分厂）	该批号经企业门户查询结果	该批号可见的大致库存数量（箱）	外箱打码标识（盖章）情况

2. 到货跟踪法

到货跟踪单如表 4-9 所示。

表 4-9 到货跟踪单

卸货时间	出库登记信息					实际接收情况			出库单登记批号、数量是否与实际出货一致	该车货的打码情况
	发货分厂	该车货的出库单号	产品	批号	发货数量	产品	批号	到货数量		

拓展知识

测试题 4-2：

认识窜货及其治理

一、构建恶性窜货防护网

防止恶性窜货最重要的不在于窜货发生以后怎么处理，而在于防范。从恶性窜货产生的原因来看，防范其发生不是仅解决一个简单环节就可以了，而是需要一个体系的支撑。防止恶性窜货体系如图 4-2 所示。

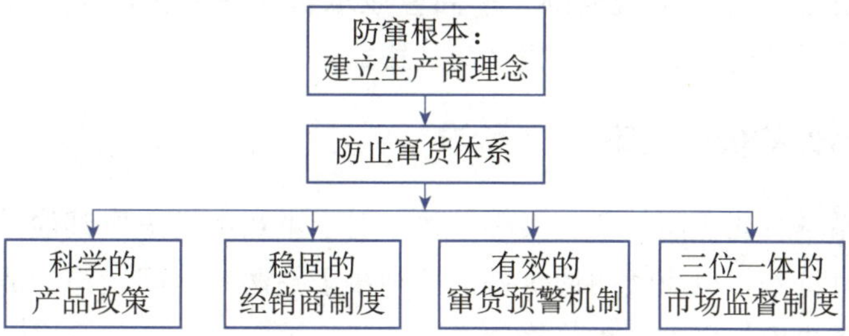

图 4-2 防止恶性窜货体系图

二、窜货管理与控制

（一）弄清货物流向

这是分析市场潜力、增加销量和防止窜货的前提，也是开发二级市场优先顺序的依据之一。弄清货物流向包括：

（1）彻底弄清自己企业产品的月份销量（注意非回款量）。

（2）彻底弄清自己企业产品的季节、促销等销量变化情况 。

（3）计算自己企业产品的安全库存量，建议在采购时按照建议量采购，同时注意季节变动情况。

（4）弄清自己企业产品在同类产品中的市场份额，打压其他产品的进货量并延长其进货周期。

（5）控制自己企业产品的价格体系。

弄清货物流向可以通过如下方法：

（1）通过经销商的采购、配送、批发人员来了解。

（2）通过经销商的可靠人员来了解，或者亲自到仓库去查。

（3）定期亲自查看经销商的进销存账目。

（4）通过渠道促销活动掌握批发（非连锁配送）货物流向。比如，针对小店和周边批发的经销商可以开展持续两个月的进货有奖销售活动，在经销商拿奖品时登记其名称。

（5）通过物流费用来了解。

（二）合理划分市场区域

（1）按照商圈划分市场区域：目前大多数生产企业在大多数情况下，划分市场区域时都是采用商圈和行政区划重叠的方式，但是有些商圈和行政区划有较大的误差，因此最好按商圈来划分。例如：河南信阳、湖南岳阳按照商圈划分属于武汉，如果硬要按照行政区划，窜货就很难避免。

（2）按照经销商（代理商）已经形成的网络覆盖范围划分市场区域：经销商在长期经营中已经形成了自己的网络覆盖范围，厂商应该承认这一事实，通过多方协调、相互妥协，最后让双方认可新的区域，允许相互交叉覆盖。

（三）制定合理的价格政策

（1）价格体系尽可能全国一致、大小一致，对于重点市场采取其他措施给予帮助，而不是价差。即使有价差，也应使两地价差的获利小于在两地之间运输的成本。尽可能制定统一的出货价和零售价，强力维护价格体系。

（2）做好调价后的保密工作、安抚工作和解释说服工作，杜绝经销商在调价前囤货。

（四）制定合理的激励政策

（1）年终返利不要呈几何级数增加，如果年终返利幅度大于正常销售所获利润水平，经销商就可能窜货。年终返利幅度一般应该低于5%。

（2）多用过程返利，少用销量返利。过程返利既能提高经销商的利润，扩大销量，又能防止经销商的不规范运作。

（3）年终奖励不奖货物。

（4）激励不能变相降价或者本质上降价。

（5）防止经销商直接操作广告，以防其用广告费用变相降价。

（五）制定合理的目标销售任务

（1）目标销售任务的制定要科学，增加的目标销售任务要有增长点和增加销量的方法措施，保证经销商努力后在自己的区域内能完成；同时，厂商业务经理也可协助经销商完成目标。不可盲目增加任务，一旦任务完不成，经销商和厂商业务经理都会想到用窜货的方法。

（2）不要让经销商积压太多的货物。

（六）设立窜货保证金制度

让经销商拿出一定金额的资金作为不窜货的保证金，如果年终考核没有窜货，则支付高出银行存款利率两倍的利息；如果有窜货，则利息和保证金全部没收。也可在年终奖励中扣除一部分作为保证金。

（七）设立市场秩序奖励基金

拿出一定金额的资金设立市场秩序奖励基金。要求各经销商每笔回款都附有货物流向清单，如果流向清晰、进销存与回款清晰，则对配合公司调查货物流向的经销商给予物质奖励和精神奖励。

（八）加强监控力度

（1）采用模糊数码控制技术或者流水工号控制技术监控货物流向。做到每盒货物、每件货物、每批货物数码唯一，一旦发生窜货，接到举报后马上可以查出货物来源。

（2）采用特殊记号进行监控，如在包装盒上画线等。

（3）快速反应，接到举报后马上辨明真伪并查处。

（九）加强处罚力度

（1）当月处罚法：一般可以先不动声色，在下月回款后，拿出确凿证据，扣押窜货保证金和部分货款，并且在全国范围内予以通报。

（2）年终模糊返利法：采用暗返利方式，事先公布这一做法，将窜货作为考核的重要指标之一，并告知经销商年中不予通报，但年终返利时会拿出窜货证据，扣发奖金、降低信用额度或减少对该经销商的支持。

（十）加强教育引导

（1）调整业务经理心态。心态决定一切，只有自己耕耘好自己的市场才会有收获。企业可以把控制窜货作为省级经理的考核指标之一。

（2）培养诚信意识，诚实做事与做人，抨击侵占他人劳动成果的做法。企业可以用各种手段教育经销商不要窜货。

（3）协助经销商精耕细作、做深做透自己的市场，让销量从自己的市场产出。

总之，窜货不是不能控制，关键还要看企业管理人员和区域业务经理的心态和具体做法，但是一定要从销售政策制定和具体管理实践上综合治理、严格执行。这里也提醒一点，省级经理往往将窜货作为完不成任务和业绩不好的正当理由，且夸大窜货量，企业需特别注意。

三、窜货控制技术手段及优劣分析

为防止和控制窜货，企业可以利用技术手段来配合和加强对窜货的管理，所采用的形式主要是对所销售产品实行区域差异化管理，即从产品包装颜色、产品规格和产品编码等方面区分不同销售地区。详细分析如下。

（一）产品包装颜色差异化区分

这是指同种产品在不同的地区，采用不同的包装颜色加以区分。比如销往山东的外包装采用红色，销往河北的外包装采用蓝色。这种防窜货方式技术水平高，不易被破坏，导致窜货成本升高，能够较好地防止窜货。但也会带来一些问题：产品外包装的生产存在规模化的问题，如果产品生产规模不大，或者销售区域划分过细，会使包装成本增加；另外，产品的外包装和产品性质、定位有很大关系，如果销售区域划分过细，会模糊产品的定位，也会给消费者留下不良印象，对提升品牌美誉度会产生不良影响。

（二）产品规格差异化区分

这是指同种产品在不同的地区采用不同的规格加以区分。比如销往山东的外包装采用盒装，销往河北的外包装采用袋装；或者销往山东的采用 20 cm×10 cm×5 cm 规格的盒装，内装 20 小袋，销往河北的采用 30 cm×12 cm×8 cm 规格的盒装，内装 36 小袋。这种防窜货方式技术水平高、窜货代价大，也能够较好地防止窜货。但也会带来一些问题：除了增加包装成本、扰乱市场定位外，还给消费者带来了难题，比如药品，可能 40 小袋是一个疗程，如果买销往山东的产品，2 盒刚好一个疗程，而如果买销往河北的产品，1

盒则不够，2 盒又太多，买与不买，都让消费者为难。

（三）产品编码差异化区分

这是指同种产品在不同的地区采用不同的文字、字母、图形、邮编、数字或这些元素的组合等加以区分。通过文字标示，比如在产品的外包装上印刷“专供某某地区销售”的字样，或者标示代理商的名字，或者印上“豫”销往河南，印上“冀”销往河北；通过字母标示，比如“A”代表安徽，“B”代表北京；通过图形标示，比如“苹果”图案代表山东，“香蕉”图案代表广东。

有的企业为防止窜货商对图案、字母进行破坏，会综合利用多种形式，比如在盒内标注图案，在盒外标注数字。

（四）其他方式

比如在包装箱上打上针孔。

任务三 处理互联网渠道与传统渠道冲突

学习目标

- **知识目标**

1. 了解互联网营销渠道的定义和特点。
2. 了解互联网营销渠道与传统营销渠道的不同。
3. 了解全渠道的概念及其关键要素。

- **能力目标**

能够设计一份解决互联网营销渠道和传统营销渠道冲突的方案。

- **素养目标**

培养“以人为本，以和为贵”的精神，养成具体问题具体分析的辩证思维。

基础知识

一、互联网渠道营销的定义

互联网营销又称为网络营销，是指组织或个人基于开放便捷的互联网络，对产品或服

微课：

处理互联网营销渠道与传统营销渠道冲突（上）

务进行的一系列经营活动，从而达到满足组织或个人需求的全过程，是一种新型的商业营销模式。

互联网营销渠道是商品和服务从生产者向消费者转移过程的具体通道或路径，其提供的信息传播模式是双向传播，使信息沟通更加方便畅通。随着互联网技术的迅速发展，营销渠道变得越来越简单。企业利用互联网营销渠道销售产品，为消费者提供服务；与此同时，企业利用互联网营销渠道对客户和员工进行相关培训，有利于树立企业自身的网络形象，提高企业的影响力和竞争力。

二、互联网营销渠道的特点

（1）互联网营销渠道与传统营销渠道一样，营销起点是商品生产者，营销终点是消费者或者用户。

（2）传统营销渠道是由参与产品流通过程的各类型机构（如批发商、代理商或零售商等）组成的，而互联网营销渠道的中介模式是电子中间商。

（3）商品从生产者转移到最终消费者的流通过程中，至少要完成一次商品所有权的转移，即生产商→中间商→消费者。

三、互联网营销渠道存在的问题

（一）信息交流缺乏真实感

作为一种信息渠道，互联网有很多优点，但却有一个致命的弱点，就是缺乏真实感。目前，依然有大部分消费者相信“眼见为实”，而在传统交易过程中，消费者能够享受真实的购物体验。例如：你可以试穿适合自己尺码的衣服，你可以试吃想要购买的食物，你可以试用你想购买的任意产品。互联网营销渠道为消费者提供了相当大的便利，消除了地域的限制，节省了消费者的时间，但消费者只能通过互联网信息服务与销售者进行信息沟通，双方的信任度对消费者的消费决定有很大影响。例如：销售者无法及时回复消息，销售者与消费者在文字交流时可能产生误解等。通过互联网进行的信息交流同样是无法面对面的虚拟交流，很容易让消费者产生不信任感，这也是互联网营销的一大障碍。

（二）互联网交易安全存在风险

消费者在互联网进行消费时，除担心在消费过程中缺乏真实感外，还会担心在消费过程中的信息安全问题。在互联网上进行电子交易的时候存在三种信息安全问题：一是消费者自身的信息安全，包括消费者的个人信息以及银行卡账号、支付密码等重要的财务信息，这也是大多数人在使用网上银行和移动支付时十分谨慎的原因。二是企业的信息安全，主要是指订单信息以及转账信息是否会被泄露或者被商业竞争者获取。企业信息一旦被泄露或者盗取，不仅会影响企业产品的营销和自身发展，而且会影响购买和使用该企业产品的消费者的信息安全。三是计算机病毒，计算机病毒不仅能够造成数据和信息丢失，而且能够控制网络用户的计算机，窃取用户的重要信息。

（三）物流成本高

互联网营销渠道通过减少一些不必要的中间环节降低了成本，能够给消费者提供更多的价格优惠，但互联网面临的最大问题就是物流配送问题。互联网上销售的商品分为有形商品和无形商品，对于无形商品（如应用软件、在线服务、影音产品以及电子书籍资料等产品），商家可以直接通过互联网进行商品的配送；对于有形商品，则必须通过线下的物流配送体系送达消费者手中。

四、互联网营销渠道与传统营销渠道冲突的表现形式

微课：

处理互联网渠道营销与传统渠道营销冲突（下）

由于互联网营销具有成本低廉、互动性好、不受时间场地限制以及用户数目庞大等特点，越来越多的企业将其纳入现有的营销渠道系统中。但是，营销渠道的变革必然会导致冲突的产生，而许多企业已经就互联网营销渠道与传统营销渠道的冲突感到非常棘手。

互联网营销渠道与传统营销渠道冲突的表现形式有以下几种。

（一）价格冲突

互联网营销渠道在很大程度上缩减了传统营销渠道的中间环节，加上没有实体店的租赁费用以及各项管理费用，产品的成本较传统营销渠道低。产品成本的降低会促使商家降低产品的销售价格，或者制订力度较大的促销计划，使消费者得到实惠，增加产品的销售量并扩大产品的市场份额。商家对互联网营销渠道的日益重视必然会使传统渠道商陷入非常不利的竞争地位，从而引发其不满。

（二）目标客户冲突

互联网最大的特点就是不受时间和空间的限制，在任何时间、任何地点，任何人只要接入互联网，在理论上都已成为互联网营销渠道中的潜在客户。如果互联网营销渠道和传统营销渠道覆盖了共同的客户资源，并且都尝试向这些客户销售同一种产品，就必然存在争夺目标客户的冲突。

（三）利益分配冲突

在传统的营销渠道中，产品是通过各级经销商或者代理商层层传递后销售给消费者

的。在这一过程中，每一级经销商或代理商都要从中抽取一定的利润。互联网营销渠道则不需要经过经销商或代理商，而是可以直接销售给消费者，这样会直接损害经销商或代理商的利益，导致在利益分配中产生冲突。

五、互联网营销渠道与传统营销渠道产生冲突的原因

（一）销售目标冲突

产品生产商引入互联网营销渠道的目的是减少产品流通环节，降低产品交易成本并扩大产品的销量，而此时产品生产商不再仅仅作为产品的供应者角色存在，它同时成为传统渠道商的竞争者，直接与传统渠道商争抢客户。传统渠道商必然会感觉自己的利益受到损害，由此产生互联网营销渠道与传统营销渠道的冲突。

（二）销售领域冲突

1. 销售目标客户冲突

当产品生产商采用互联网营销渠道扩大产品销量时，不可避免地会与传统渠道商的客户重叠，引起“横向”和“纵向”的冲突。这些冲突不仅会引发生产商与渠道商之间的矛盾，还会导致产品交易成本大大增加。

2. 销售区域冲突

互联网的全球性使互联网营销渠道可以扩展到全球任何能够上网的消费者，突破了传统的地域限制，必然会与传统营销渠道的销售区域发生冲突。传统营销渠道的销售区域是先划分好的，避免出现区域冲突，而互联网营销渠道无疑打破了这种平衡。

3. 销售渠道分工冲突

网络直销的出现导致传统渠道商要额外承担一部分职能却无法获得相应的回报。例如：消费者向传统零售商了解产品信息并进行购买前的咨询活动，但最后却在网络商店以比较低的折扣价格购买，这样就在无形中把本应该由互联网渠道承担的成本转嫁到传统渠道身上。在这种情况下，传统渠道商显然付出了销售成本，却无法通过最终实现产品销售来受益。还有一部分消费者通过生产商建立的网站或者网店购买了产品后，却试图通过传统零售商进行退换货或后期服务，进一步导致了互联网营销渠道与传统营销渠道的冲突。

（三）理解冲突

虽然产品生产商认为其采用互联网营销渠道是为了利用互联网来扩大产品销售的市场范围，吸引一部分不愿意或者无法从其他渠道购买产品的顾客能购买到产品，而并非与传统渠道商进行竞争，但是传统渠道商无法认同生产商的这种想法。传统渠道商认为生产商是想通过互联网避开中间商而直接将产品销售给消费者，从而抢占更多的市场份额，获取

更高的利润。这二者的冲突来源于生产商关心的是如何把市场做大、做强，而渠道商则关心市场是如何细分的。

六、互联网营销渠道与传统营销渠道冲突的治理

对于产品生产企业而言，想要对互联网营销渠道与传统营销渠道进行有效的管理，可以采取以下几种方法。

案例：

传统企业应对线上线下渠道冲突八大解决思路

（一）选择合适的产品和服务

产品生产企业在同时选用互联网营销渠道与传统营销渠道进行销售的时候，应该尽量避免使用两种渠道销售同样的产品，这样能够降低互联网销售产品与中间商销售产品的对比，从而降低渠道冲突。产品生产企业应该给不同渠道销售的产品配上不同的产品名称、包装及代号，产品外包装上直接标注“网络直供”的标志以示区别。企业从出货源头上把控网络专供产品的出货渠道，保证这些产品全部以网上商城直销和互联网渠道分销的方式出货，这样就能确保网络专供产品的供货途径，防止窜货，同时也避免了与传统渠道产品的价差问题。

另外，80 后、90 后已经成为互联网购物的主力军，他们的需求更趋于时尚化和个性化，互联网营销渠道可以为这类消费者量身定制产品，消费者也可以自由地将互联网提供的素材进行组合，生产出独具特色的个性化产品。

（二）制定合适的价格方案

大部分生产企业通过互联网售价不低于其他传统中间商售价或者在互联网上销售时不设置折扣来缓和两种渠道间的冲突。现在，越来越多的产品生产企业意识到，如果互联网上销售的产品价格比传统渠道商销售的价格低，必定损害传统渠道商的利益，因此在进行在线销售时会保持高价且不在网上提供任何折扣，这样就能在价格上避免对传统渠道商造成威胁。为了降低渠道间的冲突，产品生产企业不应将其网站上的产品定价过低，至少不能比其他渠道商的销售价格低很多。

（三）整合两种渠道的优势

产品生产企业在充分了解了两种营销渠道的优缺点后，就可以整合两种营销渠道的优势了。例如：互联网营销渠道除了传统营销渠道所具备的属性之外，还具备媒体属性。产品生产企业可以利用互联网渠道的媒体属性来进行媒体宣传，迅速提升企业的品牌知名度，通过互联网营销的传播带动传统渠道的销售；还可以利用互联网在为自身产品做宣传的同时，将传统渠道作为产品的展示平台，并同步在互联网上进行产品销售。

对于传统营销渠道而言，其采购体系、物流配送体系和售后服务体系较为成熟，而产

品生产企业除了自建的网上商城，其他大部分依赖第三方物流外包的方式，这样不仅造成产品经常缺货、产品配送效率低，而且售后人员无法帮助消费者进行调试、讲解和提供其他服务。因此，产品生产企业应该将传统渠道商纳入自己的网点商务体系中，与其建立良好的合作关系，最终达到双赢的效果。

范例

互联网营销渠道与传统营销渠道有效互补

——以星巴克 App 营销为例

企业 App 是指企业类手机客户端，主要展示企业形象、产品介绍，并具备消息推送、在线分享、客户留言、企业新闻、联系我们等功能。许多用户会利用 App 来打发碎片时间，企业正好可以利用企业 App 与用户进行长期信息交流，既节约成本又提高效率。

星巴克在全世界都是家喻户晓的品牌。星巴克 App 就如同一个即时分享的社区，囊括 GPS 定位、绑定会员、记录咖啡心情、产品信息浏览和查询以及同步社交网络等功能。

■ 个性化和人性化的 App 营销

星巴克 App 作为星巴克在互联网界的一员，将星巴克的产品和服务有效地融入其中。星巴克针对不同节日和人群推出不同产品，如针对不同节日以及不同人群推出不同的饮品，实现个性化的营销创新。星巴克 App 的功能设计十分人性化，App 初推时的两个功能别出心裁："星巴克时刻"功能帮助消费者记录咖啡心情，分享生活感悟；"门店查询"功能利用 GPS 定位帮助消费者寻找离自己最近的门店。

■ 通过 App 与消费者互动

App 营销的最大特点是互动性强，这一点是传统媒体无法比拟的。星巴克在推广新品早餐时，利用 App 推出"早安闹钟"活动，每天上午 7:00—9:00，在闹钟响起之后的 1 小时内到达附近的门店购买指定款咖啡，即可半价享受新品早餐。此活动在微博上分享推广后，吸引了大量粉丝的关注和参与。推出活动后的一个月内，星巴克 App 下载量超过 9 万次，超过 50 万人设置了早安闹钟。

■ 利用 App 实现营销创新

星巴克通过 App 实践新型奖励营销。奖励营销就是消费者在购买商品的同时，星巴克回馈相关的奖励，一般以实物为主。在星巴克 App 的"星成就"中共有 18 个成就，消费者完成相应任务就能获得奖励。例如：如果 3 个月内累计 5 次在周一签到星巴克门店，就能获得"周一追星族"成就。这种奖励营销不仅能驱动用户消费并使用 App，更能节约营销成本。

除此之外，星巴克提供将信息分享到社交网络的功能，使用者可以将"星消息"中的促销信息、咖啡知识以及"星成就"中获得的成就快捷地分享给自己的粉丝和亲朋好友，吸引更多人的关注。

除了上述功能，使用者可以通过 App 中的星享俱乐部随时查看自己的消费情况和星星累计信息。星巴克 App 实质上是一个企业与顾客、顾客与顾客之间的交流软件，与星巴克门店有机结合，可以实现目标消费者对品牌的深度了解，巩固品牌地位，促进品牌忠诚度的形成。

资料来源：袁政，李思颖．移动 App 在企业营销传播中的应用：以“星巴克中国”App 为例［J］．青年记者，2015（2）．

学以致用

某茶叶公司，之前以传统营销渠道为主，今年重点开拓互联网营销渠道。经过一段时间的推广，互联网营销渠道开始慢慢达到预期的效果，每日成交量不断增长，企业的收益也在不断提高。但随着营销渠道的发展，公司的互联网营销渠道和传统营销渠道却产生了冲突，冲突表现在：互联网营销渠道产品定价较低引起了传统营销渠道商的不满；互联网营销渠道商和传统营销渠道商发生了目标客户的争夺，并损害了传统经销商或代理商的利益，导致产生各种冲突等。

请你分析该茶叶公司互联网营销渠道与传统营销渠道冲突产生的根源，并给出相应的解决方案。

拓展知识

自从有了电子商务，20 多年来，线上和线下的关系一直是割裂的，甚至可以说是水火不相容的。随着社会的发展，线上和线下发现，只有将各自的优劣势互补，才能实现更快的发展。

那么，线上、线下融合起来了，甚至又叠加了新的零售业态，这是不是就是我们所说的全渠道了呢？在这里首先需要明确一点：全渠道和多渠道是有区别的。多渠道是指多个销售和订单完成的渠道，它强调的是数量上的多；而全渠道则是消费者选取自身最便捷的模式获取商品，它强调的是消费者的体验和消费的便捷性。

测试题 4－3：

处理互联网渠道冲突

全渠道也就是实体、电子商务和移动商务渠道线上与线下的融合：跟踪和分析消费者的购物数据，与消费者进行适当的互动，了解消费者的决策变化，为消费者提供个性化的建议，并在此基础上提升购物体验。

一、全渠道营销的关键要素

（一）线上、线下的统一

这里的统一是指线上、线下的商品价格、质量、款式是一样的。在传统的零售业中，实体店面临的困境是渠道单一、成本大、利润小、客户体验不一致等。而新零售时代的到来将改变这些困境，由之前的单渠道变成多渠道，从单向销售转为双向互动，实现线上线下的融合、协同发展。例如，苹果公司的产品在官网和直营店都是同价。

（二）终端门店的功能

在新零售时代，终端门店将会重构。终端门店将具备三种功能：定制化服务、聚会交流和消费体验。这种重构说明在新零售时代，营销已经从原来的规模化逐渐转变成标准化，然后走向个性定制化。在这种模式下，消费者不管是在线上还是线下都能购买到满意的产品。

（三）打通全渠道数据

大数据是实现全渠道的关键要素，因此要求企业一定要实现全渠道数据打通，从而实现实体店、电商平台、媒体等渠道的打通，最终实现数据共融和互通，为消费者提供全渠道、无缝的购物体验。

总而言之，无论是“新零售”，还是“全渠道营销”，其实本质上都是一样的：将线上、线下所有的渠道打通，实行全面的营销战略。

二、全渠道时代的三个特征

全渠道时代具有三个显著的特征，即全程、全面、全线，具体如下：

（一）全程

消费者从接触品牌到购买的整个过程中，包括寻找、对比、下单、体验和分享五个环节，企业需要在每个环节与消费者保持全程接触。

（二）全面

企业可以跟踪和分析消费者的购物数据，适时与消费者进行互动，了解消费者购物过程中的决策变化，为消费者提供个性化的建议，从而全面提升其购物体验。

（三）全线

销售渠道的发展从单一到多渠道，再到全线覆盖线上、线下的全渠道，渠道的覆盖范围变广，线上、线下的融合程度不断提高。

三、全渠道对企业的三种价值

全渠道对企业的价值主要体现在三个方面：

（一）全渠道的消费者开始崛起

消费者的生活主张和购物方式都发生了明显的变化，他们希望可以为自己的消费做主，他们希望在任何时候、任何地点，通过任何方式，都能快速买到自己想要的商品。

（二）从“终端为王”变为“消费者为王”

零售企业的定位、渠道建设、服务流程和物流配送等都以消费者的需求和习惯为基础。以渠道建设为例，零售企业必须由实体渠道转变为全渠道，相应的流程建设、团队建设等都要适应全渠道系统。

（三）全渠道打破了时间的限制

渠道的整合不仅可以给企业带来新的销路，还能对企业的资源进行优化，让原有的渠道资源不必再进行投入。例如：通过线上、线下会员的一体化管理，会员的同一个 ID 可以在所有的渠道内通行，享受相关的所有服务。

任务四　维护与平衡渠道

学习目标

● **知识目标**

1. 了解产品决策与渠道维护。
2. 认识渠道价格的协调与控制。
3. 熟悉渠道促销的力度与频度。
4. 掌握渠道客情关系维护策略。

● **能力目标**

1. 能够设计企业的整体级差价格体系：

（1）制定具有竞争力的零售价格；

（2）制定具有一定利润空间的出厂价格；

（3）制定符合合理利润分配原则的中间环节价格。

2. 能够制定渠道促销策略：

（1）确定促销的产品系列；

（2）确定促销的时间及预期达到的销售目标；

（3）选择渠道促销的形式、力度和频度；

（4）分析周边关联区域的销售形势，确保周边地区不会受到促销影响。

● **素养目标**

融入“富强、民主、文明、和谐”的思想，培养细致认真、精益求精的工匠精神，增强责任担当，培养大局意识和核心意识。

基础知识

微课：

渠道价格差体系的建立与维护

在企业分销实践中，渠道维护往往比渠道开拓更重要，更需要专业技术。很多企业也许很快就能攻下一个新市场，可是没过多久，该市场就会一片混乱：乱价、窜货，厂商冲突不断，经销商怨声载道，销量直线下滑。难怪有言道："打江山容易，守江山难！"企业的营销渠道是一个系统，同样面临如何维护、如何持续发展的问题。

渠道的维护和持续发展不是一个简单的技术问题，它是一种战略，是企业若希望继续发展就必须重视的一种分销战略。渠道维护技术贯穿于渠道设计和渠道运作过程中，它要求"未雨绸缪"，而不是"亡羊补牢"，它强调前瞻性、系统性、科学性和稳定性。从某种意义上说，渠道维护比渠道开拓更困难。下面从渠道价格体系控制、渠道促销策略、渠道战略联盟三个方面展开分析和讨论。

一、渠道价格体系控制

企业在规划渠道结构时，最先想到的是渠道基本成员有哪些，应该将渠道成员分成几级，从零级（企业直销）到四级（经销商、二批商、三批商、终端商）不等。由于将渠道进行了分级，每级成员的销售功能存在一定的差异，因此，有针对性地设计合理的价格体系就非常必要。但是，现实的渠道情况往往不尽如人意，窜货、砸价、企业与渠道间的价格倒挂、价格体系不稳定的情况大量存在，并随着经营的规范化愈演愈烈。显然，很多企业在渠道设计之初并没有对产品的价格体系进行设计，或者设计得不合理，或者根本找不到思路，不知道如何去设计；还有的企业即使发现了渠道价格体系的问题，也不知如何改进，甚至害怕调整价格体系会触犯渠道成员。

价格体系不仅反映了企业及各级渠道成员的利润问题，而且反映了企业的整体营销能力和渠道管理水平，体现了企业对渠道成员等外部资源的掌控与对环境的调节功能。价格体系设计得好，是企业对产品通往消费者的最重要通道真正了解并能熟练运用的体现，是企业核心竞争力得以建立的重要指标。

（一）设计级差价格体系的基本原则

级差价格体系能否成功，关键在于各层次渠道成员之间的利润分配是否合理。分销机构是否努力销售或推广企业品牌一般是由其中的利润和销量决定的，级差价格体系设计的核心就是如何合理分配最终售价与出厂价之间的中间流通利润。如果各个分销环节级差设计合理，则所有渠道成员就都能得到激励；否则，某些渠道成员就可能没有积极性。如果企业把大部分利润都分配给中间环节，则终端零售商所获得的利润就会很小，产品就很难在终端形成热销。如果企业把大部分利润都分配给终端零售环节，则会影响批发商的积极性。因此，级差价格体系既要求对不同渠道成员按照其所处的层次来确定规范且匹配的价格，又需要按照渠道成员的重要程度灵活调整价格。

例如：按照现有渠道成员的实际购买量或潜在购买量分别确定不同的价格折扣率，对购买量大的渠道成员给予较大的折扣，对购买量小的渠道成员给予较小的折扣等。以消费品为例，其营销渠道层次可以划分为特殊渠道（含集团购买）、大卖场、连锁超市、批发商、直销商、经销商、代理商等几种类型。根据不同渠道的特点及销售实践的需要，不同的渠道类型对应着不同的定价水平，由此形成了与渠道层次相匹配的价格层次（见表4-10）。

表4-10　渠道层次及价格层次

渠道层次类型	价格层次水平
特殊渠道	高价格、高利润
大卖场、连锁超市	较高价格水平
批发商、直销商	低价、薄利多销
经销商、代理商	最低出厂价

（二）如何对渠道进行价格体系设计

第一，认同价值链原理，即各个环节不是独立的，是与上下游紧密相连的。

以前，大家对渠道的理解主要限于渠道的物流功能，而对渠道最关键的理解，应该是企业通过各级渠道成员建立起一条通往消费者的价值链，渠道成员是价值链中最重要的因素。渠道构建得是好是坏，重要标志是价值链能否通畅地建立起来，产品在销售过程中能否不脱节，上下游联络与沟通是否紧密，平级成员能否进行合理的分工合作，渠道成员区域和数量是否合理，企业产品能否通过渠道成员对产品的运输、分配、服务等而不断增值。

如果企业只关注到一级经销商，而不管下游的分销商及终端商，对企业来讲，这就是价值链没有完全建立起来的表现；对一级经销商来讲，价值链只到他们这一层级，会给他们造成很大的压力。在这个时候，一级经销商就要将价值链接起来，服务好其下线客户或终端，否则就会出现下游分销商、零售商被排除在价值链之外，于是趁机将价格体系打乱，最终导致产品崩盘的现象。价值链不健全，会给级差价格体系的建立带来很大的制约。

所以，很多只做一级经销商一个层级的企业，在制定价格体系时会遇到很多困难。一级经销商开发自己的下线客户的理念如果不强，往往就只会向企业索要更多的渠道开拓、促销政策。政策的任意给予与不平均的状态使价格体系的合理存在成为幻想。

第二，渠道划分尽量平衡，甚至可以对大小经销商“一碗水端平”，若差距实在太大，就进行分级。

这里首推可口可乐公司在中国部分区域实施的绝妙办法。可口可乐公司由于要达到

微课：

格力渠道平衡术

“无处不在”的目标，毫无疑问，不能100%靠直销，因此渠道成为其达成“无处不在”的目标的最主要手段。可口可乐公司的经销商非常多，也非常杂，很不好管理。月销量从1 000箱到几十万箱的经销商都有，大经销商会要求更多的不同于小经销商的条件，那怎么办呢？可口可乐公司只有一个办法：所有经销商在一年的365天中，不会感觉到自己与其他经销商有什么不同，可口可乐公司不会承诺给予更好的条件，只有在年终的经销商大会上，经销商才会从可口可乐公司保存了整整一年的年初自己选派的代表抽取的返利纸条中，找到这个对大家都一样的返利额度数字。如果不这样做，每个经销商由于销量贡献不同，而被企业给予不同的政策，这就等同于实际上存在多级甚至无数级经销商，我是1级，你是1.2级，他是1.3级……这样一来，级差价格体系的制定就会复杂无比。

有的企业觉得这样做非常难，因为经销商的水平、实力千差万别，对企业产品的销售贡献也有多有少，这样“一碗水端平”的做法既不可取，也不公平。在现实中，这种做法也很难得以执行，一些大经销商也可能会因为没有比较优势而放弃经销。这就需要企业在选取经销商时就考虑到经销商之间实力不能太悬殊，最好对实力强的经销商与实力弱的经销商进行分级，或者实行总经销制，由大经销商与企业共同来管理那些实力弱的经销商。三得利啤酒公司在上海做得非常出色，价格体系非常合理，这与其最开始就选取同等实力的经销商并一视同仁地执行价格政策不无关系。

第三，先找能使产品增值或能提供服务增值的经销商并与之建立渠道体系。

要形成合理的价格体系，应该用什么来支持价差的存在呢？肯定主要是经销商，他们是价格体系形成的物质基础，然后企业才可能通过一定的渠道管理和服务来辅助经销商提升价值。这就要求企业在选取经销商时，选取有增值能力的经销商。那些纯粹想借用本企业产品品牌销售别的企业的高利润产品的经销商、那些一心只想窜货的经销商、那些漫无目的砸价的经销商、那些不思考对下线客户提供服务也不退换货解决包装破损问题的经销商、那些只想向上游索要条件的经销商，都不能使产品增值，他们都是企业设计价格体系的最大障碍。即使很多经销商能将产品辐射到更多的区域，使更多的消费者接受，但其增值的程度远低于其破坏或降低产品价值的程度，已经影响了整个渠道的发展，仍然不能成为合理价格体系内应有的渠道成员。

在现实中，可以看到很多企业在这一点上犹豫不决。很多经销商分货能力强，但并不能使产品在流通过程中体现更多的价值，反而在破坏产品的价值（如窜货、砸价），不断地搅乱市场，使产品价格越卖越低，平级客户和下线客户的信心也越来越不足。但企业还是不敢对这种恶霸经销商进行处理。在这种情况下，合理的价格体系是不可能制定出来的。

因此，很多企业不再寻找这种所谓的“艺高胆也大”的经销商，反而开始扶持规模不大，但秉持企业理念、服务到位的小型经销商。这些小型经销商通过自己的工作使企业产品比竞争产品有更高的价值，也使下线客户和消费者更认同企业及其产品，这样一来，企业积累了大量无形资产，而这正是企业生存与发展最需要的价值。

（三）渠道价格体系的控制与维护

1. 制定稳定的价格政策

厂商在和经销商签订合同时就要明确规定稳定价格的条款。厂商要制定和维护一个相对稳定的价格体系，对不履行价格政策的经销商，厂商有权利取消其经销资格。一个完善的价格体系应包括对不同的分销机构，如经销商、代理商、批发商、零售商等，制定不同的价格政策，使每一个分销机构都有利可图，都愿意经营本厂商的产品。厂商的价格政策要兼顾公平，对任何一个经销商的差别对待，都可能因价格歧视而引起其他经销商的不满。例如：某食品企业，其所在地的商业机构都不愿意经销其产品，原因是该企业经常以批发价甚至以出厂价向当地消费者出售商品，使得经销商的价格没有竞争力，经营利润得不到保证。又如：某企业经常以优惠价格向本厂职工出售产品，导致大量产品流向市场，严重影响了市场价格，使经销商的利益受损，导致经销商不愿意再销售其产品。

2. 谨慎使用不同地区价格差异政策

有的厂商在制定价格策略时，考虑到不同地区消费者购买力的差异、竞争的差异、厂商投入的促销费用的差异、运输费用等方面的差异，在不同的目标市场上采取不同的价格策略。这种价格策略如果使用得当，就会增强产品在各个目标市场上的竞争能力，实现销量最大化；但如果使用不当，则可能导致市场价格混乱。有些经销商可能利用不同地区的价格差，将产品从低价格地区转移到高价格地区销售，造成窜货。另外，当市场上存在多种价格时，经销商和消费者可能提出要求平等享受最低价格的权利，对这项要求，厂商很难给出有力的理由拒绝。针对不同的目标市场制定不同的价格有时是必要的，但必须掌握一个原则，即不同地区的价格差异不足以扰乱市场价格体系，价格差异的幅度控制在不会导致在不同地区市场上窜货的范围内。

3. 积极应对定价策略变化引起的反应

厂商常常因生产成本上升、竞争加剧或其他环境因素的变化，而需要改变价格策略，或者涨价，或者降价。但是，渠道成员一般不愿意接受这种价格的变化，只习惯于与采用某种固定模式定价的厂商打交道。对于厂商价格策略的改变，许多经销商会不适应并提出反对意见。因此，厂商在计划对价格策略做任何改变时，都应当提前做好市场研究，预测渠道成员的可能反应，拟定应对策略并做好说服和疏导工作。

4. 妥善处理渠道定价中的涨价行为

在厂商不得不涨价并把它传递给下游渠道成员时，如果每一个渠道成员都依次把涨价传递出去，并最终让消费者接受，则渠道运作顺畅。但是，这种涨价通常不能全部传递给下游成员，渠道成员不得不消化涨价带来的一部分利润损失。这时，厂商就应当考虑如何缓解涨价所带来的消极影响，而不只是简单地转嫁涨价。在计划涨价之前，厂商应该认真地权衡涨价与保持原价之间的利弊。有时，尽管从短期看涨价好像是必要的，但是从长期看，是完全不值得的。对于厂商来说，只要不损害长期利益就应当尽量维持价格不变。在不得不涨价的情形下，厂商也应当尽量给渠道成员甚至最终消费者提供其他非价格优惠条件，也可以通过改变营销组合的其他因素来消除涨价给渠道成员带来的负面影响。

5. 加强对渠道价格的控制

大多数厂商充当着“渠道领袖”的角色，肩负着制定和控制价格的责任，因此，厂商对渠道成员的定价实施某种程度的控制是必要的。例如：为了维持产品的定位和形象，厂商不允许渠道成员大幅降价；同时，为了保证产品的促销效果和追求市场覆盖率，厂商要求渠道成员不能追求过高的利润率。但是，渠道成员对定价往往会有自己的意见，坚持自己对定价的自主权。只要厂商试图对渠道成员的定价实施控制，渠道成员就会认为厂商侵犯了他们的自主权，从而引起渠道冲突。由此可见，厂商在试图对渠道成员实施价格控制时应当注意：除非必要，厂商应当尽量避免对渠道成员进行价格控制，否则可能会导致与渠道成员之间的冲突。厂商不应采用强制的手段来控制渠道成员的价格，而应该采取说服的办法：一方面向渠道成员说明执行厂商价格策略的必要性，另一方面可以考虑为他们提供其他补贴，以换取他们的支持与配合。

6. 适度使用对渠道的奖励政策

现在许多厂商不是通过经营利润来激发经销商的销售积极性，而是对经销商施以重奖和提供很高的年终返利，目的是鼓励经销商多销售其产品。由于奖励和返利多少主要是根据销量多少而定的，因此经销商为博取年终高额的奖励和返利，会千方百计地销售产品。有的经销商不择手段，不惜以低价将产品销售出去以实现销量目标；有的经销商把预期的奖励和年终返利中的一部分拿出来让给下游经销商，导致价格体系混乱，产品被低价卖。这种做法对于渠道的危害是很大的，比如当年的旭日升就是因为高返利的刺激使自己昙花一现。因此，厂商不能急功近利，不能过度使用重奖和高额年终返利等极端手段，而只能适度使用对渠道的奖励政策，鼓励经销商追求经营利润。此外，厂商还要加强监管，避免渠道短期行为，只有这样才能实现渠道的稳定和持续发展。

范例

可口可乐渠道级差价格体系

可口可乐系统是一个庞大的系统，不仅包括可口可乐公司本身，还包括装瓶厂系统。因此，为了提高内部的沟通效率，提高对营销渠道的研究和管理水平，建立完善的渠道编码，可口可乐公司对各种销售渠道进行了统一的归类和划分。与多数企业不同的是，可口可乐公司始终从消费者的角度定义、归纳及划分渠道：首先分析各种终端消费者消费可口可乐产品的行为特点；然后对各种不同类型的消费者的行为特点进行归纳和总结，得出消费者行为类型；最后依据各种行为类型划分出不同的销售渠道。

一、梳理渠道并分清各渠道的责任区域

下面以两种消费者行为为例，介绍可口可乐公司是如何划分消费渠道的（见表 4-11）。

表 4-11 消费者行为分析

业务点	消费者行为	消费者行为类型分类	销售渠道
在街道上的超级市场	在购买杂货时购买可口可乐	杂货购物	超级市场
在大学里的自助食堂	在吃午餐时购买可口可乐	教育	大学食堂

为了合理划分所有渠道，在消费者行为原则基础上，可口可乐公司还制定了其他五项原则，分别是：消费者动机、地理位置、是否连锁、进货渠道和业务考虑。当依据消费者行为原则进行渠道划分时，如果某一售点同时适合多个渠道类别，则会先后以这五条原则作为判断的依据。

依据以上渠道划分的原则，可口可乐公司将中国日用消费品市场的营销渠道具体细分为 9 个主渠道、27 个次渠道、56 个子渠道（见表 4-12），其中主渠道 H 为中间商渠道，主渠道 I 为内部渠道，其他主渠道均为销售终端渠道。

表 4-12 可口可乐公司中国日用消费品市场营销渠道

主渠道	次渠道	子渠道	备注
A 杂货购物	A1 超级市场	A10 大型独立超市	MT
		A11 小型独立超市	MT
		A15 连锁超级市场	MT
	A2 便利店	A20 连锁便利店	MT
		A22 独立便利店	MT
	A3 加油站	A30 加油站	
	A4 特大货场	A40 特大货场	MT
	A5 食品店	A50 面包店/蛋糕店	
		A52 其他食品店	
	A6 传统杂货店	A60 大型传统杂货店	
		A61 小型传统杂货店	
		A64 窗口式传统杂货店	
B 其他购物及服务	B1 一般商店	B10 小型一般商店	
		B12 百货公司	
	B2 小卖亭/书报摊	B20 小卖亭/书报摊	
C 饮食	C1 饮品店	C10 酒吧	SP
		C11 茶室	SP
		C13 咖啡室	SP
	C2 快餐店	C20 中式快餐店	SP
		C21 非中式快餐店	SP
	C3 餐馆	C30 高档中餐馆	SP
		C31 中档中餐馆	SP
		C32 低档中餐馆	
		C36 非中式餐馆	SP
	C4 其他级别饮食场所	C40 流动熟食贩卖店	

续表

主渠道	次渠道	子渠道	备注
D 娱乐/休闲	D1 游乐/休闲/旅游点	D10 游乐/休闲/旅游点	SP
	D2 电影院	D20 电影院	SP
	D3 运动场所	D30 运动场所	SP
	D4 娱乐场所	D40 网吧	SP
		D41 浴室/按摩室	SP
		D42 迪厅	SP
		D42 夜总会	SP
		D42 卡拉 OK 厅	SP
		D43 游戏机中心	SP
		D49 保龄球场	SP
E 交通/运输/住宿	E1 住宿	E10 酒店/度假村	
		E11 小旅馆	
		E13 招待所	
	E2 运输	E20 运输供应者	
		E22 运输地点	
F 教育	F1 小学/中学	F10 小学	SP
		F12 中学	SP
	F2 学院/大学	F20 大学食堂/餐馆	SP
		F21 大学超市	SP
		F22 大学传统杂货店/小卖亭	SP
		F26 大学宿舍	SP
G 工作场所	G1 工作场所/工矿企业	G10 工厂/公用	
		G11 军事	
		G14 商业办公室/专业事务所	
H 中间商	H1 承包贩卖及食品服务	H10 承包贩卖及食品服务	
	H2 现卖场	H20 现卖场	MT
	H3 批发商	H30 批发商	
		H31 批零	
	H4 市内 101	H40 市内 101	
	H5 市外 101	H50 市外 101	
I 内部	I1 内部/公共关系/特别项目	I10 内部/公共关系/特别项目	

说明：MT 代表现代渠道，SP 代表特殊渠道。

二、建立各渠道的级差价格体系

为了方便销售工作的实际开展，提高销售团队的执行效率，可口可乐公司在渠道划分的基础上，又从客户的角度出发，依据各种渠道的特点，归纳并分类组建了专门的渠道计划，包括现代渠道、批发渠道、零售渠道和特殊渠道。针对这些渠道，该如何制定符合各渠道的级差价格体系呢？

企业的销售价格体系设计的首要任务是制定差别化价格体系。差别化价格体系包括两个方面：

(1) 依据销售渠道成员所在阶层确定价格折扣。企业必须设计好销售通路各环节的价格体系，即处理好出厂价、一批价、二批价、三批价、零售价之间的关系。销售通路各环节的价格设计直接影响中间商的利益，从而影响中间商的积极性，决定着产品在市场上的前途，因此企业必须重视。

(2) 按照客户的重要程度确定价格。按照现有客户实绩或潜在实力将客户分为A、B、C三个等级，分别确定不同的价格折扣率。例如：A级客户价格折扣率是$x\%$，B级客户价格折扣率是$y\%$，C级客户（小量进货者）依定价出货。销售价格体系设计解决的是让利如何分配的问题，让利就是出厂价和零售价之间的差额。谁得到这些差额以及得到多少，就是价格体系设计所要解决的问题。

一级批发商靠加价和返利来赚钱，零售商靠批零差价来赚钱，二者的利益都能够得到保证；而二级批发商、三级批发商处于中间环节，受一级批发商的制约，不可能得到更多的利润空间；再往下，由于消费者的作用，零售商也要以最优惠的价格拿到产品。这样，二级、三级批发商的利益如何维护，就成为价格设计的一个重要方面。企业必须给二级、三级批发商以利润空间，并能让其以销量来赚钱。

可口可乐公司在进行渠道定价时需要考虑的因素如表4-13所示。

表4-13 销量（潜在）与显现的关系

显现	销量（潜在）		
	低	中	高
低	传统渠道 当地小店	工业场所	批发商 大卖场
中	舞厅、酒吧 教育机构	宾馆 交通运输	便利店
高	电影院	机场	超市

显现最低、销量（潜在）最低的环节，通常定价最高，比如一些传统零售小店；显现最高、销量（潜在）最高的环节，通常定价最低，比如超市。

可口可乐公司在进行渠道定价时要考虑的四项基本原则是：

(1) 定价始于消费者，根据目标消费者调查，以消费者的承受能力为基础，制定包装/价格提案。鼓励消费者在采购中提高购买量。例如：对大包装，加强每毫升价格优势；对即饮消费，提高定价。

(2) 价格反映客户利润，给予客户一个能够具有竞争力的利润贡献的价格，让在同一竞争类型/渠道内的各个客户享有公平的价格，保证同等业绩、同等价格。

(3) 定价应全面认知竞争对手，不要发动没有把握的价格战。

(4) 定价必须产生盈利，只有在用尽了所有其他可能的手段之后，才将价格削减优势作为扩大业务的最后手段。

学以致用

在某企业新建的销售渠道中，由于处于销售初期，企业对销售商控制力不强，销售商销售的范围及价格方面都很混乱。请你帮助该企业建立有序的销售渠道，设计一份维护和平衡渠道成员的方案。

1. 明确产品的销售范围及各级销售商价格水平。
2. 限定销售商的销售区域及价格水平。
3. 设计销售商的利益分配方案。
4. 设计对销售商恶性窜货的处罚方案。

二、渠道促销策略

（一）渠道促销的定义

促销包括渠道促销和终端促销。渠道促销一般是指厂商针对中间营销渠道成员采取的促销行动，一般在旺季来临前或者新产品上市的时候采用，目的是将更多的产品推入渠道，占领渠道成员的资金和销售陈列空间，以获取渠道竞争优势。终端促销大多是指中间营销渠道成员针对消费者采取的促销行动，如特价促销、有奖销售、捐赠等，目的是让消费者购买更多的产品。

（二）开展渠道促销活动应注意的问题

渠道促销是厂商针对中间渠道商（经销商、代理商、批发商、零售商）所进行的促销活动。渠道促销是一项复杂的工作，激励得当，可以推动渠道整体良性运作；实施不当，则可能出现激励过分、激励不足、激励失效等问题，变成渠道发展的阻力甚至破坏力。因此，如何把握渠道各个环节激励的力度及频率，对于渠道的维护与平衡至关重要。

1. 渠道促销的时效

一般来说，新产品上市、处理库存、旺季冲销量、淡季保市场都需要进行渠道促销，这是厂商的惯用做法。渠道促销具有适度超前的特性，特别是季节性促销抢量，更需要恰当掌握适度超前的时机。以一般消费品为例，一年至少有“五一”“国庆”“中秋”“元旦”“春节”以及“6·18”“双11”这几个大的销售旺季，因此，做好这几个时段的促销就显得尤为重要。

根据行业运作规律，消费品渠道促销应该在（终端）大旺季销售来临之前进行，因为商家有一个旺季前备货的过程。旺季前抢得先机进行针对渠道商的促销，可以抢占渠道商的资金、仓库和陈列空间，挤压和排斥竞争对手，实现销量最大化并赢得竞争优势。如果到了终端销售旺季才进行渠道促销就为时已晚，此时渠道商可能既没有资金也没有仓库来进你的货了。那么，提前多久进行渠道促销才最合适呢？根据经验，提前15～30天即可，20天左右最好，因为太早，渠道商没兴趣；太晚，渠道商无暇顾及。

2. 渠道促销的力度和频度

按照管理学的观点，市场营销是一种管理艺术，特别是在营销的节奏与频率方面，往往欲速则不达，过犹不及。同样，渠道促销在力度和频度上也非常讲究，掌握不好就很难达到预期的效果。促销力度太小，对渠道商没有吸引力；促销力度太大，厂商又无法承受，而且容易引发窜货。促销次数太少，不利于突击销量和拓展市场；促销太频繁，又容易使渠道商产生厌倦心理。总之，渠道促销的“度”很难把握。

消费者对品牌感知质量的评价和购买意向是消费者实际购买的基础，而频繁的价格促销会降低消费者对促销品牌感知质量的评价，损害其购买意向，降低其对促销品牌的忠诚度，最终对促销品牌的品牌资产造成极大的负面影响。换句话说，价格促销是一把“双刃剑”，在争夺竞争对手市场份额的同时，也会严重损害企业的长期品牌资产。

大力度促销的结果是：当期可能获得很大销量（透支需求），但是产品必然被低价卖，原有价格体系必然遭到破坏，竞争对手为了生存必然竞相杀价，价格战在所难免。最糟糕的结果是产品价格跌破底价，再也反弹不上来，这时企业陷入死潭，要么降价，要么进行更大力度的促销，否则根本销售不出去。

合适的促销力度是促销期间不至于大量窜货，促销结束之后价格很快反弹到原来的水平。促销期产品被低价卖再也不能反弹，说明促销力度太大；促销期客户没兴趣进货，说明促销力度太小。根据销售经验，渠道促销的力度以“有吸引力且不至于引发窜货”为原则。比如食品的促销，一般控制在3%～5%的力度，这个力度有一定的诱惑力，但又没有足够的空间支持窜货，因为从一个城市运到周边城市，运费也要占3%～5%，窜货没有意义。所以，产品从一个城市运到周边城市的平均运费（比率）就是该产品在该城市可采用的促销力度的参考值。

此外，促销的频度也很有讲究，合理的频度应该以“库存得以消化、价格已经反弹”为原则。如果企业连续不断地在某一渠道上长期进行促销（促销过频），将会使渠道成员变得疲惫和麻木，影响促销效果。如果上一次的促销在渠道中囤积的货物已经得到有效消化，渠道成员已经开始以原价进货，批发价已经恢复到未促销时的水平，说明市场已经恢复良性，此时可以准备第二次促销。促销期最好与淡旺季相吻合，因为渠道促销是透支未来销量，往往会造成销售价格下跌。

3. 渠道促销的形式、执行及区域联动因素

渠道促销有变相降价或涨价两种形式，以降价形式为主，主要表现为进货折扣（现金折扣、数量折扣、功能折扣、季节折扣等）、赠品、抽奖、奖券、市场支持承诺（广告投入、终端促销、费用支持、人员支持等）以及其他促销措施，这些都是积极有效的渠道激励形式。但是，渠道促销在执行过程中有很大的弹性，往往容易出现很大的漏洞而使本来很完美的促销方案的效果大打折扣。比如，对于折扣政策，厂商希望刺激经销商大量进货，享受折扣，并且将折扣政策往下分解，让下游批发商、零售商也能享受折扣，以促使他们积极进货。但如果执行不力或监控不力，经销商往往将折扣独享，囤积货物慢慢销售，这就违背了厂商开展渠道促销的初衷。对于赠品、奖券以及市场支持，情况也是如此。

渠道促销还应该考虑区域联动因素。一个地区的促销要考虑其对周边市场的冲击，包

括价格冲击和市场秩序冲击，要把一个大的区域市场当作一个整体市场来考虑，统筹安排、长远规划，只有这样才有利于整体市场的良性发展。因此，一个地区搞促销，最好控制在不会对另一个地区市场造成严重影响的程度下。如果控制不了，两地促销最好同时进行，可以考虑以同样力度但以不同方式进行，以避免雷同而影响促销效果。

范例

娃哈哈公司渠道促销的控制

娃哈哈公司的促销重点是经销商，公司会根据一定阶段内的市场变动、竞争对手的举动以及自身产品的配备而推出各种各样的促销政策。针对经销商的促销政策，既可以激发经销商的积极性，又可以保证各层经销商的利润，因此可以做到促进销售而不扰乱整个市场的价格体系。

一、确定促销的产品系列

促销对象：产品经销商、产品消费者。

促销产品：根据一定阶段内的市场变动、竞争对手的举动及自身产品的配备，选择重点促销的产品种类。

促销目的：激发终端客户的消费欲望，同时保证各层经销商的利润。

二、确定促销的时间及预期达到的销售目标

促销时间：具体市场具体分析，一般多为节假日。促销时间不宜过长，原则是既能在短期内达到提高该产品销量的目的，又不会对经销商造成库存压力，尽可能不提前消耗未来市场的销量，不对未来几个月的销售额造成影响。

销售目标：提高该促销产品的市场占有率、铺货率、上架率，从而达到提升该产品的品牌知名度和市场销量的目的。

三、选择渠道促销的形式、力度和频度

业界对于“最后一公里”的营销概念的理解各异，有的说是服务，有的说是质量，有的说是品牌，而娃哈哈却认为是“利益的有序分配”。有序必然就要有控制，控制在营销渠道中最重要的就是价差、区域、品种和节奏。

价差指的是产品从厂商到消费者手中经过的所有批零通路。就饮料、家电等产品而言，一般有3～4个环节的利益分配。高价的产品如果没有诱人的价差分配，就无法激起经销商的积极性；低价产品如果价差控制得当，仍然可以以量大而为经销商带来利润。有序地分配各级经销商的利益空间，不但是生产商的责任，更是其控制市场的关键所在。

娃哈哈认为，生产商推出任何一项促销活动或政策，首先应该考虑的便是设计一套层次分明、分配合理的价差体系。当今很多企业在营销中动辄喜欢“超低空”，以低价轰炸市场，以为只要自家的价格比别家的低，肯定就卖得比别家的火，其实未必。因为没有考虑价差的低价，无疑让经销商无利可图，他不给你用力吆喝，不把你的产品摆在柜台上，买卖交易的“最后一公里”仍然无法到达。一般而言，低价策略在新产品进入一个成熟市场时会因其对原有市场价格体系的摧毁而取得出人意料的效果，可是在长效经营中却可能是一针毒素颇大的兴奋剂。

四、分析周边关联区域的销售形势，确保周边地区不会受到促销影响

(1) 严格控制促销产品的数量、范围，保证周边市场不受冲击。

(2) 在促销活动开展中及活动结束后，派专门的市场督察人员去周边市场稽查窜货行为，对于借促销名义低价窜货的行为给予严厉打击。

品牌商面对经销商和消费者往往有一个本末上的判断。品牌商在推销一个新产品时，首先应该做的一件事是以强力把市场冲开，造成销售的预期，这期间要把所有的人力、财力、物力倾注到网络渠道上，培育忠诚的客户群体。在完成这一工作之后，应该把工作的重点转移到消费者身上。渠道内的价差体系一旦形成，就应该把更多的优惠政策放到零售终端上，而更多企业进行的却往往是相反的操作。

三、渠道战略联盟

营销渠道中的战略联盟是指渠道关系发展到一定阶段，处于同一营销渠道中的双方或多方成员通过协议形成的长期利益共同体。在渠道战略联盟中，渠道成员按照协议的规定，共同开发市场，共同承担市场责任和风险，共同管理和规范销售行为，公平地分享经济利益和合作成果。渠道战略联盟有以下三个显著特点。

（一）合作的长期性

如果交易伙伴只是为了交易方便和谋求短期的利益而暂时联合，则这种联合称为战术联盟或普通商业伙伴。渠道战略联盟信奉的是关系营销而不是交易营销的理念，追求的是双方或多方的持久关系和长期利益。

（二）各成员间的平等性和自愿性

有的联盟建立在不平等的权力关系之上，实力强大的一方实际上通过联盟实现了对实力弱小一方的控制。真正的渠道战略联盟是建立在平等和自愿的基础之上的，成员之间在技术、产品、技能和知识方面平等交换，通过交换分享资源和挖掘市场机会，实现互利共赢，谋求长期共同利益。

（三）彼此遵循高水平的承诺

应该说，没有渠道成员彼此间的信任和承诺，就没有战略联盟，只有当渠道成员既有维持一种渠道关系的愿望，又愿意为维持这种关系而付出或承担某种责任和义务时，联盟才能得以维持。战略联盟本质上就是一种承诺，成员间遵守承诺是建立战略联盟的核心内容。

联盟也是一种依赖关系。承诺意味着一种长远的眼光，促使联盟中的渠道成员即使做出牺牲也要保持和发展这种关系。承诺也意味着渠道成员要承受增加对其渠道伙伴依赖性的风险，做出承诺的渠道成员必须承受这种风险并采取适当的措施进行管理。

测试题 4－4：

维护与平衡渠道

建立渠道战略联盟是大势所趋，因为建立渠道战略联盟有很多好处，如渠道成员可以实现资源共享、风险共担，更好地发挥联盟内各个成员的优势，从而获得其他渠道系统所难以获得的竞争优势，这是一种商业竞争的需要。但要考虑到，建立渠道战略联盟也可能会引起渠道运作成本的上升；如果联盟的基础不牢固，也可能导致联盟内的投机行为；也可能因为联盟捆住了渠道成员的手脚，从而使之失去在市场竞争中的灵活性。是否加入渠道战略联盟，企业可以根据自身的情况及战略需要进行选择。

拓展知识

管理渠道成员的方法无外乎两种：推和拉。

一、推动渠道成员的策略

生产企业推动渠道成员的策略主要是通过各种各样的销售策略，直接指向批发商和零售商，激发其扩大销量，从而把产品流转到消费者手中（见图 4－3）。

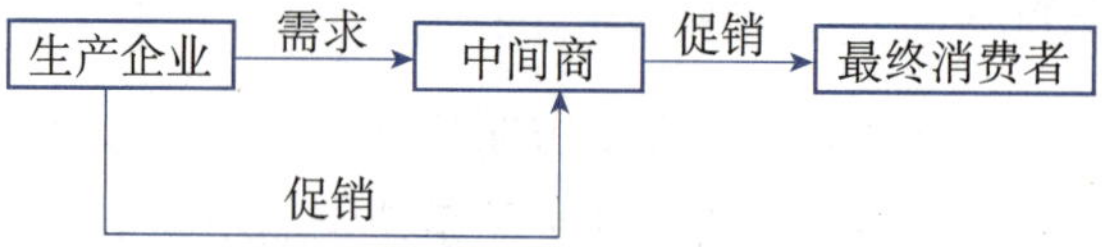

图 4－3　推动渠道成员策略流程图

常用的推动渠道成员的策略是人员销售和销售推广，具体方法有以下几种。

（一）免费样品

免费样品是销售推广的方式之一，是生产企业为鼓励中间商进货、随产品附送的单独赠送品。此方式所耗费用较高，但却是介绍新产品最有效的方法之一。

（二）津贴推广

津贴推广是指生产企业为了争取中间商的合作，积极推销其商品，在一定期限内向中间商提供一定的超额销售的津贴，以调动中间商的积极性。

（三）销售竞赛

销售竞赛是指生产企业通过开展中间商销售竞赛活动，奖励销售成绩显著者以扩大销量。

（四）购货折扣

购货折扣是指生产企业为鼓励中间商的推销积极性，当其购买量超过一定限额时，给予其超过部分或全部购买量一定比例的价格折扣，或按所购买商品的总金额给予一定的现金折扣等优惠条件，以刺激其推销积极性。

（五）广告折扣

广告折扣是指生产企业为鼓励中间商为推销品做广告，在中间商应支付的购货款中，将其广告费折扣返还给中间商。

（六）销售返利

生产企业合理的返利政策可以激励中间商积极推销其商品。在制定返利政策时要考虑返利标准、返利形式、返利时间和返利的附加条件等因素。

（七）联营推广

联营推广是指生产企业为鼓励中间商出售本企业的产品，借助中间商的力量与条件，同中间商联合经营。生产企业与中间商联营的方式有很多种，如联办商店，联合售卖推销品（盈亏共担），在中间商的店堂里设立生产企业的商品专柜等。

（八）信息支持

信息支持是指生产企业经常与中间商交换所推销商品的产销信息，以便中间商及时掌握推销商品的产销变化趋势。生产企业同中间商信息沟通的方式有很多，如召开产销双方信息座谈会，定期或不定期地寄发有关信息资料等。生产企业还可以将自己的生产状况和生产计划告诉中间商，为中间商合理安排销售计划提供相关依据。

（九）管理支持

管理支持就是通过帮助中间商进行销售管理，以提高销售效率和效果来激发中间商的积极性，主要包括：

（1）帮助中间商建立进销存报表，做好安全库存数和先进先出库存管理。

（2）帮助中间商进行零售终端管理，包括铺货和商品陈列等。

（3）帮助中间商管理其客户往来，加强中间商的销售管理工作。

二、拉动渠道成员的措施

生产企业通过广告和其他宣传，直接诱发消费者的购买欲望，可以实现由消费者向零售商、零售商向批发商、批发商向生产企业求购，从而实现由下至上的层层拉动购买的目标。

拉动渠道成员的措施有以下两种。

（一）商业广告

生产企业拉动渠道成员最有力的措施就是发布商业广告。发布商业广告的媒体通常有报纸、杂志、电视、广播、互联网、公众出版物（电话号码簿、生活指南等）等。另外，生产企业还可以考虑以其他途径作为广告宣传的辅助媒体，如企业名录、大屏幕电视、挂历、车身、气球、商店购物袋等。

（二）公益广告

与商业广告不同的是，公益广告追求的是社会效益，给人善意的指正或热情的鼓励，从而达到净化心灵和社会环境的目的。重大事件、危难关头、社会公德、希望工程、保护环境、救助灾区群众是公益广告最常表达的主题。对企业而言，公益广告有助于彰显企业的社会责任感，能够塑造企业的形象，提高企业的亲和力，最终有助于产品的销售。

巩固练习

一、名词解释

渠道冲突　水平渠道冲突　垂直渠道冲突　窜货　价格体系　自然窜货　良性窜货　恶性窜货　互联网营销渠道

二、单项选择题

1. 某厂商在某地区通过多家分销商销售同类产品，其中一家分销商认为其他分销商通过降低价格、大力促销等措施抢占了自己的市场份额。这种冲突属于（　　）。

A. 多渠道冲突　　B. 垂直渠道冲突
C. 水平渠道冲突　　D. 简单渠道冲突

2. 引起渠道冲突最普遍、最常见的原因是渠道成员之间（　　）。

A. 目标不一致　　B. 争夺稀缺资源
C. 决策权认识有分歧　　D. 沟通上有障碍

3. 窜货是现实中一种非常普遍的现象。有一种窜货表现为在相邻辖区边界附近互相窜货，或是在流通型市场上，产品随物流走向而倾销到其他地区，这种窜货形式属于（　　）。

A. 良性窜货　　B. 恶性窜货　　C. 临近窜货　　D. 自然性窜货

4. 解决冲突的成本最低、效率最高的方法是（　　）。

A. 沟通　　B. 谈判　　C. 法律战略　　D. 退出

5. 制造商在制定针对渠道成员的过程激励政策时，应注意在不同市场阶段激励的侧重点是不同的，在产品成长期，激励的重点应是（　　）。

A. 价格维护　　B. 促销执行　　C. 守约付款　　D. 维护通路秩序

6. 在同一渠道中不同层次企业之间的冲突是指（ ）。
A. 多渠道冲突 B. 垂直渠道冲突
C. 水平渠道冲突 D. 简单渠道冲突
7. 互联网营销渠道存在很多问题，不包括（ ）。
A. 信息交流缺乏真实感 B. 物流成本高
C. 互联网交易安全存在风险 D. 用户数量较少
8. 互联网营销渠道与传统营销渠道冲突的原因不包括（ ）。
A. 销售目标冲突 B. 销售领域冲突
C. 理解冲突 D. 销售人员冲突

三、多项选择题

1. 导致冲突发生的直接原因有（ ）。
A. 大客户原因 B. 价格和折扣原因
C. 存货水平 D. 资金周转
2. 窜货是现实商业活动中非常普遍的一种现象，造成窜货的原因主要有（ ）。
A. 价格体系混乱 B. 激励措施失之偏颇
C. 经销产品质量欠佳 D. 利益驱使
3. 恶性窜货的影响有（ ）。
A. 填补市场空白 B. 易引发价格战
C. 使经销商对产品失去信心 D. 使品牌失去消费者的信任与支持
4. 按渠道成员的关系划分，渠道冲突包括（ ）。
A. 潜在冲突 B. 水平渠道冲突 C. 垂直渠道冲突 D. 多渠道冲突
5. 销售领域冲突是互联网营销渠道与传统营销渠道冲突的原因之一，它包括（ ）。
A. 销售目标客户冲突 B. 销售区域冲突
C. 销售渠道分工冲突 D. 销售目标冲突
6. 互联网营销渠道与传统营销渠道冲突的治理途径有（ ）。
A. 选择合适的产品和服务 B. 制定合适的价格方案
C. 扩大互联网渠道种类 D. 整合两种渠道的优势

四、简答题

1. 简述渠道冲突的类型。
2. 列举分销渠道窜货的类型。
3. 渠道冲突产生的原因有哪些？
4. 渠道冲突产生的危害有哪些？
5. 如何评估渠道冲突？
6. 互联网营销渠道与传统营销渠道产生冲突的原因是什么？
7. 互联网营销渠道与传统营销渠道冲突的治理途径有哪些？

五、论述题

1. 试论述解决渠道冲突的方法。

2. 试论述管理和控制渠道冲突的方法。

六、分析题

北京小米科技有限责任公司成立于 2010 年 3 月，是一家专注于智能硬件和电子产品研发的移动互联网公司。“为发烧而生”是小米的产品概念。小米公司首创了用互联网模式开发手机操作系统、发烧友参与开发改进的模式。

小米手机在本质上是一个电子商务的平台，而其电商系统的本质是对用户需求的把握。据了解，小米在米聊论坛建成了一个“荣誉开发组”，从几万人的论坛中选取一批活跃度相当高的用户（大概 200～300 人），他们会和小米内部人员同步拿到软件更新的版本。最后，内部和外部的人员进行同步测试，发现问题随时修改。这样一来，小米就很好地借助了外力，有效地解决了复杂的测试环节。同时，通过 MIUI 论坛、微博等进行营销，对发烧友级别的用户进行单点突破，成功实现口碑营销，避免了电视广告、路牌广告等“烧钱”式营销。

通过口碑营销，2016 年小米手机的微信账号就有超过 100 万的粉丝，除此之外，还有诸如小米手环、红米手机、小米公司等同样拥有百万级粉丝的微信账号。小米开发了自己的微信操作后台，通过微信联系，极大地提升了米粉对小米的品牌忠诚度。

小米手机每周会有一次开放购买活动，每次活动时会在官网上发布微信的推广链接以及微信二维码。据了解，通过官网发展粉丝效果非常好，最多的时候一天可以发展 3 万～4 万个粉丝。

2017 年，小米公司开始扩展线下零售业务员。小米公司认为：“小米的商业模式不应该是电商，而是新零售。”

问题：

（1）小米公司首创了用互联网模式开发手机操作系统、发烧友参与开发改进的模式，你认为这种模式有哪些优点和缺点？

（2）小米公司主要采用了哪些互联网营销方式？

（3）如何看待“小米的商业模式不应该是电商，而是新零售”这句话？你认为互联网营销渠道与传统营销渠道是否会产生冲突？如果产生冲突，请分析原因。

七、案例讨论

品胜：化解线上、线下冲突，开启三赢 O2O 模式

靠着全渠道的思路，品胜不但化解了线上、线下冲突，还找到了商机，成为行业中利润最高的企业，创造出一个让自己、线下实体和消费者三赢的局面。

2003 年，广东品胜电子股份有限公司（以下简称品胜）成立，该公司致力于移动电源、数码 3C 配件、云路由、智能硬件等产品的研发、制造与营销，全国门店达千家。

2013 年，品胜和天猫开始合作，推出线上、线下结合的 O2O 购物平台——“品胜·当日达”（见图 4－4）。自此，所有的网上订单，包括网上加盟店和天猫旗舰店的订单，都通过系统自动分单到离用户最近的门店发货。实际上，“当日达”是一个兜底的条款，就是最迟 24 小时送到，相比很多实现“次日达”都有困难的物流公司，这是一个很大的进步。

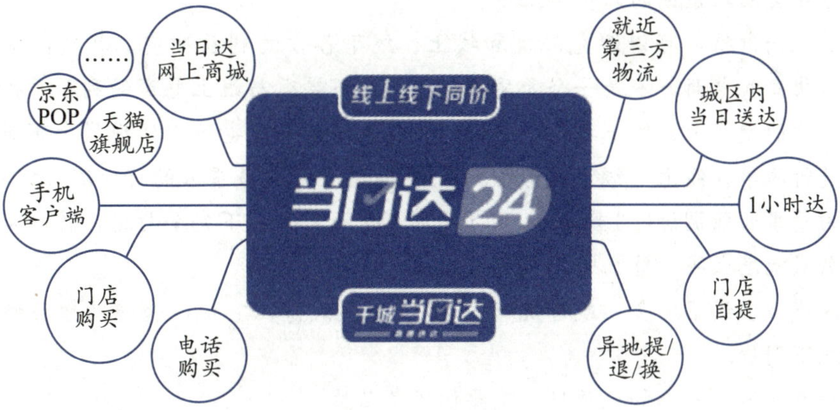

图 4-4 O2O 购物平台——"品胜·当日达"示意图

"品胜·当日达"最直接的作用就是让品胜成功地化解了线上、线下的冲突。这之后，包括品胜的天猫旗舰店在内的"当日达"加盟店，销售全线飘红，远远领先于行业平均水平。

除此之外，"品胜·当日达"还降低了运营成本。传统电商在"最后一公里"交付这个环节，不仅使用户失去了体验或者服务方面的便利，还存在极大的浪费和损失。当日达这种模式改造之后，品胜大大提高了盈利能力和抗风险能力。

由于这些门店离顾客很近（方圆 500 米的范围），而且这些门店老板或者店员都是既有业务技能，又有服务能力的专业人士，因此客户的体验感和满意度提升了。这是传统电商所没有的。

这个模式带给用户或者带给厂家和商家最直接的一个变化是让资源供给方与需求方直接对接。而且在这个过程中，因为企业转运的车、人，可能给这个城市几百家店一起提供服务，就很像 7-ELEVEn 和全家送货车给门店送货一样，成本非常低。

品胜的当日达，还获得了 2015 年艾奇奖产品创新类银奖，它的基本运作方式如下。

一、线上、线下同价是前提条件

如今，数不胜数的 O2O 平台发展遇到了瓶颈，线上、线下的价格壁垒已经成为其发展的最大阻碍之一。理论上，要做 O2O，首先要做到的就是统一线上、线下的价格，这样才可以打通线上、线下的每一个平台。很多做电商的人应该已经意识到，线上、线下同价是以后 O2O 电商平台发展的必然趋势。

短物流和产品自营解决了线上、线下同价的问题。当日达平台销售的都是品胜自家的产品，缩短物流长度不只意味着快捷，更意味着中间环节的减少，这可以节约大量的物流、人员和经营成本。这让品胜当日达的线上、线下同价显得底气十足，没有了传统通路的费用，节约下来的成本既让线下实体赚到了利润，让消费者享受到了"电商式"低价，也增加了品胜自身的盈利。

线上、线下同价的优势在哪里呢？

首先，统一价格，可以打通双向 O2O 的必经之路，使线上、线下可以任意跳转。试想一下，如果一个平台线上、线下的价格不一样，消费者怎么敢随意购买呢？一个单纯的消费行为可能会陷入茫茫的比价苦海中。

其次，统一价格，可以避免混乱和线上、线下各方的利益冲突。其实，不少专家认为，传统零售商和电商并不是一个矛盾冲突体。线下渠道与线上电商的利益平衡需要统一价格，这样才能使线上、线下有一个更好的合作关系，而且也可以实现线上下单、线下按分配原则进行派单。线上、线下同价给O2O平台的良性发展带来的好处不胜枚举……

品胜的董事长强调说："当日达O2O的重点是线上、线下完全打通，你在哪里买都可以，想怎么买就怎么买，什么时候买都可以。"

这样的线上、线下融合，或者说双向O2O的模式得以实现，全归功于品胜一直在做的线上、线下同价。

二、快速配送是一个加分项目，重要但不是必然

百城当日达的推出归功于品胜的线下零售的广泛分布，这样的短物流配送方式完全不同于传统电商的模式，也不同于亚马逊等电商平台的区域性大型仓库的配送。让商品走最短的路，消费者不需要顾虑比价，只要选择好有需要的商品后下单，系统就会选择最近的实体店进行派送。

线上、线下同价，使得零售商和线上平台的利益冲突降低了不少，也使得这些分布广而散的线下实体可以分得一杯羹，线下的零售实体平时除了做自己的生意，还能赚取线上订单的利润。

这样一来，消费者花在等待商品上的时间大幅度缩短了，品胜也节省下不少原本需要花在租赁仓储和物流配送上的成本。再者，线下的售价和线上相同，线下的零售商还能接收到来自电商平台的订单配送，每天的业务量可以说是有增无减。

三、线下特色服务结合线上产品是成功的关键

对于O2O平台而言，成功的关键并不在于平台资源有多么庞大，而在于线下的服务。随着智能设备的普及，网络产品也成为家庭必备品（如电视盒子、智能路由器等）。此类产品由于操作较复杂，因此品胜就开始提供针对自己产品的特色服务和售后（向日葵随身服务），如上门贴膜、设置路由器和退换货等。零售店的业务员在上门配送产品的同时，还把线下服务同时提供给了消费者，这样的服务可以顺利开展是因为品胜当日达采用就近零售商配送的方式。

好服务也要好培训。每一个配送员都被品胜称作达仔，因为这些人不再是单纯的物流环节的人力，同时还是推广品牌、产品和提供线下服务的业务员。

品胜当日达内部有完善的技术培训体系，经过专业培训的达仔可以完成上门设置路由器、上门贴膜等服务，而如果顾客有需要，品胜也可以上门退换货，或者在送货上门的同时为顾客现场下单。而这些个性化的服务也带来了良好的消费体验。

如今很多O2O的商家都将着力点放在了线上，而忽略了线下的服务表现，比如一个餐厅与数十个美食App合作，提供订位服务和不断发放大量促销、团购活动，但是消费者到了餐厅，发现食物的口感一般、服务员的服务态度也很傲慢，就很难成为这类餐厅的回头客。

线下服务和线上产品要紧密地结合起来，这是一个必然的发展趋势。

问题：

（1）品胜的经营模式是什么？它提供了哪些购物方式和服务内容？

（2）品胜是如何解决线上、线下冲突，实现“品胜、零售商、消费者”三赢局面的？

（3）结合现实情况，谈谈你对本案例的体会和建议。

项目实训

1. 实训目的

本实训是对渠道冲突管理的知识应用，通过对某企业进行渠道冲突管理研究，了解渠道冲突的类型、产生的原因、表现，掌握渠道冲突的解决策略，懂得渠道维护与平衡的方法。

2. 实训内容

渠道冲突是每个企业都希望尽量避免的现实，因为渠道冲突一旦失控，一般会导致两败俱伤的后果，使企业出现“内耗”，导致企业战斗力减弱，因此企业也希望各个渠道之间是“和谐共赢”的。请你选择一家企业，为其设计一份渠道冲突解决方案。

要求：

（1）选择一家做全渠道的企业，分析其目前的渠道状况。

（2）分析其渠道冲突的类型及产生的原因。

（3）研究合适的渠道冲突解决方案。

参考文献

［1］菲利普·科特勒，凯文·莱恩·凯勒，洪瑞云，等．营销管理：英文版·亚洲版第6版［M］．北京：中国人民大学出版社，2021.

［2］郑锐洪．营销渠道管理［M］．3版．北京：机械工业出版社，2020.

［3］华晓龙，程艳红．电子商务案例分析：视频指导版［M］．2版．北京：人民邮电出版社，2020.

［4］天下网商．新零售全解读［M］．北京：电子工业出版社，2018.

［5］时胜利．新零售全渠道营销实战：获客、成交、复购与裂变［M］．北京：人民邮电出版社，2019.

［6］刘润．新零售：低价高效的数据赋能之路［M］．北京：中信出版社，2018.